Die

Verbrechen gegen das Vermögen

vom Standpunkte und nach den Bedürfnissen

der gegenwärtigen deutschen Strafgesetzgebung

in zusammenhängenden Monographien

dargestellt

von

Dr. C. Lueder,

Privatdocenten an der Universität Leipzig.

I.

Die Vermögensbeschädigung.

Leipzig,

Veit & Comp.

1867.

Die

Vermögensbeschädigung.

Von

Dr. C. Lueder,

Privatdocenten an der Universität Leipzig.

Leipzig,

Veit & Comp.

1867.

Vorwort.

Eingehende Bearbeitungen des speciellen Theiles des Strafrechts sind ein entschiedenes Bedürfniß. Für die Lehre fast aller einzelnen Verbrechen ist noch außerordentlich viel zu thun und doch, namentlich im Verhältniß zu der an den allgemeinen Theil des Strafrechts gewandten Arbeit, im Ganzen nur wenig gethan worden. Wenn aber aus dem Kreise der einzelnen Verbrechen die gegen das Vermögen, schon weil sie die praktisch weitaus häufigsten sind, besonders hervorspringen; so glaubt der Verfasser sowohl nach der theoretischen als auch nach der praktischen Seite hin nichts der Strafrechtswissenschaft Unwillkommenes zu unternehmen, wenn er die gesammten Verbrechen gegen das Vermögen einer zusammenhängenden Bearbeitung unterzieht, so jedoch, daß trotz dieses aufrecht zu erhaltenden Zusammenhanges jedem der hierher gehörigen Delicte eine besondere und in sich abgeschlossene Monographie gewidmet wird.

Des Verfassers Plan ist auf diese Verbrechen im weitesten Sinne gerichtet, auch auf den Betrug und die Fälschung einerseits, die Brandstiftung und die übrigen gemeingefährlichen andrerseits. Vom Kleineren zum Größeren aufsteigend, legt er zuerst die Vermögensbeschädigung dem juristischen Publicum vor. Schon bald hofft er die Unterschlagung folgen lassen zu können.

Ziel und Zweck, welche der Verfasser bei dieser Bearbeitung verfolgt hat, sind auf dem Titel angedeutet. Es handelt sich um der lebendigen Gegenwart zu leistenden wissenschaftlichen Dienst, um die Erkennung und Besserung *unseres* Strafrechts. Dabei sollte nach der Meinung des Verfassers keine criminalistische Arbeit unsrer Zeit der bevorstehenden Aufgabe einer gemeinen deutschen Strafgesetzgebung uneingedenk sein, — einer Aufgabe, die durchaus nicht so schwierig ist als so häufig geglaubt wird, und namentlich auch *nicht* schwieriger, obgleich man das mit Vorliebe anzunehmen pflegt, als eine gemeinsame deutsche Civilgesetzgebung.

Damit ist das Maß und die Art und Weise der Behandlung des gemeinen Rechts von selbst gegeben. Römisches und einheimisches gemeines Recht zu ignoriren, wäre ja gewissenlose Ungründlichkeit; aber es als Selbstzweck zu behandeln, würde jenen Zielen gegenüber ebenfalls ganz unrichtig sein. Nur als Mittel zum Zweck kann es berücksichtigt werden, soweit es als Fundament und zur Erklärung unsres Rechtszustandes und seiner Entwickelung und zur Rechtsvergleichung in Betracht kommt. Diese Auffassung des Verfassers tritt vielleicht gerade in dem jetzt publicirten ersten Theile seiner Arbeit besonders hervor, wo keine neue ausführliche und zusammenhängende Untersuchung der Lex Aquilia geliefert, das römische Recht aber allenthalben, wo es in den oben angedeuteten Beziehungen von Wichtigkeit für uns ist, berücksichtigt wird, und wo das einheimische gemeine Recht so außerordentlich wenig bietet.

Die schließlich beigefügte Tabelle wird manchem Leser eine willkommene Uebersicht über die verschiedenen Strafdrohungen unserer Gesetzbücher geben. —

Für alle öffentlichen oder privaten Fingerzeige und Belehrungen, welche der vorliegende Band etwa hervorruft, würde ich um so dankbarer sein, als es sich ja eben zunächst nur um einen ersten Band, eine erste Probe des Ganzen handelt und jeder beachtenswerthe Fingerzeig dem ganzen Unternehmen zu Gute kommen würde.

Schon jetzt aber habe ich verschiedenen hiesigen wie auswärtigen Gelehrten für manche Gefälligkeit Dank zu sagen, welche sie mir bei Gelegenheit der, nicht immer ganz leichten, Beschaffung der Litteratur erzeigt haben. Zu besonders großem Danke bin ich in dieser Beziehung dem Herrn Geheimen Rath Professor Dr. von Wächter verpflichtet, dessen reiche, mir mit stets gleichmäßig liebenswürdiger Liberalität zu fortlaufender Benutzung geöffnete, Bibliothek meine Arbeit sehr gefördert hat.

Einige wenige Druckfehler, welche stehen geblieben sind, wolle der Leser entschuldigen. Da dieselben sich ganz von selbst verbessern (s. S. 49, Z. 3. v. o., S. 56, Z. 10 v. o., S. 90, Z. 10 v. o.) und irgend sinnentstellende nicht nachweisbar sein dürften, ist auf Beifügung der Zierde eines Druckfehlerverzeichnisses verzichtet worden.

Leipzig, am 31. März 1867.

Inhalt.

I. Historisch-litterärische Einleitung in das Delict.

§ 1. Das römische Recht.

Schon das römische Recht hat als das Characteristische der Vermögensbeschädigung Das erfaßt, daß sie im Gegensatz zu den andren Vermögensverbrechen in einem Eingriff in Andrer Vermögensrechte ohne eigennützige Absicht, ohne animus lucri faciendi bestehe; daß sie sich also nur auf ein Schädigen fremden Vermögens um des Schädigens selbst willen richte. Wenn also Jemand eine Sache „non animo furti faciendi, sed tantum damni dandi delevit“[1], so erschien er nicht als Dieb.[2] Er erschien aber auch nicht öffentlich strafbar, sondern seine Handlung war ein bloßes Privatdelict.[3] Sie fiel früher unter verschiedene, seit Alters und selbst schon in den XII tab. erlassene, Schadens-Ersatz-Bestimmungen[4]; später als die obligatio ex delicto des damnum injuria datum unter die Lex Aquilia[5],

[1] L. 41. § 1. Dig. ad leg. Aquil. 9, 2.

[2] Vgl die bei Rein, das Criminalrecht der Römer von Romulus bis auf Justinianus, S. 306, 307, 338, angeführten Quellenstellen.

[3] Note 5 und 19.

[4] Rein, a. a. O., S. 338, 339. Dirksen, Uebersicht der bisherigen Versuche zur Herstellung der XII Tafelfragm., S. 529 ff., 557 ff.

[5] Gaius III, 182, 210 ff. T. Inst. de lege Aquil. 4, 3. T. Dig. ad leg. Aquil. 9, 2. L. 2. § 3. Dig de priv. del. 47, 1. T. Cod. de leg. Aquil. 3, 35. Matthäus, Comm. 47, 3. Suarez de Mendoza in Meermanns novus thesaurus, p. 1 ff. Noodt, Opera (Lugd. Bat. 1713), p. 175 ff. Glück, Erl., X, 1, S. 306 ff. Löhr, Theorie der Culpa (1806), S. 81 ff. Hasse, Culpa des röm. R. (1815), S. 21 ff. Rein, a. a. O. Wächter, Lehrbuch des Strafrechts, §§ 202, 203. Köstlin, Abhandlungen aus dem Strafrecht, S. 174 ff. Derselbe, die Lehre vom Mord und Todtschlag, I, S. 75 ff Vollgraff, de lege Aquilia (1820). Keller, Pandekten, S. 675 ff.

welche alle älteren Gesetze beseitigte[6], und deren spätere Erweiterungen.[7]

Es konnte demnach nach römischem Recht eine Privatstrafe, es konnte keine öffentliche Strafe wegen begangener Vermögensbeschädigung eintreten.

Die Beschädigung brauchte nicht dolos geschehen zu sein, und die Lex Aquilia cessirte nicht, auch wenn es sich um eine bloß culpose Beschädigung handelte.[8]

Das Maß der Privatstrafe, die Fälle, in denen sie auf das duplum oder gar das quadruplum des angerichteten Schadens stieg, — wie den Inhalt der Lex Aquilia und ihrer späteren Erweiterungen überhaupt an dieser Stelle irgend näher zu entwickeln, würde ohne Zweck und Werth sein. Der wirkliche Nutzen der Sache und eine in Wahrheit gründliche Darstellung des Delicts der Vermögensbeschädigung fordert vielmehr, diese Darstellung von jenem längst Abgestorbenen rein zu erhalten, anstatt sie verwirrend und zwecklos überladend damit zu vermischen. Es ist bei den vorhandenen Vorarbeiten und den vernünftigen Zwecken einer Monographie wie die vorliegende nicht nur erlaubt, sondern auch geradezu geboten, hier lediglich auf die bereits citirten Werke von Wächter, Rein, Köstlin, Keller und die dort angeführten Quellen und Schriftsteller zu verweisen.[9]

---

[6] L. 1. pr. Dig. ad leg. Aquil. 9, 2: „lex Aquilia omnibus legibus, quae ante se de damno injuria locutae sunt, derogavit, sive XII tabulis, sive alia quae fuit; quas leges nunc referre non est necesse." Vgl. Rein, a. a. O., S. 339. und die dort Citirten. Roßhirt, Lehrbuch des Crim.-R., § 188. Unwichtig ist, wenn sich ganz Vereinzeltes aus dem früheren Rechte neben der Lex Aquilia erhielt, die von Wächter, Lehrb., § 203. Note 20. und Köstlin, Abhandl., S. 175. oben, hervorgehobene, auf das duplum gehende Privatklage bei der Baumbeschädigung; vgl. jedoch gleich Köstlins Note 1. zu Seite 175.

[7] Gaius III, 219. § 16. Inst. 4. 3. Rein, a. a. O., S. 340. Roßhirt, Lehrb., § 188, Note 5.

[8] L. 30. § 3, L. 44, L. 8, L. 27. § 33. Dig. ad leg. Aquil. 9, 2. Roßhirt, Lehrb., S. 425. Keller, Pandekten, S. 678. Köstlin, Abhandl., S. 174.

[9] Was aus dem, früheren oder späteren, römischen Rechte noch heute für einzelne Seiten des Delicts, die Entscheidung bestimmter Fragen 2c. werthvoll und lehrreich ist, darf natürlich nicht übergangen werden. Aber auch Dieses wird mit besserem Gewicht und Nutzen an den jemaligen betreffenden Stellen als hier von ihnen abgesondert, wenn auch unter sich zusammenhängend dargestellt. Es ist aber vornehmlich die Lehre von der Art und Beschaffenheit der schädigenden Handlung, wofür das römische Recht

Die eben angeführte Regel des römischen Rechts, nach welcher die öffentliche Bestrafung der Vermögensbeschädigung ausgeschlossen war, blieb indessen im Lauf der Entwicklung des römischen Strafrechts nicht ohne Ausnahmen. Wie bekanntlich bei vielen andren Delicten, so wurden allmälig, und zwar in der Kaiserzeit, auch hier einzelne, besonders schwer erscheinende Fälle als crimina extraordinaria, also als extra ordinem öffentlich strafbar hervorgehoben. Es waren das außer der Beschädigung von Leichen und Gräbern [10] (der sepulcri violatio) und der Mauern und Thore [11] als res sanctae das — schon auf die XII tab. zurückzuführende — Abhauen fremder fruchttragender Bäume [12], das Beschädigen von öffentlichen Straßen [13], Brunnen und Wasserleitungen [14], sowie das Verletzen der Nildämme [15] und endlich auch das — wie es scheint, ebenfalls schon in den XII tab. hervorgehobene [16] — Zerstören von Saaten und Weinstöcken durch Brand. [17]

Alle diese nur eine verhältnißmäßig kleine Anzahl ausmachenden Fälle wurden aus besondren Gründen hervorgehoben, indem sie wegen ihrer großen Schwere, Gefährlichkeit, Frevelhaftigkeit oder wegen der in ihnen sich ausdrückenden Mißachtung der res publica [18] nicht bloß pri-

reiches und noch heute brauchbares und werthvolles Material liefert. S. deshalb insbesondre unten §§ 8 und 9.

[10] L. 11. Dig. de sepulcro violato 47, 12. L. 2, 4, 5. Cod. de sep. viol. 9, 19.

[11] L. 11. Dig. ad Leg. Jul. pec. 48, 13.

[12] L. 2. Dig. arb furt. caes. 47, 7. Paull. R. S. V., 20, 6

[13] L. un. § 2. Dig de via publica 43, 10.

[14] L. 1. § 1. Dig. de extraord. crim. 47, 11.

[15] L. 10. Dig. de extraord. crim. 47, 11.

[16] Vgl. Zumpt, Criminalrecht der Römer, I, erste Abtheilung, S. 380.

[17] L. 16. § 9. Dig. de poenis 48, 19 Daß dieser Fall mit öffentlicher Strafe belegt wurde, läßt die Stelle unzweifelhaft. Daß er hier mit aufgeführt wird, geschieht deshalb, weil er nach der römischen Auffassung zum incendium nicht gehörte, (vgl. Wächter, Lehrb., II, S. 392, Rein a. a. O, S. 770, Note **). Deshalb zählen ihn auch Bauer, Lehrbuch des Strafrechts, 2. Ausg., S. 410, Note b, Bopp in Weiskes Rechtslexikon, II, S. 20. und Morstadt in seinem kritischen Commentar zu Feuerbachs Lehrbuch, I, S. 519. richtig unter den Ausnahmefällen mit auf, während er sich in Reins Aufzählung (S. 342 und 343) nicht findet und auch Köstlin (Abhandl., S. 175 und 176) ihn nicht nennt. Uebrigens vgl. über die Ausnahmefälle diese eben genannten Stellen bei Köstlin und Rein, bei Letzterem auch noch S. 897 und 693, und Platner, quaestiones de jur crim. rom., namentlich p. 285 ff.; 299, 300; 306 ff.

[18] Vgl. Rein, a. a. O., S. 342, No. 2.

vatim, sondern öffentlich geahndet werden sollten. So auch in der Kaiserzeit immer nur die Ausnahme von der Regel bildend, berechtigen sie zu Nichts weniger als zu der Annahme, daß im späteren römischen Rechte die Vermögensbeschädigung als solche allgemein zu einem extraordinären Delict geworden sei.[19] Es konnte demnach nur in jenen einzelnen, bestimmt benannten Fällen eine öffentliche Bestrafung eintreten, — was die Möglichkeit nicht ausschließt, daß der weitere Verlauf der Zeit und die weiter fortschreitende Ausbildung des römischen Strafrechts zu einer Vermehrung der Zahl dieser Fälle geführt haben würde.[20]

Auch daß der Stellionat hier aushülfsweis herangezogen werden könne, wie Einige meinen[21], läßt sich aus den dafür angeführten Stellen nicht nachweisen.

§ 2. Das gemeine deutsche Recht.

In Bezug auf das einheimische Recht ist die fast ausnahmslos übereinstimmende Ansicht der neuesten Criminalisten die, daß auch das gemeine deutsche Recht ein öffentlich strafbares Delict der Vermögensbeschädigung nicht kenne.[1] So geläufig, — lehrt die gegenwärtig herrschende Ansicht, — uns und unsren heutigen Strafgesetzbüchern die

---

[19] Das ist heute wohl allgemein anerkannt und jene unrichtige Annahme aufgegeben. Vgl. nur Henke, Handbuch, II, S. 386, Bauer, Lehrb., 2. Ausg., § 282, Abegg, Lehrb., S. 499, Wächter, a. a. O., Rein, S. 342, Köstlin, Abhandl., S. 174, 175, Berner, Lehrb., 3. Aufl., S. 285. Gegen Feuerbachs schon viel zu weit gehende Generalisirung der Ausnahmefälle (Lehrb, § 310) s. Mittermaier, ebendaselbst, Note I. Gegen Matthaeus (47, 3, c. 1, 2) vgl. Wächter, S. 363 unten. Mittermaier citirt an der oben angeführten Stelle gegen Matthaeus auch „Cremani elem. jur. crim. II, p. 417"; mir ist aber weder ein so betiteltes Buch Cremanis bekannt, noch finde ich Derartiges in Cremanis „de jure criminali libri duo", Ticini 1779 (in späteren Ausgaben libri tres). Aehnliches wie Matthaeus scheint dagegen Roßhirt, Geschichte und System, II, S. 328, behaupten zu wollen; ebenso, jedoch ganz andere Gesichtspunkte hineinziehend und deshalb nur fortiter in modo, Morstadt in seinem kritischen Commentar zu Feuerbachs Lehrbuch, I, S. 517—519.

[20] Vgl. auch Keller, Pandekten, S. 676.

[21] So G. J. Fr. Meister, princ. jur. crim., 7. Aufl., 1828, S. 240 Note b und Abegg, Lehrb., S. 499. Dagegen Köstlin, Abhandl., S. 176, Note 4. Wächter, II, S. 360, drückt sich zweifelnd aus. Vgl. aber Roßhirt, Syst. und Gesch., II, S. 329 ff.

[1] So Wächter, welcher § 202, N. 19. sagt: „Die rechtswidrige Beschädigung oder Zerstörung fremder Sachen bildet nach den gemeinrechtlichen Gesetzen kein besonderes,

öffentliche Bestrafung der Vermögensbeschädigung sei, so unbekannt oder doch nur ganz ausnahmsweis bekannt sei sie dem gemeinen Recht gewesen. Die Carolina enthalte Nichts oder doch nur einen singulären Fall (den vom Art. 168. mit Strafe bedrohten des Abhauens fremden Holzes), der als ganz isolirte Ausnahme das Princip der Straflosigkeit des Delicts im deutschen Recht nicht zu erschüttern vermöge. Gemeinrechtlich sei die Vermögensbeschädigung deshalb nicht strafbar. Auch habe die gemeinrechtliche Theorie den Begriff des Delicts nicht ausgebildet, obwohl die spätere Praxis[2] wenigstens bei dolosen und einigermaßen belangreichen Beschädigungen zu strafen gepflegt habe.

---

für sich bestehendes, mit öffentlicher Strafe belegtes Verbrechen." Wenn er später hinzufügt, daß die Praxis häufig unter besondern Umständen strafe, so kann er deshalb doch nicht, wie von Köstlin (Abhandl., S. 177, N. 3) geschieht, denjenigen beigezählt werden, welche behaupten, daß nach gemeinem deutschen Recht alle dolosen Vermögensbeschädigungen von einiger Bedeutung arbiträrer öffentlicher Strafe zu unterwerfen seien. Außer Wächter s Martin, Lehrb., § 129, N. 3, § 138 a. E., Abegg, Lehrb., § 381, Heffter, Lehrb., 6. Aufl., §§ 521, 522, Mittermaier zu Feuerbach, § 310, Marezoll, das gem. deutsche Cr.-R., 3. Aufl., S. 456 f., Berner, Lehrb., 3. Aufl., S. 303, Bopp in Weiskes Criminallexikon, II, S. 20 ff. Andrer Ansicht sind allerdings die Aelteren, vgl. G. J. Fr. Meister, pr. jur. crim., 7. ed., § 190, Klein, Grundsätze, § 193, Grolman, Grundsätze, 3. Aufl., § 211, Salchow, Lehrb., 3. Ausg., § 402, Dabelow, Lehrb., § 190, Feuerbach, Lehrb., 14. Aufl., § 310, Quistorp, Grundsätze, 4. Aufl., I, S. 390, Roßhirt, Lehrb., §§ 188, 189, Tittmann, Grundlinien, §§ 292, 293 und Handbuch, III, §§ 527, 528, Henke, Lehrbuch, §§ 526, 527 und Handbuch, II, § 140, Bauer, Lehrb., 2. Aufl., §§ 281, 282. Diese letzteren stützen ihre Meinung, daß die Vermögensbeschädigung nach gemeinem deutschen Recht ein strafbares Delict sei, meist nur auf die Behauptung, daß die Bestimmungen des römischen Rechts (regelmäßige Privatstrafe und einzelne öffentliche Strafen) auszudehnen und zu verallgemeinern seien; — ebenso wie die zuerst genannten Schriftsteller ihre entgegengesetzte Meinung auf die Unzulässigkeit einer solchen Verallgemeinerung der Strafbestimmungen des römischen Rechts zu stützen pflegen, so daß ihre Meinungsverschiedenheit im Wesentlichen sich nur um die Frage nach der Zulässigkeit einer Verallgemeinerung der römisch-rechtlichen Strafbestimmungen dreht. Die vom römischen Rechte unabhängige vaterländische Rechts-Anschauung und Praxis wird von beiden Gruppen nicht hinlänglich gewürdigt, was einer der neueren Schriftsteller, Köstlin (Abhandl., S. 177, 178), mit Recht tadelt. Köstlin selbst stellt sich dann bei Beurtheilung der Frage nach der Strafbarkeit der Vermögensbeschädigung im gem. deutschen Recht auf den Boden des Geistes und der Praxis eben dieses einheimischen Rechts, und schließt sich von diesem Standpunkte aus der Meinung der älteren Schriftsteller wieder mehr an. Vgl. übrigens noch die Rechtsgutachten und Entscheidungen des heidelberger Spruchcollegiums, I (1808), S. 33 ff.

[2] Darüber s. z. B. Hitzigs Annalen der deutschen und ausländischen Criminalrechtspflege, Band XII, S. 56 ff. (Bestrafung der Verletzung eines Pferdes durch Stiche

Dieser herrschenden Ansicht treten nun aber von vornherein Bedenken entgegen, indem es, trotz vorhandener verwandter Vorgänge, immerhin auffallen muß, daß die spätere Praxis, ohne irgend welchen Anhalt im einheimischen Rechte zu haben, das Delict öffentlich gestraft haben soll; und indem ebenso der Umstand nicht unauffällig bleiben kann, daß die Vertreter der herrschenden Ansicht (wie übrigens fast alle unsre Schriftsteller über den Gegenstand) in ihrer Darstellung den Zustand des älteren deutschen Rechtes vor der Carolina ganz unbeachtet lassen und ohne Weiteres von dem geschriebenen Recht des Corpus juris und der Carolina ausgehen. Und wenn man diese Bedenken weiter verfolgt, so ergiebt sich, daß die herrschende Ansicht nur sehr theilweis das Richtige trifft, theilweis erheblicher Modificationen bedarf und theilweis geradezu unrichtig ist.

Es erweist sich, — um in unmittelbarer Anknüpfung an die Darstellung der herrschenden Meinung damit zu beginnen, — als nicht richtig, daß erst die *spätere* deutsche Praxis die Vermögensbeschädigung öffentlich zu strafen angefangen habe. Im Gegentheil, auch die *frühere* Praxis verfuhr nicht anders.

Bei *Carpzov* findet sich eine Stelle[3], in der zwar das Delict der Vermögensbeschädigung durchaus nicht erschöpfend theoretisch behandelt, aber doch ein ihm angehöriger concreter Fall, nämlich der des Beschädigens von *Zierpflanzen* beurtheilt, und zwar dahin beurtheilt wird, daß er arbiträr, mit Gefängniß oder Landesverweisung zu bestrafen sei.

---

in die Augen vom darmstädter Hofgericht mit anderthalbjährigem Zuchthaus im Jahre 1828). *Bischoff*, merkwürdige Criminalrechtsfälle, 4. Band, S. 325 ff. (Bestrafung der Tödtung von zwei Pferden durch Stiche in den Bauch mit ebenfalls anderthalbjährigem Zuchthause). Vgl. auch *Kappler*, Handb. d. Litteratur des Crim.-R., S. 721 ff.

[3] II, qu. 83. No. 30 und 31. No. 30: „sed quid, si non furandi causa ejusmodi fructices et plantas quis auferat, sed eas saltem damni faciendi causa clam evellat, frangat, vel aliter laedat? Hoc casu praeter aestimationem plantarum, delinquentem ad solutionem 30 solidorum condemnandum esse, juxta art. 28. l. 2. Landr. tradit Matth. *Berlich* d. const. 53, n. 7." No. 31: „verum quia d. art. 28. ut et in Const. El. 37. P. 4. de arboribus fructiferis furtim caesis tantum agitur, de herbis ac plantis autem damni faciendi causa fractis et evulsis nil prorsus ibidem disponitur: utique nec poenam 30 solidorum ad herbas et fructices extendendam, nec peculiari quapiam poena hoc casu delinquentes plectendos, sed pro arbitrio, carcere vel relegatione puniendos esse, existimo. Idque eo magis, quo pluris aestimantur arbores fructiferae, quam fructices et plantae, ut sic poenam gravioris delicti ad crimen levius haud quaquam extendere liceat."

Unter No. 32. ist folgendes Urtheil aus dem Jahre 1630 beigefügt: „ist verschienen Sommer euer Unterthaner, Namens M. N. in seines Nachbarn Garten gestiegen, daselbsten er aus lauterm Muthwillen und Frevel die Rosen abgerissen, zerstreuet und verderbet, auch die Nelcken-Stöcke ausgerissen und zerwület; welches er denn, als er hierüber vernommen worden, gestanden und bekannt zc. So wird er, solches seines begangenen Frevels wegen, nebenst Erstattung des Schadens, auf richterliche Ermäßigung, 12 Tage lang mit Gefängniß gestraffet."

Diese eine Stelle dürfte Beweises genug dafür sein (und wir bleiben deshalb vorläufig bei ihr stehen), daß die Bestrafung der Vermögensbeschädigung nicht erst von der jüngeren deutschen Praxis datirt. Es wird allerdings von der entgegengesetzten Seite, soweit von Vertretern derselben diese Carpzovsche Stelle überhaupt berücksichtigt wird, die Behauptung aufgestellt, Carpzov führe diese Zierpflanzenbeschädigung nur als Singularität, als einen speciellen Fall an. Namentlich sagt Wächter[4], Carpzov enthalte über die Vermögensbeschädigung Nichts — außer einen speciellen Fall. Indessen es ist nicht zu sehen, mit welchem Rechte dies geschieht. Eine Begründung dieser Auffassung des Carpzovschen Ausspruches findet sich nicht; und Carpzov selbst deutet auch nicht einmal an, daß gerade das Beschädigen von Rosen und Nelken als ganz singulärer Fall bei sonstiger Straflosigkeit der Vermögensbeschädigung allein öffentlich zu strafen sei. Das hätte aber bei der verhältnißmäßig großen Geringfügigkeit des Abreißens einiger gewöhnlicher Gartengewächse[5] unbedingt geschehen müssen, wenn die Meinung nicht gewesen wäre, einen feststehenden allgemeinen Grundsatz auf einen speciellen Fall anzuwenden, sondern vielmehr einen singulären Grundsatz neu aufzustellen. Daraus, daß eine derartige Andeutung nicht gemacht wird, darf man nicht auf dieses Letztere, sondern nur auf jenes Erstere schließen; und es folgt deshalb schon aus der von Carpzov ohne weiteren Zusatz geschehenden Aburtheilung des Falles, daß der Verfasser der Practica rerum criminalium nicht bloß die Beschädigung von Rosen und Nelken oder allenfalls von Gartengewächsen überhaupt, sondern daß er die Ver-

[4] Lehrb., II, S. 361.

[5] Man wird den referirten Vorgang nicht einmal „Verwüstung eines fremden Gartens" nennen können, wie Köstlin, Abhandl., S. 176 und Bopp in Weiskes Rechtslexikon, II, S. 21, Note 8, thun.

mögensbeschädigung schlechthin, — und zwar nicht einmal nur die schwerere und erheblichere für praktisch strafbar gehalten hat. Und wie wäre es auch denkbar, wie zu erklären, daß er gerade diesen Fall allein und singulär für strafbar erachtet habe, alle andren, so mannigfachen und ungleich schwereren, nicht? Kurz, es läßt der ganz vorhaltlos gegebene Ausspruch Carpzovs sich nicht erklären als die Aufstellung einer ganz besondren Specialität, sondern nur als die, allerdings nicht in allgemeinem, abstractem Satze, sondern in Gestalt eines bestimmten Beispieles gegebene Entscheidung auf Grund eines vorhandenen allgemeinen Satzes, als die Anwendung eines feststehenden allgemeinen Princips auf einen speciellen, zufällig so und nicht anders zur Entscheidung vorliegenden Fall.[6]

Wenn nun aber hiernach Carpzov und die ältere Praxis die Vermögensbeschädigung allerdings schon öffentlich gestraft haben, so kann eben dieses öffentliche Strafen des Delicts doch auffällig und unberechtigt erscheinen, indem es richtig ist, daß die Carolina nicht die Vermögensbeschädigung schlechthin, sondern nur einen bestimmten Fall derselben mit Strafe belegt. Der bereits erwähnte Art. 168. lautet: „Von holtzstelen oder verbotner weiß abhawen. Item so jemandt sein[7] gehawen holtz dem andren heymlich hinweg füret, das ist eynem diebstall gleich nach gestalt der sachen zu straffen, Welcher aber inn eyns andern holtz helicher und verbotner weiß hawet, der soll gestrafft werden nach gewonheyt jedes landts oder orts. Doch wo eyner zu ungewonlicher oder verbotner zeit, als bei der nacht oder an feiertägen eynem andern sein holtz, geuerlicher und dieblicher weiß abhawet, der ist nach radt herter zu straffen."

Weiteres findet sich in dem ganzen Gesetzbuche Schwarzenbergs über die Vermögensbeschädigung überall nicht, — Grund genug, die Behauptung aufzustellen, nach gemeinem Recht sei einzig und allein die Baumbeschädigung strafbar, und es auffällig und willkürlich zu finden, daß die

[6] Dieser Meinung ist auch Köstlin, Abhandl., S. 176.

[7] Ueber dies auffällig gestellte „sein" vgl. Schletter, Zur Textkritik der Carolina, 1854, S. 33, 34. Uebrigens beseitigt die sonst wörtlich übereinstimmende Hassiaca die ganze Auffälligkeit der Wortstellung durch eine einfache Umsetzung, indem sie Art. 118. sagt: „so jemandt dem andern sein gehawen holtz." Vgl. Bambergensis, Art. 194.

Praxis auch in andren Fällen der Vermögensbeschädigung Strafe eintreten ließ, — Grund genug nämlich, wenn man bei dem Wortlaut dieses hundertachtundsechzigsten Artikels der Carolina allein stehen bleibt. Das thun nun zwar fast alle Schriftsteller und gewinnen dadurch für ihre von der unsrigen abweichende Ansicht auf den ersten Blick den Schein der Richtigkeit. Aber es zu thun, ist Unrecht und nicht genügend, eine richtige Interpretation der Carolina zu bewerkstelligen. Der letzteren und des hier vorliegenden scheinbaren Räthsels Schlüssel liegt vielmehr in Dem, was zur stichhaltigen Erklärung der Carolina und der sich ihr anschließenden Praxis stets nöthig und gerade hier unberücksichtigt zu lassen doch kein Grund ist, — in der der Carolina vorhergehenden, von ihr vorgefundenen einheimischen Rechtsbildung. Läßt man diese letztere nicht außer Betracht, so erscheint der Artikel 168. der Carolina, erscheint Das, was sie sagt und was sie nicht sagt, in einem ganz andren Lichte, durch welches auch die von der Praxis verhängte Bestrafung der Vermögensbeschädigung in einer ganz andren und der entgegengesetzten Ansicht weniger günstigen Weise beleuchtet wird.

Es findet sich nämlich ein von den ältesten Zeiten anhebender, durch das ganze Mittelalter hindurch verfolgbarer Zug im deutschen Recht, welcher, abweichend von der römischen Grundanschauung, auf eine außer der Privatentschädigung zu verhängende öffentliche Strafe der Vermögensbeschädigung zielt. Dem deutschen Rechte war, wie Köstlin[8] sehr richtig bemerkt, „eine so laxe Ansicht über die Strafwürdigkeit dieses Delicts keineswegs eigen, als man annimmt," — allgemein annimmt, sei es ausdrücklich, sei es implicite, das ältere Recht nicht beachtend.

Dieser meist völlig übersehene Zug tritt in den ältesten überhaupt in Betracht kommenden Rechtsdenkmälern unverkennbar hervor, in der Graugans und den übrigen skandinavischen[9] so gut wie in den deutschen,

---

[8] Abhandl., S. 174. Vgl. auch Roßhirt, Gesch. und Syst., II, 1, S. 326, obgleich er ausspricht, daß „die germanischen Ansichten nicht zu gebrauchen" seien.

[9] Hier insbesondere bei der Thierbeschädigung, die vielfach mit hohen Bußen, zum Theil aber auch noch härter bestraft wird. So war in Island auf die Anrichtung großen Viehschadens Friedlosigkeit gesetzt, und der dabei ergriffene Thäter konnte bußlos getödtet werden. S. Wilda, Strafrecht der Germanen, S. 926 ff., 568, 941, 942.

zunächst in den Volksrechten [10], dann in den Rechtsbüchern, Stadtrechten und Statuten des Mittelalters.[11]

In dem zuletzt genannten findet der angegebene Zug, wenigstens ganz rein, sich nicht so häufig und eclatant, und es läßt sich nicht verkennen, daß Köstlin, welcher hier allein auf eine genügende Beachtung des älteren Rechts drängt, gleichsam im ersten Eifer nicht selten mehr in den Quellen findet, als sie enthalten, dieselben zu sehr zu Gunsten seiner eignen Ansicht interpretirt und namentlich von andren Gesichtspunkten ausgehende Stellen unrichtig auf die eigentliche und reine Vermögensbeschädigung bezieht.[12] Indessen auch wenn man subtrahirt, was bei unbefangener Prüfung subtrahirt werden muß, bleiben noch der Zeugnisse genug, um jenen dem deutschen Rechte innewohnenden Zug unverkennbar nachweisen zu können, namentlich wenn man die mit Recht von Köstlin [13] scharf hervorgehobene Verbindung und Zusammenstellung des Delicts mit andren unbestritten öffentlicher Strafe unterliegenden nicht übersieht, welche Verbindung und Zusammenstellung sich überaus häufig in den Quellen findet; — und wenn man ferner bedenkt, worauf Köstlin Gewicht zu legen versäumt, daß die Bußen des deutschen Rechtes allmälig immer mehr den Character annahmen, welchen sie ursprünglich nicht oder nur nebenbei zeigen, den Character der Strafe.[14] Es bleibt so viel, um nachweisen zu können, daß, auch wenn diese Bußen als die regelmäßige Folge der Vermögensbeschädigung betrachtet werden müssen[15], nicht nur bei Insolvenz des Delinquenten Freiheits- und Leibesstrafen einzutreten

---

[10] Vgl. namentlich L. 8. T. 3. der Lex Wisigothorum: de damnis arborum, hortorum et frugum quarumcumque, und T. 4. ebendaselbst: de damnis animalium vel diversarum rerum, insbesondere 4, 8, 24, 30. Lex Burgundionum 27, 1—5, (vgl. auch 55, 3 und 4). Wilda a. a. O., und S. 570, Köstlin, Abhandl., S. 171 ff. Den Sclaven wurden regelmäßig Leibesstrafen gedroht. Vgl. auch Heineccius, el. jur. germ., editio II, Halae 1743, tom. II, p. 72 ff. und Schilter, praxis jur. rom. in foro germ. ed. IV, tom. II, p. 110 ff.

[11] S. z. B. Grimm, Weisth., I, S. 466, 488, II, S. 686, III, S. 469, 489. Dazu vgl. die zahlreichen bei Köstlin, S. 174, N. 4, angeführten Stellen aus Rechtsbüchern, Stadtrechten, Statuten, die allerdings nur zum Theil beweisen, was sie beweisen sollen.

[12] Vgl. die in Note 9 angeführte Stelle. S. auch Noten 10 und 24.

[13] Abhandl., S. 172.

[14] Vgl. Wilda a. a. O. S. 322.

[15] Vgl. Köstlin, Abhandl., S. 173 unten.

pflegten[16], sondern daß auch abgesehen und unabhängig davon vor und im Mittelalter der Vermögensbeschädigung vom deutschen Recht direct öffentliche Strafen gedroht werden.[17]

Wenn aber demnach nicht geläugnet werden kann, daß das frühere deutsche Recht eine Belegung der Vermögensbeschädigung mit öffentlicher Strafe wenigstens gekannt hat, so erscheint dadurch der angeführte vereinzelte Artikel der Carolina nun deshalb in einem andren Lichte, weil die Frage entsteht, ob er nicht bloß die Baumbeschädigung öffentlich strafen, sondern auch, nur dieser erwähnend, zugleich dem früheren Recht und dem in ihm sich zeigenden auf öffentliche Bestrafung des Delicts drängenden Zuge eben dieses früheren Rechtes habe derogiren wollen.

Es kann nach dem Gesagten der Art. 168. der Carolina nicht mehr gleichsam als ein erster und vereinzelter Versuch, die Vermögensbeschädigung in einem besonders gefährlich erscheinenden Falle mit öffentlicher Strafe zu belegen, betrachtet werden; sondern es belegt vielmehr dieser Artikel einen Fall mit öffentlicher Strafe, nachdem in andren Fällen bereits vom früheren Recht öffentliche Strafe gedroht war; nur daß dieser andren Fälle von dem neuen Gesetzbuche in keiner Weise gedacht wird.

Ließe sich nun aus diesem letzteren Umstande schließen, daß der früher hervorgehobenen Strafbarkeit jener andren Fälle derogirt werden solle, wenn es sich um ein Strafgesetzbuch unsrer Tage handelte, so kann doch aus dem Schweigen der Carolina bei deren ganz verschiedenem Geiste und Zwecke, bei deren ganz andren Absichten und Zielen ein gleicher Schluß nicht gezogen werden. Wenn wir die Carolina nicht auf eine Linie mit unsren Gesetzbüchern stellen und die völlige Verschiedenheit zwischen der Carolina und der gegenwärtigen deutschen Strafgesetzgebung in ihren Principien, Absichten, Zielpunkten nicht übersehen wollen, so ist eine derartige Deutung des Art. 168. unmöglich. Die Carolina war durchaus nicht so vollständig und exclusiv und wollte nicht so vollständig und exclusiv sein, als daß sich sagen ließe, es hätte durch den Art. 168. die im bisherigen deutschen Recht sich vorfindende Strafbarkeit andrer Fälle der Vermögensbeschädigung nebst der aus dem römischen Rechte

---

[16] Wilda, S. 927, Note 1. Grimm, Weisthümer, I, S. 230, 231. Köstlin, Abhandl., S. 174 oben.
[17] Noten 8, 9, 10.

stammenden aufgehoben werden sollen.[18] Es hätte Das bei dem ganzen Wesen der Carolina ausdrücklich gesagt werden müssen, während der Umstand, daß auch das Gegentheil nicht ausdrücklich gesagt ist, wiederum wegen des ganzen Wesens der Carolina, nur in geringerem Maße auffallen kann, in um so geringerem, als nach dem inzwischen eingedrungeren römischen Recht außer der Baumbeschädigung auch die Beschädigung von öffentlichen Straßen, Brunnen und Wasserleitungen[19] öffentlich strafbar war und gewiß nicht behauptet werden wird, daß die Carolina diese letztgenannten Fälle habe wieder straflos machen und statt deren nur den einen, mindestens nicht strafbarer erscheinenden, Fall der Baumbeschädigung habe strafen wollen.

Daß gerade die Baumbeschädigung von der Carolina hervorgehoben wird, ist übrigens auch an und für sich unauffällig und leicht erklärlich. In Zeiten und Ländern, wo Wald, Holz und Bäume noch eine größere Rolle im Verkehr der Menschen spielen als Häuser, Gebäude, Eisenbahnen oder was sonst von unsren Gesetzen als besonders häufig vorkommendes Object der Vermögensverbrechen hervorgehoben wird, bilden Wald, Holz und Bäume auch das vorzugsweise Angriffsobject für Verbrechen, beziehen sich auf sie die ersten und die häufigsten Fälle des verbrecherischen Angriffs und geben sie den ersten Anlaß zu Strafdrohungen. Können wir doch auch noch zu unsrer Zeit die Beobachtung machen, daß Verbrechen, die wir in unsren Staaten und Verhältnissen vorzugsweise und regelmäßig an Häusern und Gebäuden begehen sehen, in andren Staaten und Verhältnissen so zu sagen nothgedrungener und für uns auf den ersten Blick auffälliger Weise meist und gewöhnlich an fremden Wäldern und Pflanzungen begangen werden.[20] Es ist deshalb ganz natürlich, daß ebensowohl im römischen[21] als auch im deutschen Rechte zu-

---

[18] Vgl. Köstlin, Abhandl., S. 174.

[19] Von den andren vom römischen Recht hervorgehobenen und im § 1. angeführten Fällen mag abgesehen werden, da sie nach deutscher Rechtsauffassung unter andre Gesichtspunkte gehören oder doch gehören können.

[20] So wird z. B. das Verbrechen der Brandstiftung, welches bei uns regelmäßiger und eigentlicher Weise an Häusern und Gebäuden begangen wird, in Griechenland im Gegentheil am Meisten an Wäldern begangen, weil die letzteren dort das ungleich häufiger sich bietende unmittelbare Object für dieses Delict bilden. Vgl. Geib, Darstellung des Rechtszustandes in Griechenland, 1835.

[21] S. oben § 1. Ueber die grausamen Strafen, mit denen im Mittelalter die

erst die Baumbeschädigung die strafrechtliche Aufmerksamkeit, und in einem Grade erregte, den sie heute, eben so natürlich und erklärlich, nicht mehr beanspruchen kann. Deshalb fand auch die Carolina gerade in Bezug auf die Baumbeschädigung in dem bereits vorhandenen und ausgebildeten Rechte besonders viel schon Fertiges, mehr als irgend sonst auf das Delict sich Beziehendes, vor, und es ist ganz erklärlich und unauffällig, daß sie diesen Fall des Delicts, namentlich, wie sie thut, bei Gelegenheit der Erwähnung des Holzstehlens und in Verbindung mit diesem, nicht unerwähnt läßt, ohne daß man daran zu denken brauchte, sie habe andre weniger ausgebildete Fälle des Delicts absichtlich nicht erwähnt, um bei ihnen die öffentliche Strafe auszuschließen. Deshalb bekommt endlich die in dem angeführten Artikel der Carolina sich findende Verweisung auf vorhandenes Gewohnheitsrecht einen ganz bestimmten und sicherern Sinn.

Diese ganze Auffassung wird nicht unerheblich dadurch unterstützt, daß der erste bessere Commentator der Carolina den von derselben gebrauchten Ausdruck „Holz" unter Verweisung auf Art. 167. der Carolina ganz außerordentlich weit interpretirt, indem er denselben geradezu auf Früchte (und damit auf fruchttragende Gewächse aller Art) ausdehnt[22], — welche Ausdehnung, man darf es wohl aussprechen, sich wenigstens nicht allzuweit von Schwarzenberg's Geiste entfernen dürfte und gewiß nicht so weit wie manche andre Interpretation manches andren Artikels seines Gesetzbuches.

Nach allem Ausgeführten aber wird die Stelle bei Carpzov, von der wir ausgingen, nun nicht mehr auffällig und willkürlich erscheinen; würde es vielmehr auffallen und Anstoß erregen müssen, wenn Carpzov in dem mitgetheilten Falle anders entschieden hätte.

Dieser Stelle sei nun zunächst eine andre desselben Schriftstellers, welcher mehrere andre Aeltere zustimmen, hinzugefügt. Es ist das die Stelle, in welcher die Vergiftung von fremdem Vieh lediglich als solche

Baumbeschädigung gestraft wurde, s. Köstlin, S. 174, Note 4. und Bopp in Weiskes Rechtslexikon, II, S. 22, Note 9.

[22] Kress, Comm., § 1. n. 2 u. 3. ad art. 168; 2 a. E.: „olera, poma, fructus, fruges corrumpens vel civiliter carcere, mulcta, relegatione temporali, vel criminaliter corporisque cruciatu, si aliquoties facinus repetiit, vel ruricolis magnum prorsus damnum malitiose intulit, nec illud reparare sive restituere valet, coerceri potest."

und ganz abgesehen von etwa daraus erwachsender Gefahr für Menschen, auch wenn sie ganz ohne die Absicht und Wirkung der Gesundheitsbeschädigung von Menschen vollführt wurde, als öffentlich, und zwar mit dem Tode strafbar bezeichnet wird.[23]

Auf diese letztere Stelle soll nun allerdings nur ein weit geringeres Gewicht gelegt werden als auf jene andre, indem sie, lediglich im Anschluß und in Analogie des Art. 130. der Carolina und wegen der bekannten Strenge des deutschen Rechts[24] gegen das Mittel des Giftes, das bloße „Umgehen mit Vergiftniß" diese Art des Delicts so strenge strafend, weit eher eine Singularität genannt werden kann als jene andre. Sie bietet aber immerhin außer und neben jener andren ein ferneres Beispiel für die Bestrafung der Vermögensbeschädigung schon durch die ältere Praxis.[25]

Außerdem lassen sich nun noch, — obgleich die zum Ausgangspunkte genommene Stelle bei Carpzov völlig genügen würde, — einzelne dieselbe Praxis bezeugenden Ansprüche bei andren Aelteren, so bei Kemmerich[26] und Böhmer[27] nachweisen; und endlich ist auch nicht un-

---

[23] Carpzov, I, qu. 21. nr. 24 ff. Ebenso Beyer, del. crim. secundum const. Carolinam, ad art. 130, 9 und 11; Clasen, comm. ad art. 130; Ludovici, comm. ad art. 130. Vgl. aber Böhmer, ad Carpzov., qu. 21. obs. 4.; Wächter, I, S. 144, Köstlin, Abhandl., S. 176.

[24] Sachsenspiegel, II, 13, 7.

[25] Denn daß es sich hier, wo ohne alle Rücksicht auf etwaige Gefahr für Menschen die Schädigung fremden Viehs gestraft wird, trotz des Anschlusses an Art. 130. der Carolina und der Berücksichtigung der Strenge des einheimischen Rechts gegen alles Umgehen mit Gift, einfach und rein um das Delict der Vermögensbeschädigung handelt, ist unbestreitbar und wird auch von Wächter, I, S. 144, ausdrücklich anerkannt. Wie viel oder wie wenig Grund und Recht, so strenge zu strafen, oder, wenn man will, überhaupt zu strafen, die Praxis in diesem Falle hatte, ist hier gleichgültig: es kommt hier nur darauf an, daß sie es that, vgl. gegen Wächter (an der eben angeführten Stelle) Köstlin, Abhandl., S. 176, Note 10.

[26] Synopsis jur. cr., 1731, wo es L. II. T. 6. Nr. 5. ausdrücklich heißt: „hodie haud dubie insuper poena arbitraria, eaque vel leviori, vel graviori, prout vel levius, vel gravius, dolo vel culpa, illatum est, coerceri potest."

[27] El. jur. crim., ed. altera, 1738, Sect. I. Cap. II. § XXX, erste Note. Köstlin, Abhandl., citirt außerdem noch eine fernere Stelle bei Böhmer (Sect. II. Cap. XXXI. § CCCXXV) und eine bei Brunnemann, Anleitung zur vorsichtigen Anstellung des Inquisitionsprocesses, Hall 1697, cap. 2. § VI. Indessen es läßt sich hier wieder nur sagen, daß Köstlin in Aussprüche, die er für seine Meinung citiren zu können glaubt, Mehr hineinträgt, als sie in der That enthalten Beide Stellen beziehen sich

berücksichtigt zu lassen, daß die Particularrechte schon früh Bestimmungen enthalten, welche die Strafbarkeit des Delicts aussprechen [28]; — dies Alles kann aber doch nicht etwa bloß als ein Vorläufer des späteren Rechts, sondern es muß als ein Zeugniß für den Geist und die Beschaffenheit des früheren, als ein Erkennungsmittel des früheren deutschen Rechtsbewußtseins betrachtet werden.

Wir dürfen deshalb nicht dabei beharren, daß die Strafbarkeit der Vermögensbeschädigung, dem alten und mittleren deutschen Rechte unbekannt, erst mit der späteren Praxis, dem modernen deutschen Rechtsbewußtsein und den neuen Particulargesetzgebungen anhebe. Wir müssen vielmehr anerkennen, daß sie im Gegentheil von Alters her, im Gegensatz zum römischen Rechte, dem germanischen Rechtsbewußtsein innegewohnt und sich trotz des Einflusses des römischen Rechts [29] durch das ganze Mittelalter hindurch in, sei es sporadisch oder nicht, immer wieder

nur auf den Schaden, welcher durch Unredlichkeit in Processen und Contracten gestiftet wird, ein Fall, welcher nach Köstlin's eigener Meinung allerdings nicht zum Betruge, sondern zur Vermögensbeschädigung gehört, von dem es aber durchaus nicht feststeht, daß er vom älteren Recht und von jenen älteren Schriftstellern ebenso beurtheilt sei. Böhmer handelt ihn unter dem Titel „de falso ac stellionatu" ab. Die Stelle bei Brunnemann lautet: „endlich sollte die Obrigkeit auch fleißig inquiriren und ex officio diejenigen bestraffen, welche in Contracten jemand vorsätzlicher Weise hintergehen und betriegen, da öffters hintergangene Armuthshalber nicht klagen kan, sondern den Schaden Gott befehlen muß. Und in Summa, es strecket sich der Richter ihre Gewalt über alle Laster, welche wieder die Gesetze sein, und Anlaß zu Aergerniß andren an die Hand geben." Uebrigens ist aus dem ganzen Zustande der Quellen und aus dem hemmenden Einflusse des römischen Rechts (vgl. das Ende und die Note 29. dieses §) wiederum leicht erklärlich, daß das Delict nicht von allen Aelteren erwähnt wird, denen außerdem große Vollständigkeit, namentlich wenn es sich um verhältnißmäßig geringere und unbedeutendere Delicte handelt, ja durchaus nicht immer nachzurühmen ist.

[28] Siehe den Eingang des folgenden §.

[29] Daß man nach dem Eindringen des römischen Rechts sich zunächst nur diesem zuwandte und darüber das einheimische Recht vernachlässigte, ist bekannt. Daraus erklärt sich, daß das römische Recht, obgleich sein Privatstrafensystem in Deutschland nicht receptionsfähig war (vgl. Glück, Erläuterungen, X, § 705. und die dort N. 43. Citirten, Wächter, Lehrb., II, S. 360, auch Kreittmayr, Anmerkungen über den Cod. Max. bav. civilem, 4. Theil, 1821, S. 753), dennoch wenigstens einen indirecten, und zwar hemmenden, einschränkenden und zurückhaltenden Einfluß auf die Entwicklung des Delicts in Deutschland übte. Daraus erklärt sich zum Theil auch das Zurückbleiben der Theorie. Erstickt werden konnte der im deutschen Rechte liegende Keim aber nicht. Aus ihm hat das Delict sich in Deutschland entwickelt, so daß durch das römische Recht für das Delict in der That nur wenig geschehen und geändert ist und schon deshalb ein darüber zu erhebender Streit, ob eine Verallgemeinerung von Bestimmungen des

vorkommenden unverkennbaren Aeußerungen erhalten hat und namentlich schon von der älteren gemeinrechtlichen Praxis vollständig anerkannt ist. Daran können nach dem Ausgeführten die Umstände, die zuzugeben sind, Nichts ändern, die nämlich, daß die Carolina nur des einen erwähnten Falles ausdrücklich erwähnt[30], daß der Begriff des Delicts von der älteren Theorie, wenigstens vollständig und genügend, noch nicht ausgebildet und daß das Delict und seine strafrechtliche Behandlung erst durch die neue Doctrin und Legislation zu ihrem vollen Rechte gekommen sind.

Eine natürliche Folge dieser Lückenhaftigkeit der älteren Theorie und dieses immerhin mangelhaften Zustandes der gemeinrechtlichen Quellen ist die, daß es uns nicht nur an jedem gemeinrechtlichen Detail für die Lehre und den Thatbestand des Delicts, sondern auch an genügenden Anhaltspunkten für die Entscheidung, welche Fälle nach gemeinem Rechte öffentlich strafbar seien, welche nicht 2c., fehlt.[31] In jedem Falle würde sich deshalb die Detailforschung bei diesem Delicte nur auf dem Boden der modernen Gesetzgebung bewegen können.

Soviel ergiebt sich indessen aus den vorhandenen Quellenzeugnissen, daß die Aufstellung eines besondren von der Vermögensbeschädigung unabhängigen und selbstständigen Delicts der Baumbeschädigung auch vom Standpunkte des gemeinen Rechts aus nicht erforderlich und — nicht richtig sein würde.

§ 3. Die deutschen Particularrechte.

Es ist bereits im vorigen Paragraphen angedeutet worden, daß sich auch in den deutschen Particularrechten schon früh Strafdrohungen gegen die Vermögensbeschädigung finden.[1]

---

römischen Rechtes zulässig sei oder nicht, in der That ziemlich unfruchtbar sein müßte (vgl. oben Note 1. und Köstlin, Abhandl., S. 177, 178).

[30] Daß auch von der Carolina für unser Delict wenig geschehen und die Entwicklung desselben wenig beeinflußt ist, hat sich aus dem im Text Ausgeführten von selbst ergeben.

[31] Selbst die namentlich von den Neueren so vielfach aufgestellte Behauptung, daß nur dolose und einigermaßen beträchtliche Vermögensbeschädigungen gemeinrechtlich strafbar seien, läßt sich nicht beweisen und ist dem römischen Rechte und objectiven Character des deutschen gegenüber sehr zweifelhaft.

[1] Vgl. zum Belege dessen auch schon die Wormser Reformation (1561) im 1. Theile des 6. Buches, Tit. 16 und 20, wonach derjenige, der durch Werfen oder

Eine ausführlichere und allgemeinere Bestimmung enthalten zuerst die Constitutionen des Kurfürsten August von Sachsen vom Jahre 1572, und zwar, — abgesehen von einer gleichfalls sich findenden Bestimmung über die Weidenvergiftung, 4, 18, — im 37. Artikel des 4. Theiles. Der Artikel handelt allerdings wie der 168. der Carolina nur von der Baumbeschädigung, spricht sich aber bestimmter und detaillirter aus und nimmt die Baumbeschädigung ausdrücklich in einem weiteren Sinne. Es sollen „diejenigen, so tragende oder fruchtbare beume, hopffen und dergleichen" in irgend einer Weise beschädigen, mit Geld (natürlich außer dem zu leistenden Schadensersatze), im Unvermögensfalle arbiträr mit Gefängniß „und dergleichen", in schwereren Fällen aber direct mit Gefängniß, Landesverweisung oder Staupenschlag gestraft werden.[2] Von der späteren sächsischen Particulargesetzgebung ist diese Bestimmung zunächst nicht weiter ausgebildet worden.

Dagegen hat das preußische Landrecht[3] jene Bestimmung der sächsischen Constitutionen theils (meist wörtlich) aufgenommen, theils noch weiter ausgebildet, indem auch die Beschädigung von „Kräuterei, als Negelein, Rosmarien, Majoran und dergl. Blumen oder Sträuchern und von — Obst, Weintrauben und andern Früchten und Gartengewächsen" als ein öffentlich strafbarer Fall der Vermögensbeschädigung hingestellt, und zwar mit Geld, Gefängniß oder Verweisung, im Rückfall mit Staupenschlag oder Vestungs-Bau-Arbeit bedroht wird[4]; — während die sächsische Constitution noch nur den Diebstahl an

Schütten aus Häusern einen Andern an seinen Kleidern oder sonst beschädigt oder der Gärten-, Aecker-, Wiesen-, Feld-Schaden anrichtet, außer zum doppelten, bzw. vierfachen Ersatze zu einer Geldstrafe verurtheilt, wer aber durch Werfen aus Häusern Thiere beschädigt, arbiträr bestraft werden soll. Sodann z. B. das wetterauische Wassergericht von 1611 (bei Grimm, Weisth., III, S. 469, 470, vgl. S. 463, N. 1), wo Beschädigungen von Wasserbauten theils mit Leibes-, theils mit Geldstrafen belegt werden.

[2] Vgl. auch ferner die besondre Constitution von 1572 (Weiske, Handbuch der Strafgesetze des Königreichs Sachsen, Leipzig 1833, S. 15), welche neben dem Schießen und Fangen auch das bloße Beschädigen von Wild mit sehr schweren Strafen bedroht.

[3] Vgl. das Landrecht von 1620, Liber VI, Titel VII, Art. IX. und die Revisionen von 1685 (Liber VI, Titel VII, Art. IX) und 1721 (L. VI, T. VIII, A. IX).

[4] § 3. der angeführten Stelle der letztgenannten Revision. (Die Revision von 1685, vgl. § 2. der angezogenen Stelle, strafte wie die sächsische Constitution nur die Entwendung von Kräuterei ꝛc.)

Kräutern, Blumen, Sträuchern mit Strafe bedroht. Das preußische Landrecht bleibt aber bei dieser Bestimmung nicht stehen. Es enthält vielmehr schon mannigfache und umfängliche Strafdrohungen gegen die Vermögensbeschädigung[5]: der Viehtödtung und Beschädigung, der Beschädigung fremden Gutes durch Feuer, Brechen oder Zureißen, dem „Zerbrechen" von Behausungen, dem Auswerfen von Fenstern, dem Ausstoßen von Thüren und Thoren, der Durchstechung ꝛc. von Dämmen oder Teichen und dergl., der Herbeiführung von Beschädigungen durch beißende ꝛc. Thiere werden theils Geld, theils sonstige (meist willkürliche) Strafen gedroht.[6]

In Würtemberg wurden 1739[7], dann 1808[8] eingehende, das Motiv zur That (Bosheit und Muthwillen), den Rückfall ꝛc. berücksichtigende und theilweis sehr strenge Strafbestimmungen gegen die (Obst-) Baum-Beschädigung[9], dann 1808[10] gegen die vorsätzliche Beschädigung

---

[5] Vgl. die Revision von 1721, Liber VI, Titel 11, Art. 1, § 4 und 5, Tit. 11, Art. 4 und 5, § 4; Revision von 1685, Liber VI, T. 10, Art. 1, § 4 und 5, Art. 3, Art. 4., L. R. v. 1620, an denselben Stellen.

[6] Außerdem finden sich noch verschiedentliche Bestimmungen über den Landfriedensbruch (Rev. v. 1721, L. VI, T. 6, Art. 17), über Wasser- und Weiden-Vergiftung (Rev. 1721, L. VI, T. 6, Art. 20, Rev. v. 1685, L. VI, T. 5, Art. 8, L.-R. v. 1620, L. VI, T. 5, Art. 8), über Aufgraben und Bestehlen der Todten (Rev. v. 1721, L. VI, T. 8, Art. 14, T. 6, Art. 9., Rev. v. 1685, L. VI, T. 7, Art. 7, L.-R. v. 1620, L. VI, T. 7, Art. 7) ꝛc., sowie über solche Vermögensbeschädigungen, bei denen keine Strafe, sondern nur Ersatzleistung eintritt (vgl. z. B. Rev. v. 1721, L. VI, T. 11, Art. 1, 3, Rev. v. 1685, L. VI, T. 10, Art. 1, 2. L.-R. v. 1620, L. VI, T. 10, Art. 1, 2).

[7] General-Rescript v. 21. October, vgl. Hochstetter, Extract der General-Rescripte, II, S. 98, Knapp, würtemberg'sches Criminalrecht, S. 288.

[8] Gesetz über die Bestrafung der Baumverderber v. 23. Juni, Knapp, a. a. O.

[9] In Bezug auf die Baumbeschädigung war die Particulargesetzgebung im 18. und auch noch in diesem Jahrhundert sehr rege: in Baden wurden in den Jahren 1747—1770 verschiedene, theils sehr strenge Strafbestimmungen gegen die Baumbeschädigung erlassen (vgl. Gerstlacher, Sammlung aller baden-durlachischen Verordnungen, 3. Band, 1774, S. 404 ff.); ebenso 1779 in Hessen-Darmstadt durch eine landgräfliche Verordnung (Bopp, der hessische Rechtsfreund, S. 76, und in Weiskes Rechtslexikon, II, S. 22), auf Grund welcher noch im Jahre 1831 wegen erheblicher Beschädigung einer Baumschule zu anderthalbjähriger Zuchthausstrafe verurtheilt wurde (Zeitschrift für Gesetzgebung und Rechtspflege des Kurfürstenthums und Großherzogthums Hessen, I, 1834, S. 198 ff.). Aehnliches findet sich in einer Braunschweig'schen Verordnung von 1790 (Liebhaber, Einleitung in das herzogl. braunschweigsche Landrecht, I, 1791, S. 92), einem nassau'schen Edicte von 1816 (Meex, Handbuch zur näheren Kenntniß der Verfassung und Verwaltung des Herzogthums Nassau, 1838, S. 128 f., 174), einer großherzoglich sachsen-weimar'schen die Be-

von Brücken, Poststeinen &c. und 1824[11] gegen die Vermögensbeschädigung überhaupt erlassen. Die würtembergische Praxis strafte demnach jede solche Vermögensbeschädigung wenig geringer als den Diebstahl.[12]

Der Codex Maximilianeus jur. Bav. crim. enthält die allgemeine Bestimmung (I, 9. § 7), daß jede nicht unter ein andres Verbrechen fallende Vermögensbeschädigung zwar nur civiliter bestraft werden solle, wenn der Thäter den Schaden ersetzen könne, dagegen malefizisch am Leibe, wenn der Schaden bedeutend sei und der Thäter ihn nicht völlig zu ersetzen vermöge.

In der östreichischen Gesetzgebung erscheint das Delict zuerst in der neuen josephinischen Strafgesetzgebung, dem Allgemeinen Gesetzbuche über Verbrechen und derselben Bestrafung von 1787.[13] Abgesehen von dem Verbrechen der öffentlichen Gewalt (I, §§ 54, 55) heißt es II, (politische Verbrechen), § 59: „als ein politisches Verbrechen wird erklärt jeder Muthwille, der auf öffentlicher Straße ausgeübt und wodurch einer oder mehreren Personen Ungelegenheit verursacht oder Beschädigung zugezogen wird. Da die Arten der Ausgelassenheiten auch hier zu mannigfältig sind, um in einem Gesetze ausgedrückt zu werden, so werden, ohne die übrigen auszuschließen, nur diejenigen angeführt, welche gewöhnlicher sind, als: a) wenn jemand vernichtet, beschädigt, niederreißt, was zum Nutzen, zur Bequemlichkeit oder zur Lust des Volkes erbauet, errichtet, gepflanzet ist; b) wenn jemand in Fenster und Wohnungen etwas einwirft, das zu beschädigen oder verletzen beschaffen ist; c) wenn jemand die Vorübergehenden begießt, anwirft, durch geflissentliches Zudrängen niederwirft, ihre Kleidungen verreißt, verdirbt oder auf was immer für eine Art eine Ungemächlichkeit

schädigungen von Waldungen ins Auge fassenden Verordnung von 1821 (s. Mittermaier im neuen Archiv des Criminalrechts, VI, S. 8 f.), den schleswig-holstein'schen Statuten, durch welche übrigens namentlich auch das aus Rache geschehende Tödten fremden Viehs mit Strafe bedroht wird (Hitzig, Annalen, XIII, S. 18; Bopp in Weiskes Rechtslexikon, II, S. 23). Ein K. sächsisches Mandat von 1822 behandelt den Baumfrevel und seine Bestrafung in einer Reihe von Paragraphen.

[10] Weg-Ordnung v. 23. October, Knapp, S. 292.

[11] Straf-Edict v. 17. Juli, Knapp, S. 287 ff.

[12] Knapp, S. 287, 288; Köstlin, Abhandl., S. 177.

[13] Die Theresiana enthält nur (Art. 73, §§ 11 und 12) eine Strafdrohung gegen die Verunehrung und Beraubung der Gräber und Ruhestätten, der sie Todesstrafe droht.

zuzieht.[14] Das Strafgesetzbuch von 1803 enthält, abgesehen vom Landfriedensbruch, §§ 72, 73, unter der Rubrik „von öffentlicher Gewaltthätigkeit", im § 74 die kürzere und doch inhaltsreichere Bestimmung: andere boshafte Beschädigungen eines fremden Eigenthums sind nach der Größe der Bosheit und des zugefügten Schadens mit Kerker zwischen sechs Monaten und einem Jahre, bei großer Bosheit und wichtigem Schaden aber mit schwerem Kerker von 1—5 Jahren zu bestrafen."[15] Außerdem finden sich in dem gleichzeitigen Gesetzbuche über schwere Polizeiübertretungen noch besondere Bestimmungen über Abreißen und Besudeln von Verordnungen u. dergl., Zerschlagen von Laternen, muthwilliges Beschädigen von Brücken 2c., sowie von aufgestellten Warnungszeichen.[16]

Wenn man nun auf den Inhalt dieser früheren deutschen Particularrechte in seiner Gesammtheit zurückblickt, so ergiebt sich einerseits das Vorhandensein schon mannigfacher Keime und Anläufe zu einer brauchbaren und genügenden legislatorischen Behandlung des Delicts, andrerseits aber auch noch große Lücken- und Mangelhaftigkeit in der Entwicklung und Ausbildung desselben. Beides zu thun, die vorgefundenen Keime fortzuentwickeln und die vorhandenen Lücken selbstständig auszufüllen, blieb der Gesetzgebung unsres Jahrhunderts vorbehalten.

In beiden Beziehungen hat aber bereits das Allgemeine preußische Landrecht (II, 20, §§ 1488 ff.) viel gethan und noch heute festgehaltene und festzuhaltende Grundsätze aufgestellt oder doch angedeutet.[17]

---

[14] Als Strafe wird im § 60. „Gefängniß von verschiedener Dauer, öffentliche Arbeit, Ausstellung auf der Schandbühne und Züchtigung mit Streichen" gedroht. Im 27. § desselben ersten Theiles findet sich das Werfen von todtem Vieh in Brunnen, Bäche, Flüsse mit Strafe bedroht unter den gesundheitsgefährlichen Verbrechen.

[15] Vgl. weiter unten die Bestimmungen des gegenwärtig geltenden östreichischen Strafgesetzbuches. Ueber die hier erwähnte östreichische Strafgesetzgebung, s. Jenull, östr. Criminalrecht, 2. Theil, S. 92 ff. und den auch für das jetzt geltende östreichische Strafgesetzbuch noch in Betracht kommenden Aufsatz von Waser in Haimerls Magazin für Rechts- und Staats-Wissenschaft, 3. Band, Prag 1851, S. 78 ff „Das Verbrechen der öffentlichen Gewaltthätigkeit", insbesondere S. 86—89.

[16] Vgl. Jenull, II, S. 93—95. Ein Hofdecret von 1806 verordnet noch Besonderes in Bezug auf die Beschädigung von Obstbäumen, Jenull, an der eben citirten Stelle.

[17] Zum Beweise dieses und zugleich zur bequemeren Vergleichung mit den im

In den neuen deutschen Strafgesetzbüchern ist das Delict dann in genügender und im Ganzen auch abschließender Weise legislatorisch behandelt, obgleich sowohl für die Abgränzung als auch für die erforderliche volle Erschöpfung desselben im Einzelnen auch jetzt noch zu thun übrig bleibt. Es leidet nach der modernen deutschen Strafgesetzgebung keinen Zweifel mehr und ist ein allen neuen deutschen Strafgesetzbüchern ganz und ausnahmslos gemeinsamer Grundsatz, daß die Vermögensbeschädigung ein selbstständiges criminell strafbares Delict bildet.[18]

Ueber diesen obersten, allgemeinsten und ja allerdings wichtigsten Grundsatz und über solche Sätze hinaus, welche sich aus dem allgemeinen und natürlichen Begriffe des Delicts und seiner Strafbarkeit entwickeln lassen, ist jedoch von einer völligen und ausnahmslosen Uebereinstim-

---

Folgenden zu besprechenden neuesten Gesetzbüchern mögen die betreffenden Paragraphen des Allgem. preuß. L.-R. hier eine Stelle finden: „Von Beschädigungen des Vermögens aus Rache, Bosheit und Muthwillen. Wer aus Rache, Bosheit oder Muthwillen einen Andern an seinem Eigenthum oder Vermögen beschädigt, der soll nicht nur den Schaden ersetzen, sondern auch verhältnißmäßige Leibesstrafe leiden, den Grad der strafbaren Leidenschaft, welche aus einer solchen unerlaubten Handlung hervorleuchtet; die Größe des verursachten Schadens und der für den Beschädigten daraus entstandenen Gefahr bestimmen die Art und das Maß der verwirkten Strafe. Geringe Beschädigungen, die aus bloßem Muthwillen verübt sind, sollen polizeimäßig, durch körperliche Züchtigung, Strafarbeit oder Gefängniß, nach dem Alter und Stande des Beleidigers, geahndet werden. Ist durch solchen Muthwillen ein erheblicher Schaden entstanden, so soll Gefängniß- oder Zuchthausstrafe von 4 Wochen bis zu 2 Jahren Statt finden. Beschädigungen aus Bosheit oder Rache, wodurch nur einzelne Bürger des Staats an ihrem Eigenthum oder Vermögen gekränkt werden, sollen, wenn damit keine Gefahr für das Publicum verbunden gewesen, und in den Gesetzen keine besondere Strafe für den Fall bestimmt ist, mit Festungs- oder Zuchthausstrafe von 3 Monaten bis zu 3 Jahren geahndet werden. Wenn bei Beschädigungen des Vermögens zugleich das Hausrecht verletzt oder die persönliche Sicherheit des Beleidigten oder der Seinen in Gefahr gesetzt werden: so soll die sonst verwirkte Strafe um ein Drittel geschärft werden. Liegt bei der Schadenszufügung eine unversöhnliche Feindschaft gegen den Beschädigten zum Grunde: so soll der Beschädiger, nach ausgestandener Strafe, bewandten Umständen nach, aus dem Wohnorte des Beleidigten verwiesen werden." Vgl. damit dann wieder das (Note 9. angeführte) K. Sächsische Mandat über die Bestrafung der Holzdiebstähle und Baumfrevel vom 27. November 1822 in seinem zweiten Theile.

[18] Daß vielfach die geringfügigsten Fälle nur polizeilich und nicht criminell im engeren Sinne bestraft werden, kann an der Aufstellung dieses allgemeinen Grundsatzes, welcher die heutzutage zweifellose öffentliche Bestrafung der Vermögensbeschädigung constatirt, natürlich Nichts ändern.

mung, also von einem wirklich gemeinsamen Recht aller deutschen Strafgesetzbücher nirgends die Rede. Es findet sich vielmehr in allen über das Delict von unsren Gesetzbüchern ausdrücklich gegebenen Bestimmungen die mannigfachste und bunteste Verschiedenheit. Zwar kehrt in den einzelnen Gesetzgebungen Verschiedenes verschiedentlich wieder, und von manchem Princip wie von mancher Detailbestimmung läßt sich sagen, daß sie sich in vielen oder in fast allen Strafgesetzbüchern wiederholen. Indessen nach (nicht ganz selbstverständlichen) Sätzen, die man als allen gemeinsame, als wirklich gemeines heutiges deutsches Recht aufstellen könnte, sucht man vergebens; — man müßte denn höchst allgemeine Sätze aufstellen wollen, wie den, daß die Größe des angerichteten Schadens oder das Motiv zur That oder die Beschaffenheit des beschädigten Gegenstandes von irgend welchem Einflusse auf die Strafe sei. Weiter kann man nicht gehen, ohne auf den Widerspruch wenigstens eines oder einiger Strafgesetzbücher zu stoßen.[19] Denn auch in der zuletzt hervorgehobenen Beziehung stellt sich heraus, daß die Größe des angerichteten Schadens, das Motiv des Thäters und die Beschaffenheit des beschädigten Gegenstandes von dem einen Theile der Strafgesetzbücher als Strafabstufungs-, von dem andren nur als Strafzumessungsgründe betrachtet werden.

Selbst die Frage, ob nur die dolose oder auch die culpose Vermögensbeschädigung strafbar sei, wird, — um nur dieser Fundamentalfrage zu gedenken, — von den einzelnen Gesetzbüchern verschieden beantwortet, obgleich man gewöhnlich annimmt, daß in Bezug auf diese Frage völlige Uebereinstimmung herrsche.

Dasselbe gilt z. B. von der für die Strafabstufung oder Zumessung kritischen Höhe des Schadenbetrages, von den Straf-, Schärfungs- und Erhöhungs-, Milderungs- und Minderungsgründen, von dem Einfluß der Privatverzeihung, der Art und dem Maße der gedrohten Strafen, der dem Diebstahl analogen Behandlung u. s. w.

In der Gedrängtheit dieses einleitenden Paragraphen auch nur eine leidlich übersichtliche und damit leidlich nützliche Darstellung all' dieser Verschiedenheiten der einzelnen deutschen Strafgesetzbücher zu geben,

[19] So bietet auch dieses verhältnißmäßig geringfügige und einfache Delict einen Beitrag für die Beantwortung der Frage, inwieweit von einem noch heute existirenden gemeinen deutschen Strafrecht die Rede sein könne.

dürfte kaum möglich sein. Außerdem ist ein Eingehen darauf im folgenden eigentlich dogmatischen Theile bei Gelegenheit der Besprechung der einzelnen Requisite des Thatbestandes ꝛc. unerläßlich, kann also an dieser Stelle als nur eine unnöthige Wiederholung herbeiführend vermieden werden.[20] Das zunächst Folgende beschränkt sich deshalb auf eine mehr äußerliche, zugleich den folgenden Paragraphen ergänzende Aufführung der deutschen Strafgesetzbücher und ihrer Litteratur.

Das bairische Strafgesetzbuch von 1813[21] enthält eine vollständige, den modernen Anforderungen entsprechende Strafgesetzgebung über das Delict in den Artikeln 383—385, welche sich durch Einfachheit und Uebersichtlichkeit auszeichnet und eigenthümlich ist durch die sehr niedrigen Maximalsätze der gedrohten Strafe, während zugleich die Minimalsätze schon deshalb sehr hoch sind, weil gar keine Geldstrafe, sondern in allen Fällen Gefängnißstrafe gedroht wird. Dabei ist allerdings zu bemerken, daß das bairische Strafgesetzbuch die criminelle Bestrafung des Delicts als Vergehens wenigstens in den nicht qualificirten Fällen an die Bedingung eines bestimmten Minimalbetrages des angerichteten Schadens (50 fl.) knüpft.

Nur fünf, in deutlicher Erinnerung an das vorangegangene deutsche Recht, sämmtlich auf die Feld-, Wald-, Wiesen- und Garten-Wirthschaft sich beziehende Fälle werden als qualificirt strafbar hervorgehoben. Außerdem wird die Strafe sowohl bei den einfachen als den qualificirten Fällen nach dem Motive, aus welchem die Handlung entsprungen ist, abgestuft (bloßer Muthwille oder aber Nachsucht, boshafter Eigennutz oder „andere dergleichen Bewegursache"). Zugleich ist das Vorhandensein eines dieser vom Gesetz genannten Motive die Voraussetzung für die Strafbarkeit überhaupt.

Vollständig, meist wörtlich folgt das oldenburgische Strafgesetzbuch von 1814 (Art. 392—395) dem bairischen. Es sind nur noch einige fernere, ebenfalls auf den Landbau, und zwar dessen Schutz gegen Wasserschaden sich beziehende Fälle als qualificirt hervorgehoben, — was eben-

---

[20] Vgl. über alles hier Angedeutete die unter II. folgende Darstellung des Delicts selbst, zum Theil auch die unten beigefügte Tabelle.

[21] Vgl. dazu Rottmann, das bair. Strafrecht, Erlangen 1849, S. 142, 143. (2. Aufl., 1851); jedoch nur sehr wenig enthaltend.

falls ein, aus der geographischen Lage Oldenburgs leicht erklärlicher, Anklang an schon früh im deutschen Recht Hervorgetretenes ist.

Auch dem sächsischen Strafgesetzbuche von 1838[22] (Art. 288—292), dem sich wiederum das sachsen-altenburgische von 1841 völlig anschließt (ebenfalls Art. 288—292), ist Einfachheit und Bestimmtheit nachzurühmen. Die Beweggründe zur That erscheinen hier, außer bei den qualificirten Fällen, ebenso wie die Höhe des angerichteten Schadens nur als Strafzumessungsgründe, während die Strafbarkeit überhaupt auch hier von dem Vorhandensein bestimmter, vom Gesetz ausdrücklich genannter Motive (Bosheit und Muthwillen) abhängt. An einen Minimalschadensbetrag ist das Eintreten crimineller Bestrafung nicht geknüpft. Dagegen ist dem Richter gestattet, in den geringfügigsten Fällen auf bloße Geldstrafe zu erkennen. Der Gegenstände, deren Beschädigung das Delict zu einem qualificirten macht, sind im sächsischen Gesetzbuche bereits sehr viel und mannigfache; die Strafe kann hier bis zu sechsjähriger Zuchthausstrafe aufsteigen. Der Baumfrevel wird in einem besondern Artikel behandelt und auf die Anzeige eines Baumfrevels eine Belohnung gesetzt.

Im würtembergischen Strafgesetzbuche[23] von 1839 findet sich das Delict nicht ohne Weitläufigkeit und überreichliches Specialisiren in den Art. 385—388. und 390—393. behandelt, mit denen auch Art. 389. zu vergleichen ist. Es werden, abgesehen von den nur polizeilich zu ahndenden geringsten Fällen, drei Stufen nach der Höhe des angerichteten Schadens gemacht, bei deren letzter und höchster zugleich das Motiv zur That (überlegte Bosheit) als Strafabstufungsgrund erscheint.

In nur einem § (211), die Strafe lediglich nach der Höhe des an-

---

[22] Vgl. Günther, die neuen Criminalgesetze f. d. Königr. Sachsen, 1838, S. 150 ff. Krug, Studien, 2. Abth., 1838, S. 16. (Schletter), das neue Criminalgesetzbuch Sachsens, bearbeitet von einem prakt. Rechtsgelehrten, 1838, S. 193 ff. v. Hartitzsch, das Criminalgesetzbuch für das Königreich Sachsen, 1841, S. 438 ff. (Günther, Schletter und Hartitzsch enthalten namentlich Mittheilungen und sorgfältige Verweisungen auf die ständischen Berathungen). Weiß, Criminalgesetzbuch f. d. Königreich Sachsen, 1841—43, 3. Band, S. 392 ff., auch S. 18 ff. Held und Siebdrat, Criminalgesetzbuch f. d. Königreich Sachsen, 1848, S. 379 ff.

[23] Hufnagel, Commentar über das Strafgesetzbuch f. d. Königr. Würtemberg, II, S. 679 ff. und Desselben Strafgesetzbuch f. d. Königr. Würtemberg, S. 407 ff. Ueber das frühere würtembergische Recht vgl. Knapp, das würtembergische Criminalrecht, dargestellt in Zusätzen zu Feuerbachs Lehrb., 1828, S. 287 ff.

gerichteten Schadens abstufend und vom höheren zum niederen hinuntersteigend, behandelt das braunschweigische (seit 1843 auch in Lippe-Detmold geltende) Strafgesetzbuch von 1840 die vorsätzliche Vermögensbeschädigung; in einem zweiten (212) die fahrlässige. Es zeichnet sich auch bei diesem Delicte im Ganzen durch Einfachheit und Uebersichtlichkeit aus, ist jedoch reichlich strenge und überläßt dem Richter nur zum Theil ein weiteres Ermessen für die Strafbemessung. Uebrigens behandelt es das Delict ganz nach Analogie des Diebstahls und der Unterschlagung.

Das im selben Jahre erlassene hannoversche Strafgesetzbuch[24] handelt das Delict wieder nicht ohne Weitläufigkeit in den Art. 336—339. ab. Es wird der Verhängung bloßer Geldstrafe hier zuerst eine angemessen weitere Anwendbarkeit eingeräumt, des Falles, daß aus der begangenen That ein größerer allgemeiner Nachtheil auch nur hervorgehen konnte, und bei der ausgezeichneten Beschädigung des Rückfalles besonders gedacht.

Im hessen-darmstädtischen Gesetzbuche[25] von 1841 (seit 1849 auch in Nassau, Art. 420—424, und seit 1857 in Frankfurt, Art. 424—428) findet unser Delict in den Art. 424—428. sich bedacht, und zwar in ausführlicher, namentlich eine längere Reihe ausgezeichneter Fälle enthaltender, aber doch klarer und übersichtlicher Weise.

Einigermaßen complicirt sind wieder die Bestimmungen des badischen Strafgesetzbuches[26] von 1845, welches in den §§ 570—582. das Delict, in den §§ 570—574. die Beschädigung aus Bosheit, Rachsucht oder Eigennutz, im § 575. die aus Muthwillen besonders behandelt. Es legt wie das braunschweigische ganz die Analogie des Diebstahls und der Unterschlagung zum Grunde.

Dem thüringischen Strafgesetzbuche ist eine gedrängtere und einfachere Fassung nachzurühmen (Art. 281—284). Demjenigen, der einen Baumfrevel zur Anzeige bringt, wird auf Verlangen eine Belohnung

---

[24] Vgl. Schlüter, Allgemeines Criminalgesetzbuch für das Königreich Hannover, 1842, S. 276 ff., Leonhardt, Commentar, II, S. 437 ff. Bei beiden findet sich jedoch nur wenig Beachtenswerthes.

[25] Bopp, Handbuch der Criminalgesetzgebung für das Großherzogthum Hessen, 1852, S. 222 ff., enthält, wenn auch sonst nicht viel, so doch gute Litteraturangaben.

[26] Thilo, Strafgesetzbuch für das Großherzogthum Baden, 1845, S. 445 ff.

zu Theil. Uebrigens finden sich in den verschiedenen, für die einzelnen thüringischen Staaten geltenden Fassungen Abweichungen.

Das preußische Strafgesetzbuch[27] (§ 281—284, auch in Waldeck-Pyrmont, Oldenburg und Lübeck geltend)[28] erinnert auch bei diesem Delicte vielfach, in nicht immer vortheilhafter Weise, an den code pénal, ist übrigens einfach und verständlich gefaßt. Es hält bei der einfachen Vermögensbeschädigung das Institut der mildernden Umstände fest.

Im östreichischen Strafgesetzbuche[29] von 1852 findet sich eine zusammenhängende und abgerundete Strafgesetzgebung in Betreff des uns hier beschäftigenden Delicts nicht. Es steht wohl von allen deutschen Strafgesetzbüchern der Neuzeit, und selbst auch in Beziehung auf die Ausdrucksweise, am Meisten zurück, (wie es ja auch im Wesentlichen nur eine neue Auflage des Strafgesetzbuchs von 1803 ist). Die einzelnen Fälle werden von einander getrennt an verschiedenen Stellen behandelt (§§ 85—89, 306, 317—319, 398, 468), dann im Einzelnen theilweis in angemessener Einfachheit, doch im Ganzen sehr bunt und wirr, theils aber auch in mehr als in den andren Gesetzbüchern beibehaltener Vermischung mit andren Delicten, namentlich den sog. gemeingefährlichen, woraus die Höhe, zu welcher das Strafmaximum aufsteigt, sich erklärt.

Das neue sächsische (auch in Reuß ä. L. zum Grunde liegende)

---

[27] Oppenhoff, Strafgesetzbuch, 4. Aufl., 1864, S. 508 ff. Goltdammer, Materialien, II, S. 625 ff. Beseler, Commentar, S. 517 ff. Temme, Lehrbuch, S. 884, 1038 ff.

[28] Das oldenburgische Strafgesetzbuch von 1858 (Art. 258—261) unterscheidet sich in nichts Wesentlichem vom preußischen, nur dadurch, daß es die Beschädigung oder Tödtung von fremdem Vieh auf der Weide ausdrücklich nennt und besonders strenge bestraft, und dadurch, daß es noch einige wenige Fälle der qualificirten Vermögensbeschädigung mehr kennt als das preußische (vgl. unten). Das lübecksche von 1863 (§ 238—241) weicht darin nicht vortheilhaft (vgl. unten) vom preußischen ab, daß es wie frühere Strafgesetzgebungen die Strafe nach der Höhe des angerichteten Schadens in drei Stufen bestimmt abstuft. Die Beschädigung der besonders hervorgehobenen Gegenstände, deren es einige weniger nennt als das preußische Gesetz, läßt es dagegen nur als Erschwerungs-, nicht als Strafabstufungsgrund zu.

[29] Vgl. Herbst, Handbuch des allgem. östr. Strafrechts, 1855, I, S. 190 ff., II, S. 68, 69, 80 ff., 144, 145, 185, 186. Waser, a. der in Note 15 angeführten Stelle. Frühwald, Handbuch des östreichischen Strafgesetzes, 3. Aufl., I, S. 108 ff., 263 f., 271 ff., 323, 361. und Derselbe, die Fortbildung des östreich. materiellen Strafrechts, 1865, S. 18.

Strafgesetzbuch[30] von 1855 ist (Art. 335—338) im Großen und Ganzen den Bestimmungen des älteren von 1838 treu geblieben und hat die diesem nachgerühmten Vorzüge beibehalten. Im Einzelnen aber fehlt es nicht, und zwar an wesentlichen, Aenderungen, meistens Verbesserungen, welche die neue sächsische Gesetzgebung im Vergleich zu der älteren aufzuweisen hat. Die wesentlichsten Aenderungen sind, daß das Delict, wenigstens in den nicht qualificirten Fällen, zum Antragsverbrechen gemacht, die Zuchthausstrafe auch für die qualificirten Fälle aufgehoben, der Baumfrevel nicht mehr als besonderes Delict behandelt, von den Motiven zur That auch in den qualificirten Fällen kein Strafabstufungsgrund hergenommen und endlich dem Delicte eine Erweiterung nach der Richtung hin gegeben wird, daß der Gesetzgeber auch den durch Verbreitung nachtheiliger Gerüchte angerichteten Schaden mit hierherzieht. Als qualificirte werden nach wie vor sehr viele und mannigfache Fälle hervorgehoben.

Das jüngste der deutschen Strafgesetzbücher, das bairische von 1861[31], weicht (Art. 343—346) von dem funfzig Jahre früher erlassenen dagegen weit ab und hat nur Einzelnes beibehalten. Auch seine Abweichungen von der früheren Gesetzgebung sind meist entschiedene Verbesserungen. Hinweggefallen ist aber die Abstufung der Strafe nach dem Motive zur That; geändert sind die qualificirten Fälle, indem die sämmtlichen im alten Gesetzbuche hervorgehobenen im neuen nicht mehr qualificirt werden und an ihre Stelle eine (größere) Reihe andrer getreten ist; und hinzugekommen ist die Bestrafung der fahrlässigen Vermögensbeschädigung in gewissen Fällen. Auch ist, wenn auch nicht für alle Fälle, die Bestrafung des Delicts vom Antrage des Verletzten abhängig gemacht, und endlich eine besondre Bestimmung über die Bestrafung des Feldfrevels hinzugetreten.

Ebenso nun wie in diesen neuesten Codificationen der beiden zuletzt genannten Länder im Vergleich mit ihren beiderseitigen früheren Gesetzgebungen ein entschiedener Fortschritt zu Tage tritt, läßt sich auch in der Reihenfolge und dem Gange der sämmtlichen deutschen Strafgesetz-

---

[30] Krug, Commentar zum Strafgesetzb., 2. Aufl., II, 1860, S. 268 ff.

[31] Stenglein, Commentar über das Strafgesetzbuch f. d. Königreich Baiern, II, S. 516 ff. Weis, das Strafgesetzbuch f. d. Königreich Baiern, S. 248 ff.

gebungen ein Weiterentwickeln des Delicts und ein allmäliger steter Fortschritt in seiner legislativen Behandlung nicht verkennen. Es manifestirt sich Das, — vgl. nur die beiden letzterwähnten jüngsten Gesetzgebungen, die Sachsens und Baierns, — in der allgemeinen und weiteren Zulässigkeit der Geldstrafe wenigstens in den einfachen und leichteren Fällen, in der Vereinfachung und weniger weitläufigen Specialisirung, in den geringen Minimalsätzen, in dem dem Richter eingeräumten weiteren Ermessen in der Aburtheilung des einzelnen Falles und, damit verbunden, dem Aufgeben im Voraus bestimmt vorgeschriebener Abstufungen für die Bestrafung nach dem Motive zur That oder der Höhe des angerichteten Schadens, sowie in der Berücksichtigung auch der fahrlässigen und der nicht rein körperlichen Vermögensbeschädigung.

Gleichzeitig bleibt aber auch noch fernerer Entwicklung, einer noch weiter fortschreitenden, vollständiger erschöpfenden und zugleich abgränzenden Behandlung des Delicts noch Raum und Stoff übrig. Das gilt namentlich, — abgesehen davon, daß ja auch die beiden neuesten Particulargesetzbücher noch nicht alle die oben als Vorzüge hervorgehobenen Bestimmungen haben, — insbesondre einerseits von der Weiterentwicklung der beiden oben zuletzt erwähnten Keime und andrerseits von der Bestimmung und Abgränzung des Delicts den gemeingefährlichen Schädigungen und den Religionsverbrechen gegenüber.[32]

§ 4. Die Litteratur.

Einzelne, und zwar für die Frage, ob das uns hier beschäftigende Delict auch schon nach der Meinung der Aelteren strafbar gewesen, gewichtige Aeußerungen älterer Schriftsteller sind bereits im 2. § angeführt worden. Im Ganzen sind aber die älteren criminalrechtlichen Systeme, wie oben ebenfalls angedeutet ist, äußerst dürftig.[1] Wenn sie auch in

---

[32] Ueber die schweizerischen Strafgesetzbücher s. Temme, Lehrbuch des schweizerischen Strafrechts, 1865, S. 642 ff.; die französische, wenig übersichtliche, Strafgesetzgebung gegen das Delict im Code pénal, Art. 434 ff.

[1] Mit Recht nennt Wächter, Lehrbuch, S. 361, die Systeme der deutschen Criminalisten über diesen Punkt „etwas mager". Bei Roßhirt, der § 187. denselben Ausspruch thun soll, finde ich Derartiges jedoch nicht.

ihrer Gesammtheit genug enthalten, um erkennen zu lassen, daß die Vermögensbeschädigung und ihre Bestrafung auch schon der älteren Zeit bekannt war, so bieten sie doch, — Alle bis auf Feuerbach, — oder frühestens Grolman, — nichts Eingehenderes, vielfach überhaupt Nichts oder einzig und allein die kurze Angabe, daß die Vermögensbeschädigung strafbar sei, häufig eine versprengte Bemerkung an Stellen, wo man sie kaum sucht, auch nicht einmal den Versuch, einen einigermaßen genügenden Thatbestand zu geben, — so gut wie Nichts, so daß Wächter Manche von ihnen, z. B. Böhmer und Koch ohne Weiteres denjenigen beizählt, welche einfach Nichts enthalten; und dagegen ist kaum Etwas zu erinnern. Trotz dieser sehr geringen Ausbeute aber, welche die älteren Schriftsteller gewähren, ist das Wenige, was sie enthalten, oft sehr brauchbar (vgl. den folgenden §) und wird häufig von der ausführlicheren Behandlung der Neueren nicht übertroffen.

Was bei Kemmerich, synopsis juris criminalis, 1731, und J. S. Fr. Böhmer, elementa jurisprudentiae criminalis, 2. ed., 1738, sich findet, ist bereits im § 2. mitgetheilt worden.[2]

Geradezu Nichts oder vollständig so gut wie Nichts findet sich bei Gärtner, institutiones juris criminalis 1729 (46), Engau, elementa juris criminalis, 1738 (78), Holland, publica criminalis vindicta, 1739, Meister sen., principia juris criminalis, 1755 (80), Koch, institutio juris criminalis, 9. ed., 1791[3], Püttmann, elementa juris criminalis, 1779 (1802), Westphal, das Criminalrecht in Abhandlungen und Anmerkungen, 1785, Müller[4], jus criminale, 1786, Meister jun.[5], principia juris criminalis, (Paalzow)[6], compendium juris criminalis, 1789, Quistorp[7], Grundsätze des pein-

---

[2] S. oben § 2.

[3] Enthält gelegentlich bei der Abhandlung des furti und der Aufstellung, daß dasselbe animum lucri faciendi erfordere, § 181. nur die Worte: „qui nocendi tantum gratia rem abstulit, non fur est, sed L. Aquilia.“

[4] Handelt trotz des Zusatzes auf dem Titel „ad fora Germaniae applicatum“ nur von der Lex Aquilia als solcher, §§ 43, 44.

[5] Spricht auch noch in der 7., 1828, also nach Wächters Lehrbuch erschienenen Auflage (§ 190) nur aus, daß die Beschädigungen fremder Sachen strafbar seien, ist aber in der weiteren Ausführung wie Begründung dieser Aufstellung nach ganz inhaltslos. Dasselbe gilt im Wesentlichen von Klein, §. 480.

[6] Verweist (§ 367) lediglich auf die im Civilrecht abzuhandelnde Lex Aquilia.

[7] Quistorp sagt I, § 191 a. E. einzig und allein unter den Verbrechen gegen

lichen Rechts, 4. Aufl., 1789, Stelzer[8], Lehrbuch des Criminalrechts, 1793, Klein[9], Grundsätze des gemeinen deutschen peinlichen Rechts, 2. Ausgabe, 1799.

Auch Grolman, Grundsätze der Criminalrechtswissenschaft, 3. Aufl., 1818[10], §. 211, — dem ganz folgt, jedoch abgekürzt, Dabelow, Lehrbuch des deutschen gemeinen peinlichen Rechts, 1807, §190. — giebt nur insofern mehr als seine Vorgänger, als er die Strafzumessungsgründe (ob jugendlicher Leichtsinn und Muthwillen, ob Rache und kalte Bosheit, ob gereizter Zorn das Motiv der Handlung gewesen) näher bespricht. Sonst sagt auch er nur, unter Verweisung auf Stellen des römischen Rechts, einfach und kurz wie die älteren, daß die Vermögensbeschädigung mit unbestimmten Strafen von den Gesetzen bedroht sei, und läßt die Aufstellung eines Thatbestandes noch vermissen.

Einen Fortschritt in letztrer Beziehung macht zuerst Feuerbach (in der neuesten Auflage seines Lehrbuchs §. 310), wenn auch er sich nur ganz kurz faßt.[11]

---

den Staat und der Rubrik „von einigen andern Gewaltthätigkeiten", daß die boshafte Verletzung an den Häusern und das Einwerfen der Fenster nach den Grundsätzen, die von dem Aufruhr, den Gewaltthätigkeiten und den Injurien gelten, oder sonst nach Beschaffenheit der Umstände mit einer angemessenen Geldbuße oder mit einem verhältnißmäßigen Gefängniß belegt werden.

[8] Handelt § 698. von der unerlaubten Gewalt und sagt, daß er alle unerlaubten Beschädigungen und Verletzungen Andrer, welche keinen eigenthümlichen Namen in der Reihe der Verbrechen gewonnen, mit der Benennung unerlaubter Gewalt umfasse. Die Größe des Verbrechens werde bestimmt durch die Größe des verursachten Schadens, Vorsatz, größere oder mindere Schuld des Verbrechers; und hiernach müsse auch die Willkür des Richters die Größe der Strafe abmessen.

[9] Vgl. Note 5 a. E. Uebrigens giebt Klein den Inhalt von § 1488 f. des preußischen Gesetzbuches an (§ 480) und citirt zwei Mal Thomasius, jurist. Händel, T. 2. Nr. 2. Diese Nummer 2. im 2. Theile des Thomasius'schen Buches (ernsthaffte, aber doch muntere und vernünfftige Thomasische Gedanken und Erinnerungen über allerhand auserlesene juristische Händel, Halle, 1720) ist zwar „Unterschied zwischen der Vi publica oder Straßen-Raub und sonst andren liederlichen Händeln auf der Straße" überschrieben und läßt den Inhalt von hierher Gehörigem allenfalls vermuthen, enthält aber über das Delict der Vermögensbeschädigung in der That leider gar Nichts.

[10] Aus der ersten Auflage §§ 319, 320. zu vergl.

[11] Mittermaier giebt dann in den Noten des Herausgebers außer einer auf die Auffassung des römischen Rechts bezüglichen, gegen Feuerbach selbst gerichteten Deduction eine Uebersicht über die neuern Particularstrafgesetzbücher, einen Excurs über die Frage, ob die Beschädigung für ebenso strafwürdig wie die Entwendung im Allge-

Die Nächstfolgenden bieten im Einzelnen manches Brauchbare und Bemerkenswerthe. Daß sie zu einer erschöpfenden und abschließenden Darstellung des Delicts fortgeschritten seien, läßt sich ihnen gleichwohl nicht nachrühmen. Salchow (Darstellung der Lehre von Strafen und Verbrechen nach gemeinen Rechten, II. (1805), §§ 285, 286. und Lehrbuch des peinl. R., 3. Ausg., 1823, § 402) enthält manches einzelne Beachtenswerthe, ohne einen abgeschlossenen Thatbestand aufzustellen.

Tittmann behauptet in seinen Grundlinien der Strafrechtswissenschaft, 1800, §§ 292, 293, daß von den Beschädigungen des Vermögens aus Rache, Bosheit oder Muthwillen nur diejenigen hierher gehören, welche den Urheber derselben zugleich auch für einen der allgemeinen Sicherheit gefährlichen Menschen ankündigen, indem außerdem die Beschädigung nur eine Privatgenugthuung, nicht eine Strafe nach sich ziehen könne.. Die Beispiele, welche Tittmann giebt, lassen es dann aber einigermaßen unklar, welche Fälle er hierhergezogen haben will. Er sagt, daß die deutschen Strafgesetze dergleichen Handlungen nicht besonders erwähnen, daß sie aber nach dem Gerichtsgebrauche nach Beschaffenheit der bösen Absicht, der Ausführung der That und der Größe des zugefügten Schadens mit Strafe belegt würden. In seinem Handbuche der Strafrechtswissenschaft, I. 1806, § 186 ff. giebt Tittmann zuerst eine allgemeine Ausführung über Schaden, Schadenszufügung, Schadensersatz. Dann handelt er im 3. Theile, 1809, in dem ausführlichen Abschnitte „von den Vergehen gegen das Eigenthum überhaupt", im § 426: „von den Verhältnissen der verschiedenen Arten von Vergehen wider das Eigenthum gegen einander überhaupt"; und in den ff. §§ über die Werthbestimmung der beschädigten Sache. Endlich folgt im selben Theile, §§ 527, 528. das Delict selbst: „von der Beschädigung fremden Eigenthums aus Bosheit oder Muthwillen". Als Hauptbeispiel führt Tittmann (vgl. Quistorp) das Fenstereinwerfen an und citirt darüber erschienene Dissertationen. Er bespricht dann die Strafzumes-

meinen zu erachten sei, und einen solchen über die Beschädigung von Eisenbahnen. Vgl. auch den Ausführlichen kritischen Commentar zu Feuerbachs Lehrbuch von Morstadt, 1852, I, S. 516 ff. — Wächter, S. 363, behauptet, daß Salchow, Lehrb. 3. Ausg., § 402, beinahe wörtlich Dem folge, was Feuerbach sagt. Dies muß aber auf einem Versehen beruhen. Denn Salchow sagt nicht nur wörtlich, sondern auch sachlich ganz Anderes als Feuerbach.

fungsgründe und verlangt, daß nach Beschaffenheit auch auf Sicherheitsstellung vor Wiederholung der Beschädigung erkannt werden müsse. Schließlich hebt er hervor, daß „Ersatzleistung hier mit weit größerem Rechte als bei dem Diebstahle und Betruge würde die Strafe mildern können, indem die Hauptsache bei diesem Vergehen auf der Schadensstiftung und nicht, so wie bei jenen, auf einem allgemeinen gefährlichen Willen beruhe".[12]

Roßhirt, Lehrbuch, 1821, §§ 188, 189[13], enthält meist Bemerkungen über das römische Recht, welches er als die Grundlage dieses Delicts bezeichnet. Er hebt aber hervor, daß auch schon das römische Recht bei bedeutenden Beschädigungen auf öffentliche Bestrafung so gut hinleite, wie beim furtum und der Injurie. Ebenso findet sich in Roßhirts Geschichte und System des deutschen Strafrechts, II. 1839, § 142. nur eine ausführliche Besprechung des römischen Rechts, die von Unklarheiten und selbst Unrichtigkeiten nicht immer frei ist und in die auch die Lehre vom Stellionat eingemischt wird.

Reibnitz, Criminal-Recht, 1825, giebt S. 210. in aller Kürze eine Begriffsbestimmung des Delicts und eine Andeutung über die Hauptmomente des Thatbestandes. Die Strafen der Beschädigung seien willkürlich und werden nach den allgemeinen Grundsätzen bestimmt.

Bei Martin, Lehrbuch des Criminalrechts, 2. Aufl., 1829, findet sich über das hier in Rede stehende Delict nicht mehr als bei den angeführten Aeltesten, d. h. Nichts. Martin hält daran fest, daß die Vermögensbeschädigung „nicht in das Criminalrecht gehöre" (§ 129, Note 3), nicht zu den öffentlichen Verbrechen des gemeinen Rechts (§ 138 a. E.). Er hätte aber, ganz abgesehen von der Berücksichtigung, die wenigstens der späteren Praxis billiger Weise zu schenken gewesen wäre, wohl schon wegen der „besondern Rücksicht auf das neue Strafgesetzbuch für das Königreich Baiern", welche er auf dem Titel seines Lehrbuches ankündigt, nicht bei seinem principiellen Stillschweigen über die Vermögensbeschädigung beharren dürfen. Auf denselben Standpunkt hat sich später nichtsdestoweniger Marezoll gestellt, welcher in seinem gemeinen deutschen Criminalrecht, 3. Aufl., 1856, außer einer für die Vermögens-

[12] Nicht widerspruchslos hierzu verhält sich die angeführte Bemerkung in Tittmanns Grundlinien.

[13] Vgl. auch die vorhergehenden §§ vom 183. an.

beschädigung nicht erheblichen Betrachtung über Eigenthumsverbrechen im Allgemeinen (§ 128) und einer dort sich findenden Ausführung, daß aus dem römischen Recht die Strafbarkeit der Vermögensbeschädigung für Deutschland sich nicht ableiten lasse, im § 143 nur eine kurze Bemerkung über den von der Carolina ausdrücklich hervorgehobenen Fall, das „unbefugte Holzabhauen", enthält.

Von dem entgegengesetzten richtigen Princip geht dagegen Martins nächster Nachfolger in der systematischen Bearbeitung des deutschen Strafrechts, Wächter, aus, welcher (Lehrbuch, II, 1826, §§ 202, 203)[14] der Erste ist, der eine gründliche, geordnete, sorgfältige Quellenangaben enthaltende und auch die Dogmengeschichte referirende Darstellung giebt. Wächter geht zwar von dem Satze aus, daß die Vermögensbeschädigung nach den gemeinrechtlichen Gesetzen kein besonderes, für sich bestehendes, mit öffentlicher Strafe belegtes Verbrechen sei, weder im deutschen noch im römischen Recht, dessen Bestimmungen genauer besprochen werden. Die Privatstrafen des römischen Rechts seien bei uns nicht im Gebrauch. Die Praxis strafe culpose Beschädigungen in der Regel gar nicht, dürfe auch auf keinen Fall der Privatstrafe der L. Aquilia eine öffentliche substituiren. Dolose Sachbeschädigung werde dagegen, wenn sie von einiger Bedeutung oder unter erschwerenden Umständen begangen sei, von der Praxis mit öffentlicher Strafe belegt. Es folgt eine kurze Dogmengeschichte des Delicts mit ebenfalls kurzer, aber zutreffender Kritik der einzelnen Meinungen.

Nach Wächter haben sich über die Vermögensbeschädigung noch geäußert: Henke, Handbuch des Criminalrechts, 2. Theil, 1826, § 140, (derselbe auch schon früher in seinem Lehrbuche der Strafrechtswissenschaft, 1815, §§ 256, 257); Bauer, Lehrbuch des Strafrechts, 2. Aufl., 1833, §§ 281, 282; Heffter, Lehrbuch, 6. Aufl., 1857, §§ 521, 522; Abegg, Lehrbuch, 1836, §§ 379 ff.; Bluhme, System des in Deutschland geltenden Strafrechts, 2. Ausg., 1865, S. 71; Berner, Lehrbuch, 3. Aufl., 1866, § 153; Köstlin, Abhandlungen aus dem Strafrechte, 1858, S. 169—192.[15]

[14] Der § 203 behandelt ausschließlich a) das Beschädigen und Abhauen fremder Bäume; b) die actio de dejectis et effusis wegen Beschädigung fremder Sachen.

[15] Ueber Marezoll s. oben im Texte. Klenze, Lehrbuch, 1833, S. 135 ff., bietet nur Quellenangaben: für die deutsche Praxis wird auf Roßhirt's Lehrbuch,

Von diesen fällt zunächst Bauer dadurch angenehm auf, daß er einen klaren und bestimmten Thatbestand auf- und ausdrücklich zusammenstellt. Er fügt daran die Bemerkung, daß im römischen Recht nur einzelne Fälle des Delicts öffentlich bestraft seien, die Mehrzahl der übrigen nur Privatstrafe zur Folge gehabt habe. Während die Privatstrafen des römischen Rechts in Deutschland nicht praktisch geworden seien, habe die Praxis die öffentliche Bestrafung allgemein ausgedehnt. Die Strafe sei dann willkürlich und bestimme sich vorzüglich nach der Gefährlichkeit des Beweggrundes zur That, nach der Heiligkeit des Gegenstandes, nach der Größe und dem Umfange der Gefahr und nach dem Betrage des verursachten Schadens.

Henke hebt in seinem Handbuche hervor[16] einmal, daß wenn das Delict in der Absicht geschehen sei, ein andres schwereres Verbrechen zu begehen, es als Versuch zu diesem Verbrechen zu betrachten sei[17]; sodann, daß wenn die Beschädigung in gewinnsüchtiger Absicht geschehen, sie als ein bloßes Accessorium der gewinnsüchtigen Aneignung einer andern mit der beschädigten in Verbindung stehenden Sache betrachtet werden könne.[18] Gewalt gegen Personen, namentlich wenn mit Gefahr für deren Leben und Gesundheit verbunden, schließe das Delict stets aus. Henke schließt mit einer Betrachtung über die Strafbemessung und Notizen aus den Particularstrafgesetzgebungen. In seinem Lehrbuche findet sich im Wesentlichen dasselbe.

---

von den neueren Gesetzbüchern auf A. Ldr. II, 20, §. 509—537, 1105—1107, O. Gb. II, §. 184—209, B. Gb. Art. 383—385 verwiesen. In Abegg's System der Criminalrechtswissenschaft, 1826, §§ 353 ff. finden sich als in einem Grundrisse nur Andeutungen, die außerdem von Abegg in den späteren Ausführungen im Lehrbuche, wie es scheint, mehrfach haben modificirt werden sollen (vgl. z. B. §§ 354 und 355 des Systems mit § 331 des Lehrbuchs). Geib's Lehrbuch ist bekanntlich leider nicht bis zur Darstellung des besondren Theiles des Strafrechts gekommen und enthält deshalb Nichts über unser Delict. Dasselbe gilt von den begonnenen Handbüchern Jarckes, Ludens, Schröters und Wirths und von Bekkers Theorie des heutigen deutschen Strafrechts.

[16] Vgl. übrigens schon Tittmann.

[17] Also z. B. wohl der Fall, daß die Kugel durch's Fenster geschossen wird, um den dahinter Stehenden zu tödten.

[18] Hier ist wohl nur an den Fall gedacht, wo der Schrank oder Kasten zerstört wird, um die darin befindlichen Sachen zu stehlen; nicht an den, wo der Glaser am Ort die Fenster einwirft, um an den Reparaturen zu verdienen. Vgl. Abegg, Lehrbuch, S. 498.

Heffter verbreitet sich nur über die Frage, ob das Delict nach gemeinem Recht strafbar sei, was er verneint, und über das Holzabhauen.

Mit derselben Frage sowie mit einer kurzen Darstellung des römischen Rechts beschäftigt sich auch Abegg in seinem Lehrbuche vorwiegend. Er hebt außerdem hervor, daß Entwendung (Entziehung, wie er es nennt,) und widerrechtliche Sachbeschädigung die beiden Hauptclassen sind, in welche alle Verletzungen des Eigenthums und Besitzes fallen, und sucht, eine bestimmte Definition für das Delict aufzustellen, nach der sich dann die Gränze gegen andre Verbrechen bestimme.

Bluhme enthält nur die Bemerkung, daß die Strafbarkeit der Vermögensbeschädigung sich nach dem Maße der dabei eintretenden Gemeingefährlichkeit steigern müsse und daß die geringsten Fälle zu den bloßen Uebertretungen gehören.

Berner behandelt das Delict im Ganzen in einer für ein Lehrbuch genügenden Ausführlichkeit und angemessenen Uebersichtlichkeit. An die Spitze stellt er das für die Vermögensbeschädigung characteristische Zurücktreten der gewinnsüchtigen Absicht; im Gegensatz zum römischen und älteren deutschen Recht enthalten die neueren Gesetzbücher ausführliche Bestimmungen über das Delict. Der von Berner aufgestellte Thatbestand hätte jedoch, namentlich in der 2. und 3. Auflage seines Lehrbuches, bei deren Erscheinen Köstlin's Abhandlung schon vorlag, wohl etwas reichlicher ausfallen können; ganz abgesehen davon, daß die Darstellung Berner's hier und da geeignet ist, irrige Vorstellungen über den wirklichen Inhalt der hierher gehörigen positivrechtlichen Strafbestimmungen zu erwecken.[19] Sehr gut und treffend ist dagegen die bei Berner sich findende Bemerkung über die Strafbarkeit der Vermögensbeschädigung.

Die weitaus eingehendste und ausführlichste Darstellung des Delicts aber, welche wir überhaupt haben, ist die von Köstlin. Dieser Schriftsteller behandelt die Vermögensbeschädigung in dem angeführten Werke als das zweite der Verbrechen gegen das reale Medium der Per-

---

[19] Vgl. den letzten Absatz der Seite 303 des Berner'schen Lehrbuchs mit dem unten über die fahrlässige Vermögensbeschädigung Auszuführenden, sowie den ersten Absatz der Seite 404 bei Berner.

sönlichkeit (der Verbrechen gegen die Vermögensrechte). Er giebt außer einer kurzen Darstellung des römischen Rechts eine mit reichen Quellen- und Litteratur-Angaben ausgestattete Schilderung des früheren deutschen Rechts-Zustandes, der Praxis und der Doctrin in Deutschland, und eine unter sorgfältiger Berücksichtigung der neuen Strafgesetzbücher erfolgende, genaue Entwicklung des Thatbestandes, der Bestrafung und Strafausmessung, sowie Anhaltspunkte für die richtige Abgränzung des Delicts.

Indem Köstlin der Erste und Einzige ist, welcher die allgemeine Ansicht über die Strafbarkeit des Delicts genauer und auf den früheren deutschen Rechtszustand zurückgehend untersucht hat und überhaupt auf Begriff und Thatbestand des Delicts näher eingeht, so hat schon deshalb seine Arbeit einen hohen und selbstständigen Werth. Ein solcher ist aber auch der Arbeit selbst meist nicht abzusprechen, obwohl Köstlin das Delict noch durchaus nicht erschöpfend behandelt hat, — obwohl er vielfach in der Darstellung des Thatbestandes und sonst nur andeutend anstatt ausführend und abschließend verfährt, — und obwohl er, wie oben (§ 2) schon einmal ausgesprochen ist, gleichsam im ersten Reform-Eifer hier und dort zu weit gegangen und abgeirrt zu sein und dennoch gleichzeitig in andren Punkten noch zu sehr an der überlieferten Lehre festzuhalten und das Delict noch immer zu eingeengt zu fassen scheint.[20] Jedenfalls hätte von denjenigen, welche nach Köstlin über die Vermögensbeschädigung sich ausgesprochen haben, seine Arbeit weit mehr berücksichtigt werden müssen als bisher geschehen ist.

Kürzere Artikel über die Vermögensbeschädigung finden sich noch in Weiske's Rechtslexikon, 2. Band, S. 20 ff. (von Bopp) und im Jagemann-Brauer'schen Criminallexikon, 1854, S. 555 und 556. Von diesen giebt der erstgenannte Aufsatz eine kurze Uebersicht über die Geschichte des Delicts mit nicht uninteressanten Litteraturangaben, ohne auf Begriff und Thatbestand einzugehen. Umgekehrt beschäftigt sich nur

[20] Beklagens- und tadelnswerth bleibt unbedingt die große Ungenauigkeit und Unzuverlässigkeit in den von Köstlin beigefügten Quellen- und Schriftsteller-Citaten, welche sich, wir wissen nicht, ob durch Verschulden des Verfassers oder des Herausgebers, auf jeder Seite, fast in jeder Note nachweisen läßt und um so störender wirkt, als Köstlin von einer befangenen und voreingenommenen Interpretation der Quellen nicht immer freizusprechen ist (vgl. oben § 2).

mit dem letzteren der Aufsatz im Criminallexikon, enthält aber trotz seiner Kürze manche Irrthümer.

Eine ebenfalls nur kurze Abhandlung von Waser in Haimerls Magazin (III, 1851) beschäftigt sich nur mit dem Verbrechen der öffentlichen Gewaltthätigkeit nach östreichischem Rechte, dabei dann auch die durch boshafte Beschädigung fremden Eigenthums verübte öffentliche Gewaltthätigkeit berührend.

In Häberlin's Grundsätzen des Criminalrechts nach den neuen deutschen Strafgesetzbüchern findet das Delict sich kurz besprochen im 4. Bande (1849), S. 319 ff.[21]

[21] Vgl. auch noch Kappler, Handbuch der Literatur des Criminalrechts, S. 721 ff.

II. Das Delict selbst.

§ 5. Benennung und Begriffsbestimmung.

Das neue bairische Strafgesetzbuch nennt das uns hier beschäftigende Delict in der Ueberschrift der ihm gewidmeten Artikel Eigenthumsbeschädigung. Ebenso bezeichnen es fast alle vorhergehenden als Beschädigung oder Zerstörung fremden Eigenthums[1] oder des Eigenthums schlechthin.[2] Das baden'sche spricht dagegen von Beschädigung fremder Sachen, das preußische bedient sich des Ausdrucks Vermögensbeschädigung.

In der Doctrin ist die Benennung Sachbeschädigung (oder Beschädigung, Zerstörung, Vernichtung von Sachen, fremder Sachen) die üblichste.[3] Doch kommen auch die beiden andren, Eigenthumsbeschädigung[4] und Vermögensbeschädigung[5], die letztere am seltensten, vor.

---

[1] So schon das Strafgesetzbuch Baiern's von 1813, dann die Sachsen's, Oldenburg's, Würtemberg's, Braunschweig's, Sachsen-Altenburgs, Hessen-Darmstadt's, Nassaus, Thüringens, Oestreich's.

[2] So das hannoversche Strafgesetzbuch.

[3] Vgl. Feuerbach, § 310, Mittermaier ebendas., Salchow, Lehrb., § 402, Reibnitz, § 512, Wächter, § 202, Bauer, § 281, Heffter, § 521, Berner, § 153, Jagemann-Brauersches Criminallexikon, S. 555, Bopp in Weiskes Rechtslexikon, II, S. 20, Köstlin, § 12. Der Letztere spricht aber auch wohl, so gleich zu Anfang des § 12, von „Beschädigung und Zerstörung fremden Eigenthums". Abegg, Lehrb. §. 379 und Syst. 352 („von den Verletzungen des Eigenthums und Besitzes durch Beschädigung von Sachen").

[4] So der Mehrzahl der deutschen Strafgesetzbücher conform, Häberlin, Grundsätze des Criminalrechts, IV, S. 319, Grolman, § 211 (Eigenthumsbeeinträchtigung), ebenso Dabelow, § 190; Henke, Handbuch, § 140, Lehrbuch, § 256; Tittmann im Handbuche, § 527; Roßhirt, Lehrbuch, § 183 (in seiner Gesch. und Syst. spricht derselbe jedoch „von der strafbaren Beschädigung fremden Gutes". Vgl. dazu Abeggs und Köstlins Ausdrucksweise in der vorigen Note.

[5] Außer Klein, § 480, Salchow, Handbuch, II, § 285 und Tittmann in

Es scheint aber gerade der von der Gesetzgebung wie von der Doctrin am wenigsten gebrauchte Name, der der Vermögensbeschädigung, der passendste zu sein.

Im Großen und Ganzen wird allerdings gegen keinen der drei Ausdrücke etwas Erhebliches einzuwenden sein, und man kann einen jeden von ihnen, der gewählt wird, ohne große Sorgen passiren lassen: es ist allgemein bekannt, was unter ihnen zu verstehen und bei ihnen zu denken ist, und die Gefahr von Mißverständnissen, welche aus der Wahl des einen oder andren dieser Ausdrücke entstehen könnten, ist in der That nicht groß. Wenn man aber gegen den Ausdruck „Eigenthumsverbrechen" überhaupt Gründe vorgebracht hat, welche, nachdem sie einmal vorgebracht sind, kein Grund ist, unbeachtet zu lassen; so folgt aus denselben Gründen, daß gerade an der von den neuen Gesetzbüchern fast allgemein gebrauchten Benennung festzuhalten, am wenigsten Veranlassung ist. Der Benennung „Sachbeschädigung" würde aber die der Vermögensbeschädigung schon deshalb vorzuziehen sein, weil der letztere Ausdruck dem immer allgemeiner werdenden der ganzen Classe „Vermögensverbrechen" oder „Verbrechen gegen das Vermögen" (nicht „Sachverbrechen") am Natürlichsten entspricht. Außerdem paßt er am besten zu der theils schon vorhandenen, theils wahrscheinlicher und wünschenswerther Weise in Bälde noch mehr hervortretenden Neigung der modernen Rechtsbildung, das uns hier beschäftigende Delict nicht bloß auf die Zerstörung oder Beschädigung von Sach'en einzuschränken, sondern darüber hinaus auf andre Schädigungen fremden Vermögens auszudehnen[6]; und es kommt hinzu, daß man bei dem Ausdruck Sachbeschädigung einzig und allein an ein wirkliches zerstörendes oder verletzendes Beschädigen von Gegenständen, an ein den Gegenstand und seine Substanz vernichtendes oder verringerndes Verfahren zu denken pflegt, — während nachzuweisen versucht werden soll, daß auch in andrer, eine Sache nicht eigentlich und direct beschädigender Weise das Delict begangen werden kann[7],

---

den Grundlinien, § 192 überschreibt Berner außer mit „Sachbeschädigung" das Delict in Klammern zugleich mit „Vermögensbeschädigung".

[6] Vgl. unten § 9. Indem und weil er eine solche Ausdehnung ausschließt, bezeichnet Temme, Lehrb. des schweizerischen Strafrechts, den Ausdruck „Vermögensbeschädigung" als nicht ganz zutreffend.

[7] S. unten § 9.

womit der Ausdruck Vermögensbeschädigung nicht im Widerspruche steht.

Aus diesen Gründen ist die letztgenannte Benennung, — will man hier den Namen des Streits überhaupt für werth halten, — vorzuziehen und vom Verfasser gebraucht worden.[8]

Für die Aufstellung einer bestimmten Definition des Delicts ist bisher wenig geschehen. Die Strafgesetzbücher sehen durchgehends davon ab, — sie sagen einfach: „wer fremdes Eigenthum beschädigt oder zerstört" oder: „die Beschädigung oder Zerstörung fremden Eigenthums wird bestraft" ꝛc., — und auch die Schriftsteller umgehen meist, die neuern so ziemlich alle, die Aufstellung einer festen Definition[9], welche doch gerade bei diesem Delict, dessen Gränzen noch vielfach schwankend sind, unerläßlich ist.

Nach Häberlin[10] „besteht das Verbrechen darin, daß Jemand widerrechtlich und vorsätzlich fremdes Eigenthum beschädigt oder zerstört". Das thut auch der Brandstifter und wer sonst ein gemeingefährliches Verbrechen begeht. Die Definition ist deshalb einerseits zu weit; andrerseits ist sie, wegen des „Beschädigens" und „Zerstörens" zu eng[11] oder kann doch leicht zu eng verstanden werden und ist deshalb nicht glücklich. Außerdem ist die Aufstellung des Requisites der Vorsätzlichkeit nicht einmal nach den neuen deutschen Strafgesetzbüchern richtig.

---

[8] Man könnte auch, wie das französische Recht („destructions, dégradations, dommages", Cod. Pén., Art. 434) und von den deutschen Schriftstellern Klenze, S. 135 („Beschädigung") und Bluhme, S. 71 („Zerstörung und Beschädigung") thun, jede nähere Bestimmung fortlassen und einfach „Beschädigung" sagen. Aber damit würde man Nichts gewinnen, vielmehr zu einem Ausdrucke kommen, welcher die etwaigen Schattenseiten des im Texte bevorzugten Ausdruckes „Vermögensbeschädigung" ebenso gut wie dieser selbst, nicht aber seine Vortheile bieten würde. Namentlich wäre der Ausdruck „Beschädigung" schlechthin noch viel unbestimmter als der von uns gewählte. Denn wollte man gegen den letzteren sagen, er passe auf alle Vermögensverbrechen, so ließe sich gegen den ersteren gar einwenden, er könne auf alle Verbrechen überhaupt bezogen werden. Die älteren, lateinisch geschriebenen, Strafrechtscompendien brauchen natürlich den Ausdruck „damnum injuria datum", (vgl. Kemmmerich, II, VI, No. 3; Müller, § 43; Meister jun., § 190).

[9] Nur die gleich im Texte namentlich anzuführenden Schriftsteller geben eine solche.

[10] Grundsätze, IV, S. 320.

[11] Vgl. unten.

Von den übrigen neueren das gemeine Strafrecht behandelnden Schriftstellern versucht allein Abegg[12] die Aufstellung einer Definition: „man begreift darunter die widerrechtliche Handlung vorsätzlicher Beschädigung fremder Sachen, sofern dieselben weder durch die Absicht, noch durch die Art der Verübung, noch die Mittel und den Erfolg in irgend ein andres Verbrechen übergehen"

In der Hinzufügung des letzten Zusatzes besteht ein Vorzug der Abegg'schen Definition vor der Häberlin'schen. Abegg faßt diesen Zusatz aber mit nicht gebotener Weitläufigkeit, und die sonstigen, gegen die Häberlin'sche Definition erhobenen Bedenken bestehen, wie man sieht, auch gegen die seinige.

Der beschränkende Zusatz findet sich auch in der Definition des Jagemann=Brauer'schen Criminallexikons (S. 555). Sonst enthält diese Definition aber Verschiedenes, was positiv unrichtig ist: es soll ihr zufolge das Delict der Vermögensbeschädigung derjenige begehen, welcher „vorsätzlich eine fremde bewegliche oder unbewegliche Sache von einigem Werthe durch widerrechtliche Handlungen oder Unterlassungen beschädigt oder zerstört, ohne daß der Thatbestand eines schweren Verbrechens vorliegt."[13]

Besser sind in diesem Punkte die Aelteren, wie den ältesten Verfassern von Systemen überhaupt nachzurühmen ist, daß sie, wenn sie überhaupt Etwas über das Delict enthalten, auch eine Definition zu geben pflegen. So schon trotz weitschweifiger Ausdrucksweise Reibnitz[14]: „Beschädigung, als strafbare Handlung betrachtet, ist jede vorsätzliche oder schuldbare Verletzung einer in dem Eigenthum oder Besitz eines Andern befindlichen Sache, wo die Absicht des Verbrechers, wenn er

---

[12] Lehrb., Anm. zu § 381. In seinem Lehrbuche des preußischen Strafrechts stellt auch Temme (S. 1039) eine Definition auf: „Vermögensbeschädigung ist die vorsätzliche, rechtswidrige, gewaltsame, körperliche Beschädigung einer fremden körperlicher Sache." Aber auch diese Definition ist auch vom ausschließlichen Standpunkte des preußischen Strafrechts aus wenigstens nicht ohne Bedenken, wie sich aus dem im Text Auszuführenden leicht ergeben wird. In seinem Lehrbuche des schweizerischen Strafrechts, S. 642, definirt Temme die Vermögensbeschädigung als „die rechtswidrige Beschädigung einer fremden körperlichen Sache".

[13] Vgl. dagegen das eben im Texte Gesagte und unten §§ 8 f.

[14] A a O., § 512

die Verletzung absichtlich unternahm, nicht auf ein andres bestimmtes Verbrechen gerichtet war.“ [15]

Auch die Definitionen von Kemmerich[16] („damnum injuria datum est delictum, quo res aliena dolo vel culpa alicujus corrumpitur aut perimitur“) und von Müller[17] („d. i. d. est laesio juris alieni vel culpa vel dolo facta“) enthalten im Vergleich zu den Neueren verschiedentliche bessere und fruchtbarere Keime, obgleich sie allerdings auch, wie man leicht sieht, andrerseits Schattenseiten mit jüngeren Definitionen unsres Delicts gemein haben.

Sehr gut ist aber die Definition eines andren älteren Schriftstellers, der noch außer den Genannten eine solche giebt. Der jüngere Meister[18] definirt die Vermögensbeschädigung als ein „factum illicitum, quo patrimonium alterius minuitur, citra aliud specialiter definitum crimen“.

Diese letzte Definition ist in ihrer Kürze so treffend, daß man sich ihr vollständig anschließen und die Vermögensbeschädigung definiren kann als diejenige rechtswidrige Schädigung fremden Vermögens, welche nicht unter ein andres besonders benanntes Delict fällt.

Die Rechtfertigung dieser Definition, Dessen, was sie enthält, und Dessen, was sie nicht enthält, hat sich aus den folgenden, die einzelnen Requisite des Thatbestandes behandelnden Paragraphen zu ergeben.

§ 6. Subsidiärer Character des Delicts.

Durch den letzten, negativen, Zusatz der aufgestellten Definition wird der subsidiäre Character des Delicts der Vermögensbeschädigung hervorgehoben und festgestellt, wird also hervorgehoben und festgestellt, daß nicht jede Schädigung fremder Sachen und Vermögen, nicht jeder Eingriff in fremde Sachen- und Vermögensrechte unter die „Vermögens-

---

[15] Nicht lobenswerth ist dagegen die Definition Salchows, welcher Lehrb., § 402 sagt: „ein rechtswidriger Schaden ist in allen den Fällen vorhanden, wo Jemand verschuldeter Weise die im Eigenthum eines Andern befindliche Sache verletzt“

[16] Lib. II, Tit. VI, no. 3.

[17] § 43.

[18] § 190.

beschädigung" fällt. Dieser subsidiäre Character ergiebt sich aus der ganzen Natur des in Rede stehenden Delicts und der derselben entsprechenden Auffassung und Behandlung der Gesetze[1], indem dieselben entweder die Subsidiärität der Vermögensbeschädigung ausdrücklich aussprechen[2] oder andre speciellere Delicte aufstellen, welche ebenfalls in der Beschädigung fremder Sachen und fremden Vermögens bestehen und doch keine „Vermögensbeschädigungen" sind. Eben dieses subsidiären Characters wegen wurde aber die vorwiegend negative Fassung der Definition nöthig.

Demnach sind als nicht unter unser Delict fallend namentlich ausgeschlossen einmal die sämmtlichen eigennützigen Verbrechen gegen das Vermögen[3], Diebstahl, Raub, Betrug, sodann Land- und Hausfriedensbruch und überhaupt die durch die Gewalt gegen die Person characterisirten[4] und endlich die Brandstiftung, das Verursachen einer Ueberschwemmung und die verschiedenen andren gemeingefährlichen Delicte.[5] Im Gegensatz zu den letzteren gehören deshalb nur die sogenannten individualgefährlichen[6] hierher.

---

[1] Er ist auch längst und allgemein anerkannt, vgl. schon Klein, Grundsätze, § 480, Grolman, Grundsätze, S. 232, Tittmann, Handbuch, § 527, Henke, Lehrb., § 256 und Handb., II, § 140, Salchow, Lehrb., § 402, Bauer, Lehrb., § 281, Abegg, Lehrb., § 381; auch Köstlin, Abhandl., S. 178 und Berner, § 153. Jagemann-Brauersches Criminallexikon, S. 555. Häberlin, Grundsätze des Criminalrechts nach den neuen deutschen Strafgesetzbüchern, IV, S. 319 sagt richtig: „Das Verbrechen der Beschädigung und Zerstörung fremden Eigenthums kann gleichsam als Aushilfsverbrechen gegen das Eigenthum betrachtet werden, da es nur dann angenommen wird, wenn die betreffenden verbrecherischen Handlungen nicht unter ein andres bestimmtes Strafgesetz fallen." Vgl. auch Goltdammer, Materialien zum preußischen Strafgesetzbuche, II, S. 625.

[2] Vgl. z. B. das hessen-darmstädtische Strafgesetzbuch, Art. 424 und das nassauische, Art. 420.

[3] Vgl. Grolman an der eben angeführten Stelle. Tittmann, a. a. O. Henke, Lehrb. und Handb., a. a. O. Berner, a. a. O.

[4] Tittmann, a. a. O. Henke, Lehrb. und Handb., a. a. O. Salchow, Handb., II, § 285. Herbst, Handb. d. östr. Strafrechts, I, S. 190.

[5] Tittmann, a. a. O. Henke, Handb., a. a. O. Bauer, a. a. O. Berner, a. a O. Köstlin, a. a. O. Jagemann-Brauersches Criminallexikon, S. 555, 556. Thilo, Strafgesetzbuch f. d. Großherzogthum Baden, S. 445. Herbst, a. a. O.

[6] Vgl. Köstlin, Abhandl., S. 178; auch Feuerbach, Lehrb., § 310 und Kappler, Handbuch der Litteratur des Criminalrechts, S. 721. Reibnitz, a. a. O., § 511.

Auf die Frage aber, weshalb neben den übrigen Verbrechen gegen das Vermögen noch ein solches ferneres subsidiären Characters nöthig sei, namentlich weshalb es noch neben den Vermögensverbrechen im engsten Sinne, dem Diebstahl, der Unterschlagung 2c. ausgebildet, liegt die Antwort sehr nahe, die Antwort nämlich, daß auch außer Diebstahl, Unterschlagung 2c. widerrechtliche Eingriffe in fremde Vermögensrechte gedacht werden können und, wie Erfahrung und Praxis seit Alters lehren, in der That vielfach vorkommen, Eingriffe, welche das fremde Vermögen ebenfalls schwer verletzen und öffentlich geahndet werden müssen — und welchen es doch an den gemeinsamen und für die ganze Beurtheilung und strafrechtliche Bedrohung den Ausschlag gebenden Characteristikon jener andren Vermögensverbrechen fehlt, an der eigennützigen Absicht, der Absicht, durch Benachtheiligung des Andern sich unredlich zu bereichern. Indem dieser letztere eigenthümlich verächtliche und eigenthümlich strafwürdige animus, welcher dem Diebstahl 2c. seinen eigentlichen strafrechtlichen Character giebt, gewissen andren, aus andren Gründen in fremde Vermögensrechte eingreifenden und aus andren Gründen strafbaren Verbrechen fehlt, müssen diese andren Verbrechen einem andren Gesichtspunkte unterstellt und dürfen nicht mit den auf eine unredliche Bereicherung ausgehenden, dem Stehlen, Unterschlagen 2c. auf eine Linie gerückt werden. Es ist noch ein großer Unterschied zwischen Demjenigen, der in übermüthiger Laune oder um den Andren zu ärgern, diesem seine Bäume abbricht und Demjenigen, der den Andren bestiehlt. Auch der Erstere greift durchaus unberechtigt in fremde Vermögensrechte ein (und macht sich deshalb eines Vermögensverbrechens schuldig), aber er denkt doch nicht daran, durch Angreifen fremden Eigenthums einen unredlichen Gewinn zu machen, (und macht sich deshalb nicht eines eben solchen Vermögensverbrechens wie der Dieb und Unterschläger schuldig). Deshalb ist für die Fälle, wo das fremde Vermögen nur aus Uebermuth, Muthwillen, Bosheit, Rachsucht, Schadenfreude 2c., mit einem Worte ohne eigennützige Absicht geschädigt, wo vielmehr die Schädigung nur um der Schädigung und Vexation selbst Willen geschehen und deshalb nicht so niedrig und nicht so strafbar wie der um unehrlichen Erwerbs willen geschehene Eingriff zu beurtheilen ist, vom Rechtsleben und den Gesetzen noch ein besonderes Delict der bloßen Vermögensbeschädigung neben den übrigen Vermögensverbrechen ausgebildet worden. Es ist Das ebenso von unsren Gesetzen[7] und unsrer Doctrin geschehen, wie bereits vom römischen Rechte[8] der Mangel der eigennützigen Absicht als das Characteristische der Vermögensbeschädigung den andren Vermögensverbrechen gegenüber hingestellt ist. Eben dieser Mangel ist die Voraussetzung des Delicts der Vermögensbeschädigung, und jede eigennützige (oder doch direct eigennützige)[9] Absicht schließt dieses Delict aus.

Aus gleichen Gründen ist ein von den gemeingefährlichen und andren verwandten oder verwandt scheinenden getrenntes Delict nöthig, indem es Handlungen giebt, welche das diesen andren Delicten Eigenthümliche und Characteristische und Das nicht haben, was für ihre strafrechtliche Beurtheilung maßgebend ist, und doch Handlungen sind, welche unter das Strafgesetz gezogen werden müssen.

§ 7. Die Rechtswidrigkeit der Schädigung.

Die Schädigung muß, wenn sie eine strafbare Handlung darstellen soll, stets eine rechtswidrige sein, wie nicht weiter nachgewiesen zu werden braucht und allgemein anerkannt ist; und zwar ist die Rechtswidrigkeit im Zweifel nach den gewöhnlichen civilrechtlichen Grundsätzen zu beurtheilen.[1]

Es muß deshalb eine fremde Sache[2] beschädigt sein, ohne daß ausnahmsweis ein bestimmtes Recht zu ihrer Beschädigung existirt. Dabei ist es gleichgültig, wer der berechtigte, in seinem Vermögen geschädigte alienus ist[3], ob er eine physische oder juristische Person, ob er ein Einzelner, eine Gemeinde oder der Staat selbst: es genügt, daß der Thäter nicht ganz voll und ausschließlich[4] berechtigt war und also noch

---

[7] Allgemein anerkannt, vgl. z. B. (Schletter), d. neue Criminalgesetzbuch f. d. Königr. Sachsen, S. 194.

[8] Vgl. oben § 1.

[9] Ueber den Grund dieser Einschränkung s. unten.

[1] Vgl. Oppenhoff, das Strafgesetzbuch für die preußischen Staaten, 4. Ausg., S. 509, No. 5.

[2] Vgl. Jagemann-Brauer'sches Criminallexikon, S. 555, 556.

[3] Vgl. Köstlin, Abhandl., S. 178.

[4] „Ausschließlich" ist nicht zu viel gesagt, bezeichnet vielmehr allein das Richtige: soweit fremde Rechte nicht ausgeschlossen sind, können sie (vermittelst Angriffs auf fremde Sachen) Gegenstand des Delicts sein, vgl. folgende Note.

andre Berechtigte verletzen konnte. Deshalb können namentlich auch die res publicae Object des Delicts sein.[5]

Es ist jedoch selbstverständlich, daß alle Arten von Schädigungen eignen Vermögens, alles Vernichten, Verschlechtern, Aufgeben, Vernachlässigen der eignen Sachen und Rechte von dem Delicte der Vermögensbeschädigung unbedingt ausgeschlossen sind[6]: sie können nie den Thatbestand dieses Delicts noch den eines andren reinen Vermögensverbrechens bilden. Denn entweder sind sie, — und das ist die Regel, — kraft der Natur des eignen Rechts, namentlich des „souveränen" Eigenthums überhaupt vollständig straflos; oder sie fallen, wenn überhaupt unter ein Strafgesetz, unter ganz andre Delicte und Gesichtspunkte, indem nicht durch das unberechtigte Vermögensschädigen an sich, — ein solches liegt bei zustehendem Rechte ja gar nicht vor, — das strafbare Moment hergestellt wird, sondern nur durch andre zufällige Umstände, unter denen die an und für sich durchaus zulässige und nichts weniger als strafbare Beschädigung ausgeführt wurde, durch etwaige über nothwendige Beschränkungen der Berechtigungs-Ausübung hinausgehende Rücksichtslosigkeiten u. dergl., insbesondre daraus hervorgehende Gemeingefährlichkeit oder Schädlichkeit, z. B. Brandstiftung an der eignen Sache, — Verbrennung der isolirt gelegenen eignen Sache ohne vorherige Benachrichtigung der Polizeibehörde 2c.

Ebenso wird die Rechtswidrigkeit ausgeschlossen durch die Einwilligung des Berechtigten[7], durch vorhandene amtliche Befugniß[8] oder amt-

---

[5] Vgl. Häberlin, IV, S. 320, Köstlin, Abhandl., S. 178 unten, 179. Je weniger der Sachen sind, die sich noch als res publicae bezeichnen lassen (Wächter, würtemb. Privat.-R., II, S. 280 ff.), desto einfacher wird nur die Frage. Denn die es nicht sind, erscheinen erst recht zweifellos als Object des Delicts. Aber auch wer Flüsse in einer über sein Recht hinausgehenden Weise schädigt, macht sich, weil er dadurch fremde Rechte vermittelst Angriffs auf eine nicht ihm allein unterworfene Sache beschädigt, der Vermögensbeschädigung schuldig. Daher z. B. die Bestimmung des östreichischen Strafgesetzbuches, § 398: „Wer — einen Fluß oder Bach, dessen Wasser einer Ortschaft zum Trunke oder Gebräue dient, todtes Vieh oder sonst etwas wirft, wodurch das Wasser verunreinigt und ungesund werden kann", 2c.; welche Bestimmung, weil aus dem ganzen Wesen der Vermögensbeschädigung richtig abgeleitet, man kaum eine „uneigentliche Vermögensbeschädigung" (wie Köstlin, a. a. O., thut) nennen kann.

[6] Stenglein, Comm. über das bairische Strafgesetzbuch, II, S. 517. Weis, Strafgesetzbuch f. d. Königr. Baiern, S. 250.

[7] Natürlich muß ein zum Einwilligen wirklich Berechtigter, ein einwilligen Können

lichen Auftrag (z. B. Vernichtung der für gesundheitsgefährlich erachteten, der ein Verbrechen darstellenden Sache 2c.), durch gesetzliche Erlaubniß[9], durch den Stand der Nothwehr[10], des Nothstandes und erlaubter Selbsthülfe.[11] Daß in allen diesen Fällen keine strafbare Vermögensbeschädigung vorliegt, folgt bereits aus den allgemeinen Lehren und dem allgemeinen Thatbestande der Verbrechen. Auch braucht und darf an dieser Stelle nicht erst ausdrücklich darüber gehandelt zu werden, daß dem Thäter die Rechtswidrigkeit seiner Handlung bekannt gewesen sein muß, er die beschädigte Sache nicht für die seinige gehalten noch den Consens des Berechtigten mit Grund vermuthet, noch sich aus sonstigen Gründen zur Vornahme der Handlung berechtigt gehalten haben darf[12] 2c.

Soweit nun aber der Beschädiger nicht ganz und voll und ausschließlich berechtigt ist, soweit die beschädigte Sache nur theilweis seiner Berechtigung und Herrschaft unterworfen, soweit sein Recht über dieselbe

---

vorhanden sein, so daß das zur Beschädigung der Sache Jasagen des sie haltenden Kindes die Widerrechtlichkeit nicht ausschließt.

[8] Z. B. würde der Polizeiverwalter, welcher einen für die öffentliche Sicherheit gefährlichen Hund tödtet, das Delict nicht begehen; vgl. Oppenhoff, a. a. O., S. 510, No. 8.

[9] Deshalb hat das preußische Obertribunal ganz richtig erkannt, daß ein Einwohner des Regierungsbezirkes Marienwerder wegen Tödtung eines auf seinem Grundstücke frei und allein umherlaufenden Hundes straflos zu lassen sei, weil eine Verordnung der Regierung zu Marienwerder das Tödten herrenlos umherlaufender Hunde gestattet, vgl. Wallmann, preuß. Strafgesetzbuch, S. 423. S. auch Oppenhoff, a. a. O., S. 509, N. 7 und Neue Jahrbücher für sächsisches Strafrecht, 4. Band (1846), S. 223 und das dort angezogene Wochenblatt für merkwürdige Rechtsfälle, IV, S. 158 ff.

[10] Der Nothwehr analog wird schon nach römischem Rechte der Fall beurtheilt, wo ein fremdes Haus zerstört wird, um einer Feuersbrunst Einhalt zu thun, vgl. L. 49 §. 1 Dig. 9, 2. Durch Excesse in der Nothwehr kann dagegen das Delict ebensowohl begangen werden als durch sonstige Ueberschreitungen bei einer Rechtsvertheidigung (vgl. Oppenhoff, S. 509, No. 5) oder in unstatthafter Selbhülfe (ebendas. No. 6).

[11] S. Oppenhoff, a. a. O., S. 509, N. 6. Neue Jahrbücher für sächsisches Strafrecht, VII, S. 90, N. 7. Vgl. auch Herbst, Handb. d. allgem. östreichischen Strafrechts, I, S. 190 und Frühwald, Handb. des östreichischen Strafgesetzes, I, 3. Aufl., S. 109, N. 4.

[12] So auch entschieden in zwei Instanzen in Baiern; vgl. Zeitschrift für Gesetzgebung und Rechtspflege des Königreichs Baiern, 12. Bd., 4. Heft, 1863, S. 361, 362. Ebenso in der preußischen Praxis, vgl. Oppenhoff, S. 509, N. 3, Wallmann, das preußische Strafgesetzbuch in seiner praktischen Anwendung, S. 423, N. 3.

nur ein theilweises und beschränktes ist, — soweit kann von ihm auch das Delict der Vermögensbeschädigung begangen werden. Der bloße Detentor, der Usuar, der Usufructuar, der Depositar können demnach das Delict ebensowohl begehen als es vom Miteigenthümer[13] und als es, wie schon bemerkt, an rebus publicis begangen werden kann. Denn in allen diesen Fällen liegt keine ausschließliche, von der Rücksicht auf Andrer Rechte an der Sache unabhängige Berechtigung auf Seiten des Beschädigers vor, wird für den Letzterén die „Fremdheit" der Sache nicht beseitigt.[14]

Eher zu Zweifeln Anlaß geben kann die umgekehrte Frage, wie nämlich zu entscheiden sei, wenn das in seinen Rechten an der Sache beschränkte Subject, welches sie schädigt, der Eigenthümer der Sache ist, wenn also der Eigenthümer Schädigungen an seiner eignen Sache vornimmt, an der Andren Rechte eingeräumt sind, z. B. an der einem Andren verpachteten oder zum Usufructus gegebenen Sache. Es sind zwei Fälle möglich: der Eigenthümer A. schädigt die Früchte der einem Andren, B., zum Usufructus gegebenen (bezw. verpachteten) Sache, oder er schädigt die Sache und ihre Substanz selbst, haut z. B. die fruchttragenden Bäume um.

Der zweite Fall wird der am Wenigsten zweifelhafte sein. Denn wenn durch das Umhauen der im Usufructus des B. befindlichen Bäume von Seiten ihres Eigenthümers A. dem B. auch erheblicher Vermögensschaden zugefügt werden kann, wenn A. auch unläugbar sich einer Vertragsverletzung schuldig gemacht hat und allen daraus entspringenden rechtlichen Folgen (namentlich zu leistender Civilentschädigung) unterworfen ist, so war A. doch Eigenthümer der Sache und der ausschließlich Berechtigte der Substanz der Sache gegenüber. Er hat also nur eine Sache, die ausschließlich die seinige war, den B. aber nur in Rechtsansprüchen beschädigt; und dies letztere genügt nach dem dermaligen Stande unsres positiven Rechts nicht, um das Delict der Vermögensbeschädigung darzustellen.[15]

---

[13] Vgl. Oppenhoff, S. 510, N. 10, S. 518, N. 10.

[14] Nach Oppenhoff (S. 510, N. 9) und einem dort angeführten Erkenntnisse des preußischen Obertribunals sollen die Stellvertreter des Eigenthümers, zu denen auch der Ehemann hinsichtlich der Sachen seiner Frau gehöre, nicht Subject des Delicts sein können. Dem muß aber auf Grund der im Text ausgesprochenen einfachen und anerkannten Sätze wiedersprochen werden.

[15] S. gleich unten im folgenden §.

Im ersten Falle könnten vielleicht eher Zweifel entstehen, indem man davon ausginge, daß der ausschließlich Berechtigte auch den noch nicht percipirten Früchten gegenüber der Usurfructuar B. sei. A. habe gar kein Recht an den, wenn auch auf seinen eignen Bäumen gewachsenen, Früchten, kein Recht, durch Zerstören dieser Früchte den Erwerb derselben von Seiten des berechtigten Usufructuars zu hindern, ebensowenig wie er an den etwa schon percipirten, aber in eines Andren Eigenthum übergegangenen Früchten ein solches Recht habe. Er habe also ganz widerrechtlicher Weise in die Vermögensrechte eines Andren eingegriffen, und damit sei der Thatbestand des Delicts hergestellt.

Diese Auffassung entspricht nun allerdings dem natürlichen Gefühle durchaus. Sie kann auch nicht so gar unjuristisch sein. Denn der römische Jurist gab nicht nur dem Pächter die actio furti, auch wenn die gestohlenen Früchte noch nicht von ihm percipirt waren[16]; — sondern auch dem Usufructuar, dem Usuar, dem Pfandgläubiger die Klage aus der Lex Aquilia gegen den Eigenthümer[17], theilte also die eben vorgeführte Auffassung.

Unser positives Recht verlangt jedoch, soweit nicht bestimmte ausdehnende Ausnahmen vom Gesetz gemacht werden, die Beschädigung (nicht bloß fremder Berechtigungen, sondern speciell) fremder Sachen zum Thatbestande der Vermögensbeschädigung. Bis zum Momente der Perception aber ist die Frucht für den Usufructuar, den Pachter ꝛc. eine fremde, nicht für den Eigenthümer der fruchttragenden Sache. Letzterer ist der Eigenthümer auch der Frucht. Zerstört er diese vor erfolgter Perception von Seiten des andren dazu Berechtigten, so zerstört er immer nur seine eigne, nicht eine fremde Sache, so greift er nur dieses Andren Rechte auf Sachen, nicht dessen Sachen selbst an und ist deshalb kein Vermögensbeschädiger im Sinne unsrer Gesetze. Nur in den Fällen, wo der Nichteigenthümer der fruchttragenden Sache die Früchte schon durch Separation, gleichgültig, wer separirt, erwirbt, würde der Eigenthümer das Delict der Vermögensbeschädigung an den Früchten begehen, wenn er dieselben erst separirte und dann beschädigte.[18]

---

[16] L. 26. § 1. Dig. de furtis 47, 2. Vgl. Puchta, Vorlesungen, 3. Afl., I, S. 301.

[17] L. 12, L. 17. pr. Dig. ad legem Aquiliam 9, 2.

[18] Wenn Separation und Schädigung der Frucht zusammenfallen, wenn also die (noch nicht gereifte) Frucht eben durch die (vorzeitige) Separation beschädigt wird, begeht

Ebenso wird nach dem positiven Recht unsrer gegenwärtig geltenden Criminalgesetzbücher das Delict nicht von Demjenigen begangen, der seine dem Andern zum Faustpfande gegebene Sache beschädigt, sein verhypothecirtes Haus einreißt 2c., obwohl er auch in diesen Fällen fremde Vermögensrechte schädigt.[19]

Während so nach den Bestimmungen unsrer gegenwärtigen Criminalgesetzgebung der Eigenthümer der Sache das Delict nicht an ihr begehen kann, auch wenn und soweit Andern an derselben Rechte eingeräumt sind; so würde sich de lege ferenda ein Fallenlassen eben dieser Bestimmungen und eine Ausdehnung des Delicts nach der Richtung hin, daß auch die Beschädigung fremder Vermögensrechte seinen Thatbestand ausmachen kann, auf das Entschiedenste empfehlen. Eine solche Ausdehnung würde, wie gesagt, sowohl dem natürlichen Gefühle als auch (wenigstens wenn es sich um dingliche Rechte handelt) dem römischen Rechte, sie würde den Bedürfnissen unsres sich in diesem Punkte eingeengt fühlenden Rechtslebens und unsrer Gesetzgebung lediglich entsprechen.

Aus der bislang positivrechtlich geltenden Einschränkung des Delicts auf Sachen folgt zu Gunsten des Eigenthümers eine bei eingehenderer Betrachtung unmotivirte, dem Nichtjuristen von vornherein unverständlich erscheinende Ausnahme von der Regel, daß das Delict von Jedem begangen werden könne, welcher der beschädigten Sache nicht ausschließlich berechtigt gegenüberstehe.

Daß aber eine solche Ausnahme und Einschränkung des Delicts den Bedürfnissen der Gegenwart in der That nicht entspricht und unsrer Rechtsprechung zu enge ist, — beweist die Rechtsprechung und Praxis unsrer Tage selbst, indem in derselben eine nach der hier in Frage stehenden Richtung hin ausdehnende Behandlung des Delicts der Vermögensbeschädigung bereits lebendig geworden ist. Es ist das östreichische

der Eigenthümer das Delict der Vermögensbeschädigung nicht. Denn im Momente, wo er separirte und damit beschädigte, war er noch Eigenthümer und schädigte deshalb keine fremde Sache. Deshalb würde sich auch die gleich zu erwähnende, von der übrigen deutschen Auffassung abweichende östreichische Rechtsprechung nicht etwa durch einen Hinweis auf die von dem römischen abweichenden Grundsätze des östreichischen bürgerlichen Rechts über Separation und Perception (vgl. Stubenrauch, Commentar, § 519) rechtfertigen lassen.

[19] Vgl. Jagemann-Brauersches Criminallexikon, S. 555, 556. und den folgenden Paragraphen. S. auch Goltdammer, Archiv, XI, S. 644, 645 und Temme, Lehrb. d. schweiz. Strafr., S. 642.

Strafrecht, welches in diesem Punkte fort- und vorangeschritten ist: durch eine Entscheidung des obersten Gerichtshofes Oestreichs (vom 17. Januar 1852)[20] ist ausgesprochen, „daß das Recht, von den gepachteten Feldern die Früchte zu beziehen, allerdings einen Bestandtheil des Eigenthums des Pachters ausmache, und daher das boshafte Abmähen derselben durch den Eigenthümer des Grundstückes allerdings als boshafte Beschädigung fremden Eigenthums zu betrachten sei".

Die östreichischen Commentatoren und Schriftsteller verhalten sich dieser Entscheidung gegenüber sämmtlich zustimmend. Herbst[21] bemerkt dazu: „Gegenstand der Verletzung ist fremdes Eigenthum, dieses aber offenbar in jenem weiteren Sinne zu nehmen, wonach Alles, was Jemandem gehört, alle seine körperlichen und unkörperlichen Sachen zum Eigenthume zu rechnen sind. Unkörperliche Sachen oder Rechte werden zwar zunächst nicht beschädigt, sondern verletzt; wohl aber kann die Beschädigung an den den Gegenstand des Rechts (z. B. des Jagdrechts) bildenden körperlichen Sachen geschehen und ist dann allerdings hierher zu beziehen."

Der Vordersatz der östreichischen Entscheidung ist ohne Zweifel richtig. Es fragt sich aber, ob nach dem damaligen Stande des positiven östreichischen Strafrechtes die Beschädigung von solchen Bestandtheilen des Eigenthums, welche eben nur Rechte sind, unter die Vermögensbeschädigung gezogen werden darf und ob nach den Bestimmungen des östreichischen Strafgesetzbuches „fremdes Eigenthum offenbar in jenem weiteren Sinne zu nehmen ist", oder ob nicht vielmehr unter diese zur Zeit geltenden Strafbestimmungen nur die Beschädigung fremder Sachen gezogen werden kann.

---

[20] S. Herbst, Handbuch des allgemeinen östreichischen Strafrechts, I, S. 190.

[21] An der oben angef. Stelle. S. auch Waser in der citirten Abhandlung in Haimerls Magazin, III, S. 86 und Frühwald, Handbuch des östr. Strafgesetzes, I, 3. Aufl., S. 108, 109: „auch die boshafte Verkürzung von Rechten ist strafbar, vorausgesetzt, daß der Thäter daraus keinen Vortheil für sich zieht; z. B. das Verjagen des Wildes aus einem Jagdrevier, das Abmähen der unreifen Früchte auf einem fremden Grunde, wenn sie auch dort liegen gelassen werden rc." Diese Beispiele, von denen namentlich das letztere sehr wohl eine eigentliche Vermögens- (Sachen-, nicht Rechts-) Beschädigung darstellen kann und fast immer darstellen wird, sind schlecht gewählt und lassen den von Frühwald an die Spitze gestellten Satz weniger bestimmt erscheinen.

§ 8. Das Object des Delicts.

Schon durch die zuletzt versuchten Ausführungen ist die Frage berührt, was überhaupt Object des uns hier beschäftigenden Delicts sein könne. Es muß auf diese Frage, in Berücksichtigung sowohl gewisser ausnahmsweis auch die Verletzung von Rechten unter die Vermögensbeschädigung stellender gesetzlicher Bestimmungen[1] als auch der oben bereits angedeuteten de lege ferenda zu stellenden Forderungen, geantwortet werden, daß als mögliches Object des Delicts der Vermögensbeschädigung das fremde Vermögen[2] erscheint, nicht bloß und ausnahmslos allein fremde Sachen im engern Sinne, obgleich die Sachen, und nicht bloß nach dem positiven Recht der gegenwärtigen deutschen Gesetzgebungen, immer die Regel bilden werden.[3]

Ob diese Sachen bewegliche oder unbewegliche[4], lebendige[5] oder leblose sind, ist gleichgültig[6]: es fragt sich nur, ob ein Gegenstand vorliegt durch dessen Verletzung Jemand in seinem Vermögen verletzt werden kann. Es ist namentlich auch gleichgültig, ob die Sache eine feste, eine flüssige oder eine luftförmige ist. Auch die das allgemeine Tauschmittel darstellende Sache, — Geld, gehört natürlich in allen ihren möglichen Gestalten hierher.

Man begegnet nun vielfach der Behauptung, Object des Delicts der Vermögensbeschädigung könne nur eine körperliche Sache sein. Es fragt sich zuvörderst, was der eigentliche Sinn dieser Behauptung ist. Man

---

[1] S. weiter unten in diesem Paragraphen.

[2] Vgl. auch Häberlin, IV, S. 320. S. unten den Schluß der Note 25.

[3] Vgl. Waser in Haimerls Magazin, III, S 86.

[4] Vgl. Stenglein, Comm. über das bairische Strfgb., II, S. 518. Weis, Strfgb. f. d. Königreich Baiern, S. 250. Waser, a. a. O., S. 86. Jagemann-Brauersches Criminallexikon, S. 556.

[5] Waser, a. a. O. Von den Gesetzen werden häufig Thiere besonders genannt, so z. B. vom sächsischen Strafgesetzbuche (Art. 335), „die Beschädigung oder Zerstörung fremden Eigenthums und die Beschädigung oder Tödtung fremden Viehes" rc. Dieser ausdrückliche Zusatz ist aber überflüssig. Denn wenn man auch mit Krug (Commentar, II, S. 209) nur „alles Lebendige, was zum Nutzen der Menschen dient, also z. B. auch Hunde, Bienen und dergl." unter „Vieh" versteht, so fällt doch auch diese wie jede Beschädigung andrer Thiere als eine „Beschädigung fremden Eigenthums" unter die Bestimmung.

[6] Vgl. u. A. Häberlin a. a. O., Köstlin, S. 179, Jagemann-Brauersches Criminallexikon, S. 555, 556.

kann nämlich möglicher Weise zweierlei darin finden, einmal die Ausschließung von Rechten, — sodann aber auch die Ausschließung der luftförmigen Sachen, also der Gase, Dämpfe und dergl. aus dem Kreise der Objecte des Delicts.

Die letztere Auffassung sollte man allerdings heutzutage nicht mehr erwarten. Dem Verfasser ist aber wenigstens aus der neueren Praxis der preußischen Universitätsgerichte ein Fall bekannt, dessen Entscheidung auf eben dieser Auffassung beruht. Studenten hatten die zahlreichen Gasflammen auf dem Grundstücke eines Bürgers hinter des Letzteren Rücken zu einer Zeit angezündet, als sich gerade Niemand auf dem Grundstücke befand, und da das Brennen der Flammen erst am folgenden oder zweitfolgenden Tage bemerkt war, eine ziemlich bedeutende Quantität Gas aufgebrannt. Der Universitätsrichter war der Meinung, daß, da Gas keine körperliche Sache sei, eine Vermögensbeschädigung im Sinne des preußischen Strafgesetzbuches nicht vorliege, und verfuhr danach. Inwieweit man diese Entscheidung als die eines allgemein administrative und pädagogische Rücksichten mitverfolgenden akademischen Gerichts passiren lassen will, ist eine andre Frage. Vom juristischen Standpunkte aus kann keine verkehrtere gedacht werden. Wie für den Physiker so ist auch für den Juristen Gas nicht minder eine körperliche Sache als Metall oder Wein.[7] Die luftförmige Eigenschaft der Sache schließt für den Physiker bekanntlich die Wägbarkeit und damit die Körperlichkeit der Sache nicht aus. Gas und Dampf *sind* körperliche Sachen so gut wie alle andren Körper. Sie sind es folglich auch für den Juristen und gehören zu den Sachen überall, wo die Gesetze, ohne sie ausdrücklich auszuschließen, allgemein von Sachen reden. Juristisch ist eben Alles eine Sache und körperliche Sache, was, ohne ein Recht zu sein, Vermögensobject sein kann, und würde es selbst dann sein, wenn, was nicht der Fall, die Physik den Begriff der Sache enger faßte. Ein Cubikfuß Gas ist ebenso gut

[7] *Wer* der durch das Aufbrennen des Gases verletzte alienus ist, ist hier gleichgültig, da es nur darauf ankommt, nachzuweisen, daß Gas (und die luftförmige Sache überhaupt) zu den Objecten gehört, durch deren Schädigung überhaupt gegen *irgend einen alienus* das Delict der Vermögensbeschädigung begangen werden kann. *Welches Subject* als der Verletzte zu betrachten ist, würde strafrechtlich nur denjenigen Gesetzbüchern gegenüber von Wichtigkeit werden können, nach denen, (was nach dem preußischen *nicht* der Fall), die Vermögensbeschädigung zu den Antragsverbrechen gehört.

ein nicht ein Recht und doch ein Vermögensobject darstellender Gegenstand, also eine Sache, wie ein Scheffel Getreide oder ein Ohm Wein. Der erstere ist ebensogut wäg- und „tangir"bar wie die letzteren. Und so setzt auch Goltdammer[8], wenn er sagt, daß das preußische Strafgesetzbuch nur Sachen als Object des Delicts im Auge habe, als Gegensatz zu diesen offenbar nur Rechte, nicht ungebildetem Vorurtheil unkörperlich scheinende Sachen, wie Gase und dergl. Ebenso Oppenhoff[9] und Temme.[10] Jene Meinung, welche das Gas nicht zu den körperlichen Sachen rechnen wollte, hat also auch speciell die preußischen Autoritäten gegen sich, was deshalb besonders in's Gewicht fällt, weil das preußische Strafgesetzbuch von der Zerstörung und Beschädigung „fremder Sachen", nicht fremden „Eigenthums" spricht.[11]

Kurz, auch nach denjenigen Gesetzbüchern, welche sich des Ausdruckes

---

[8] Mat., II, S. 627, N. 4: „die Erweiterung des Begriffs auf Rechte gehört nicht hierher." Vgl. auch Stenglein, Comm. über das bair. Strfgbch., II, S. 518. In Note 4 sagt Letzterer ausdrücklich, daß das Delict auch durch Verbrennen von Gegenständen, deren Verbrennung nicht den Thatbestand der Brandstiftung ausmache, begangen werden könne. Vgl. Goltdammers Arch., I, S. 261, III, S. 141. Weis, Strfgb. f. d. Königr. Baiern, S. 251. Ein bloßes Auslöschen der Gasflammen (ohne daß Gas ausströmt), ein Verhängen des Lichtes oder dergl. würde natürlich nicht hierher gehören (vgl. Herbst, d. allgem. östreichische Strafrecht, II, S. 80), da in solchen Fällen überall kein Schädigen von Sachen und Vermögen vorliegen würde.

[9] Comment., S. 510, N. 11: „Eingriffe in fremde Berechtigungen gehören nicht hierher."

[10] Lehrb. des preuß. Strafrechts, S. 1039: „Rechte gehören nicht hierher." Vgl. auch Temmes Glossen zum Strafgesetzbuch, Breslau 1853, S. 607.

[11] Die ganze einen positiven Fehler darstellende Meinung noch eingehender im Texte zu widerlegen, hieße die Geduld des Lesers zu sehr auf die Probe stellen. Es möge deshalb nur an dieser Stelle noch darauf aufmerksam gemacht werden, wie sich gar nicht absehen ließe, weshalb die Verbrennung von Gas für 100 straflos, die Vernichtung von Glas für 10 strafbar (unter Umständen schwer strafbar) sein sollte, — vollends nach der Gesetzgebung einer Zeit, in welcher Gase und Dämpfe ebenso gewöhnliche als wichtige Verkehrs- und Vermögensobjecte sind. Auch wird in manchen hier einschlagenden Fällen zugleich immer eine consistente Sache vernichtet: wer z. B. aus einer geheizten Locomotive eine gewisse Quantität Dampf ausströmen läßt, verbrennt damit zugleich ein bestimmtes Quantum Kohlen. In Fällen, wie der letztere, oder wenn sonst aus Locomotiven, zu Eisenbahnanstalten gehörigen Beleuchtungsapparaten od. dgl. Dämpfe, Gase rc. ausgelassen oder sonst verdorben werden, bleibt deshalb nur die Frage zu beantworten, ob die schwereren Strafen der qualificirten Vermögensbeschädigung (vgl. unten) einzutreten haben; aber auch diese Frage muß nach der Fassung wie nach dem Geiste unsrer Gesetze bejaht werden. Auch läßt sich der deutschen Gesetzgebung sonst noch mancher Grund gegen die entgegenstehende Mei-

„Beschädigung von Sachen" bedienen, hat man unter letzteren Alles zu verstehen, was, ohne ein Recht zu sein, ein Vermögensobject darstellt, ganz gleichgültig, ob es fest, flüssig, luftförmig, ob es Holz oder Oel ist, welches verbrannt oder verdorben wird, oder Gas oder Dämpfe, welche man verbrennt oder entweichen läßt, oder z. B. moussirender Wein oder kohlensaures Wasser, die man durch Entkorken der Flaschen und Ausströmenlassen der Kohlensäure auf's Aeußerste beschädigt. Nach denjenigen Gesetzbüchern, welche den Ausdruck „Beschädigung des Eigenthums" brauchen, versteht sich das vollends von selbst.

Durch die ausdrücklich aufgestellte Forderung einer „körperlichen Sache" wird demnach für keine der beiden Gruppen unsrer Gesetzbücher Etwas gewonnen. Da aber durch den Ausdruck wenigstens möglicher Weise Nachtheil, weil irrige Auffassung entstehen kann, so ist er besser zu vermeiden.[12]

Soweit der Ausdruck jedoch gebraucht wird, kann er vernünftiger Weise nur in dem allein zulässigen Sinne gebraucht werden, daß Rechte als ausgeschlossen bezeichnet werden sollen. Er kann also nur besagen: ein Recht kann nie Object des Delicts der Vermögensbeschädigung sein. Wer

---

nung entnehmen. Wenn wir nur in diejenigen Gesetzbücher greifen, welche von der Beschädigung von Sachen sprechen, also der entgegengesetzten Meinung die günstigsten sind, so werden z. B. vom badischen Strafgesetzbuche (§ 573) die Beschädigungen als besonders strafbar hervorgehoben, mit denen eine Gefahr für Leben oder Gesundheit Andrer verbunden war, (vgl. damit auch bairisches Strfgb., Art. 343, N. 2). Eine solche Gefahr kann aber besonders leicht durch Ausströmenlassen von Gasen und dgl. wie überhaupt durch Schädigung luftförmiger Sachen herbeigeführt werden; — gerade diese Sachen hat deshalb der badische Gesetzgeber schwerlich von dem Kreise der hier möglichen Delictsobjecte ausschließen wollen. Das preußische Gesetzbuch hebt (§ 282) Gegenstände der Wissenschaft und der Gewerbe besonders hervor, welche öffentlich aufgestellt oder aufbewahrt sind. Wie leicht können diese gerade in Gasen, Gas enthaltenden Producten, Chemikalien aller Art rc. bestehen! Vom neuen bairischen Strafgesetzbuche (Art. 343) wird das Beschädigen und Zerstören von Gasleitungsvorrichtungen mit besonders strenger Strafe bedroht. Sollte hierbei der Gesetzgeber, wenn auch nicht gerade bei dieser strengeren Bestimmung das Gas selbst und seine Beschädigungen und Zerstörungen im Auge gehabt, so doch sie überhaupt von der Vermögensbeschädigung ausgeschlossen haben? — Darüber daß in Fällen wie in den im Text angeführten auch durch die Art und die Beschaffenheit der schädigenden Handlung der Begriff der Vermögensbeschädigung keineswegs ausgeschlossen wird, vgl. den folgenden Paragraph.

[12] Vgl. auch Heimbach in Weiskes Rechtslexikon, IX, S. 463 und die dort angeführte Stelle bei Sintenis.

also z. B. den Andren in seinen Vermögensrechten durch unwahre Gerüchte schädigt, die er über ihn verbreitet, ist, auch wenn er damit nicht irgend ein andres Verbrechen begeht, nicht der Vermögensbeschädigung schuldig.

Diese, aber auch nur diese Beschränkung der möglichen Objecte des Delicts entspricht dem positiven Rechte. Sie entspricht dem römischen Rechte, welches ein damnum corpori corpore datum verlangt und auch bei der späteren Ausdehnung der Lex Aquilia dieses Gesetz auf Rechte nicht allgemein ausdehnt[13]; welches aber unter res corporales alle versteht, quae sunt[14] oder quae tangi possunt[15] (im Gegensatz zu denen, die intelliguntur oder tangi non possunt), also alle, die physisch im Raume existiren und mit den äußeren Sinnen wahrgenommen werden, in irgend einer Weise mit einem Sinne „gefühlt", wenn auch nicht gerade in die Hand genommen oder betreten werden können.[16] Daß darunter aber auch Gase, Dämpfe 2c. fallen würden, ist nicht zweifelhaft.[17]

Desgleichen entspricht die genannte Beschränkung dem einheimischen Rechte, insbesondere den neuen deutschen Strafgesetzbüchern.[18]

In Bezug auf die letztren ist voranzustellen, daß es keinen Unterschied begründet, ob die Gesetzbücher von der Beschädigung „fremder Sachen" oder „fremden Eigenthums" sprechen. Das Erstere geschieht allein von dem badischen, preußischen und neuen bairischen Strafgesetzbuche[19], und selbst von diesen überschreiben die beiden letztgenannten ihre Strafdrohungen gegen das Delict mit dem Ausdrucke „Vermögensbeschädigung", bzw. „Eigenthumsbeschädigung"[20] und nähern sich dadurch wieder mehr der Majorität der übrigen Gesetzbücher. Aber auch ohne Das ist diese Verschiedenheit des Ausdrucks nicht von Einfluß auf die Frage nach den möglichen Objecten des Delicts. Wie nach dem eben Ausgeführten auch durch den Gebrauch des Ausdrucks „Beschädigung von Sachen" die luftförmigen Sachen nicht aus dem Kreise der hier möglichen Delicts-Objecte ausgeschlossen werden, so werden andrer-

[13] §. 16. Inst. 4, 3. Vgl. Rein, Cr.-R. der Römer, S. 340.

[14] Cicero, Top. 5.

[15] §. 1, 2. Inst. 2, 2; L. 1. § 1. Dig. 1, 8.

[16] Vgl. nur Heimbach an der eben angeführten Stelle § 7. Inst. 3, 15.

[17] Vgl. Keller, Pand., S. 682.

[18] Ueber eine sich findende Ausnahme s. gleich unten im Text.

[19] Vgl. Note 11.

[20] Vgl. oben § 5.

seits auch durch den Ausdruck „Beschädigung von Eigenthum", soweit nicht etwa in Bezug auf einzelne bestimmte Rechte eine ausdrückliche Ausnahme gemacht wird, Rechte nicht mit unter die Objecte aufgenommen. Wäre das Letztere der Fall, so würde die Wahl des einen oder des andren Ausdrucks allerdings von großer Bedeutung sein. Es ist aber Dem in der That nicht so, und man würde Unrecht haben, wenn man der Verschiedenheit des Ausdrucks in dieser Beziehung Bedeutung beilegen wollte. Denn auch diejenigen Gesetze, welche sich des Ausdrucks „Beschädigung fremden Eigenthums" bedienen, fordern nicht Beschädigen des Andren in seinem Eigenthum schlechthin und allgemein, sondern das Eigenthum, was als bestimmte Sachen zu interpretiren um so weniger zweifelhaft und auf Rechte auszudehnen um so weniger gestattet sein kann, als die ganze Geschichte und Entwicklung, welche das hier in Rede stehende Delict in Deutschland genommen, als die ganze Entstehungsgeschichte der modernen Legislation und die Voraussetzungen, auf denen die letztre beruht, eine derartige Interpretation und Ausdehnung schlechterdings verbieten.[21]

Dies das Resultat der Prüfung unsres positiven Rechtszustandes. Es bleibt aber die Frage, ob es nicht vorauszusehen und nicht wünschenswerth, daß das deutsche Strafrecht in seiner ferneren Entwicklung eben diese Ausdehnung auch auf Rechte nimmt, — und diese Frage ist zu bejahen. Man darf wohl sagen, daß eine Erweiterung des Delicts nach dieser Richtung hin dasselbe erst zu seinem vollen Rechte bringen und vollständig und genügend abschließen; daß eine solche Erweiterung den Begriff und die Lehre des Delicts erst reinigen und abklären und gegen andre Delicte, z. B. die Injurie (diese Delicte selbst zugleich vortheilhaft reinigend und klärend) scharf und wohlthätig abgränzen, und daß sie endlich Sicherheit gewähren wird, daß strafwürdige Handlungen nicht, weil sie unter keines der vorhandenen Strafgesetze fallen, straflos bleiben[22]; während ihr Nichts als die bis jetzt allerdings immer vorausgesetzte und hergebrachte,

[21] Vgl. die Motive zu den einzelnen deutschen Strafgesetzbüchern. Dem entsprechend kennen auch sowohl die sämmtlichen Schriftsteller und Commentatoren der neuern Strafgesetzbücher (vgl. nur oben Note 9 und 10) als die Gerichte gar keinen Zweifel darüber, daß Rechte zu den möglichen Objecten der Vermögensbeschädigung nicht gehören, — mit der einzigen, bereits referirten, Ausnahme der östreichischen Praxis.

[22] Vgl. die Motive zum neuen sächsischen Strafgesetzbuche, Krug, Commentar, II, S. 271.

aber durch nichts Stichhaltiges unterstützte Auffassung entgegensteht, die Vermögensbeschädigung könne nur durch ein Zerstören oder Beschädigen von Sachen begangen werden. Das Vermögen besteht aus Sachen und Rechten. Es kann deshalb auch in Sachen und in Rechten angegriffen, eine Vermögensbeschädigung kann durch Schädigen fremder Sachen wie durch Schädigen fremder Rechte begangen werden. Es ist deshalb, falls ein eigennutzloses Schädigen vorliegt, welches (ohne Interpretationszwang) nicht unter ein bestimmtes andres Strafgesetz fällt, lediglich nicht blos nothwendig-folgerichtige Consequenz, sondern auch Forderung der Gerechtigkeit, die Schädigung fremden Vermögens als solche auch dann der Bestrafung nicht zu entziehen, wenn ihr unmittelbares Angriffsobject ein fremdes Recht ist. Denn dann einzutreten, ist die Aufgabe und Bedeutung, ist die „Mission" des Delicts der Vermögensbeschädigung. Das kann eine innerliche Auffassung dieses Delicts nicht verkennen. Die entgegengesetzte, an der Beschränkung auf Sachen festhaltende übersieht über rein Aeußerlichem und mehr Zufälligem das Innere und Nothwendige.

Unser positives Recht ist, wie gesagt, bisher allerdings zu dieser Entwicklung nicht gekommen, — von einer Ausnahme abgesehen. Die Ehre dieser einzigen, einen wesentlichen Fortschritt bekundenden Ausnahme gebührt dem sächsischen Strafgesetzbuche. Einzig in diesem findet sich im 15., über die „andren Beeinträchtigungen fremden Eigenthums" handelnden Kapitel in unmittelbarem Anschluß an die Vermögensbeschädigung eine Strafdrohung gegen die Verbreitung nachtheiliger Gerüchte und dadurch bewirkte Schädigung fremden Vermögens. Es wird (Art. 338) Derjenige bedroht, „der durch geflissentliche Verbreitung unwahrer Gerüchte über die Vermögens- oder persönlichen Verhältnisse eines Andren oder dadurch, daß er solche Gerüchte als Thatsachen nacherzählt, denselben in Nachtheil bringt oder in seinem Fortkommen behindert".[23] Es kommen hier Fälle in Betracht, wie z. B. der, daß Jemands Vermögen durch die Behauptung oder Erzählung

[23] Die Motive bemerken, Handlungen dieser Art seien mit den Vermögensbeschädigungen verwandt. Es handelt sich um unwahre Gerüchte. Wenn aber etwas Unwahres als Thatsache nacherzählt wird, so ist die Kenntniß der Unwahrheit nicht erforderlich, indem die Strafbarkeit darin liegt, daß aus dem Gerüchte, „dem on dit eine Thatsache gemacht wird", vgl. Krug, Commentar, II, S. 271.

geschädigt wird, er habe, ohne seine Schuld, sein Vermögen oder einen erheblichen Theil desselben verloren.[24] Auch ein während der jüngst in Leipzig herrschenden Cholera-Epidemie vorgekommener Fall würde hierher gehören, der so lag, daß über eine Wäscherin das Gerücht verbreitet (ohne ihr Wissen in den öffentlichen Blättern unter ihrem Namen empfehlend annoncirt) wurde, sie übernehme auch „Cholera-Wäsche" zum Reinigen, wodurch ihr die sonstige, ängstliche Kundschaft abspenstig gemacht werden sollte. In Fällen wie diese kann der Angegriffene ebenso an seinem Vermögen beschädigt werden wie durch Zerstörung oder Beschädigung ihm gehöriger Sachen. Die Aufgabe der Gesetzgebung aber ist es, diese Bestimmung weiter auszubilden und zu entwickeln.[25]

Eine nicht unwichtige, auf die Beschaffenheit des Objects sich beziehende Frage ist endlich die, ob das angegriffene Object einen Vermögens-, d. h. Geldwerth haben müsse, ob namentlich also auch die Beschädigung bloßen Affectionsinteresses bei dem Delicte der Vermögensbeschädigung in Betracht komme.

Für die Bejahung des ersten Theiles dieser Frage scheint der Umstand zu sprechen, daß das uns hier beschäftigende Delict ein Vermögensverbrechen ist. Einfach darauf stützt Temme[26] seinen Ausspruch, daß nur Das als Object des Delicts erscheinen könne, was einen Vermögenswerth habe: „es handelt sich um ein Vermögensdelict". Die Frage scheint namentlich bejaht werden zu müssen nach denjenigen Gesetzbüchern, welche das Delict Vermögensbeschädigung, also mit

---

[24] Vgl. Krug, Commentar, II, S. 271.

[25] Vgl. damit das im vorigen Paragraphen über die (in der östreichischen Praxis bereits erfolgte) Ausdehnung des Delicts sowie das weiter unten über die Abgränzung des Delicts Gesagte. S. auch Köstlin, Abhandl., S. 185 ff. Dieser jetzt bereits existirenden (oben, S. 49, 52 bereits mehrfach angedeuteten) Bestimmung aber des sächsischen Strafgesetzbuches gegenüber läßt sich für den heutigen deutschen Rechtszustand nicht einmal die ausnahmslose Regel aufstellen, daß Sachen die einzig möglichen Objecte der Vermögensbeschädigung seien. Die Bestimmung ist jedoch noch so vereinzelt, daß man sehr wohl sagen kann: die Vermögensbeschädigung setzt nach dem gegenwärtigen positiven deutschen Strafrechte fremde Sachen voraus, soweit nicht eine ausnahmsweise Ausdehnung auf Rechte ausdrücklich gesetzlich bestimmt ist; während die östreichische Praxis sich allerdings von der „Körperlichkeit" bereits ganz losgesagt hat. Uebrigens bezeichnen schon Müller und der jüngere Meister die Vermögensbeschädigung als eine laesio juris, bzw. patrimonii, vgl. oben S. 42.

[26] Lehrb. des preuß. Strafr., S. 1039. Vgl. auch desselben Lehrb. des schweiz. Strafr., S. 642.

der von uns gewählten Benennung nennen. Deshalb sagt auch Oppenhoff[27] unter ausdrücklicher Verweisung auf das Rubrum der hierher gehörigen Paragraphen des preußischen Strafgesetzbuches: „die Beschädigung muß eine solche sein, daß sie einen Vermögensnachtheil herbeiführt.“

Dagegen erklärt Berner[28] sich für die Verneinung der Frage: „Die preußische Praxis scheint geneigt, unbedingt einen Vermögensnachtheil zum Erforderniß des Thatbestandes zu erheben. Sie kann sich dafür allenfalls auf die Ueberschrift des 26. Titels des Strafgesetzbuches, aber nicht auf die Worte des Gesetzes und nicht auf die Natur der Sache stützen. Es liegt gewiß im Sinne des Gesetzgebers, der den gemeinrechtlichen Standpunkt der bloßen Entschädigung ja verworfen hat, die Strafe auch da eintreten zu lassen, wo etwa die vernichtete Sache nur ein Andenken oder ein Gegenstand der Pietät war, dessen Verlust kein Vermögensschaden ist.“[29]

Man wird sich sowohl de lege ferenda als auch auf Grundlage aller derjenigen Gesetzbücher, welche die criminelle Bestrafung der Vermögensbeschädigung nicht von der Höhe des Betrages des angerichteten Schadens abhängig machen, für die letztere Ansicht entscheiden müssen.

Wenn das preußische Strafgesetzbuch, — welches das Delict ja gerade mit dem für die entgegengesetzte Ansicht angeführten Ausdrucke „Vermögensbeschädigung“ überschreibt, — einfach Denjenigen des Delicts für schuldig erklärt, der „vorsätzlich und rechtswidrig fremde Sachen beschädigt oder zerstört“ und dabei die Bestrafung nicht etwa an die Bedingung irgend einer Geldwerths- und Schadensbetrags-Höhe knüpft, so gebieten diese Worte des Gesetzes die ausnahmslose Bestrafung einer jeden Sache allzu klar, als daß man wegen der gebrauchten Ueberschrift „Vermögensbeschädigung“ die entgegengesetzte, in Wort und Fassung des Gesetzes selbst durch Nichts auch nur angedeutete Auffassung in sie hineintragen dürfte, — um so weniger als sich weit eher, zwangloser und natürlicher umgekehrt mit dem Worte „Vermögensbeschädigung“ ein weiterer

---

[27] Comment., S. 510, Nr. 13.

[28] Lehrb., S. 304, N. 3.

[29] Vgl. auch Thilo, Strfgbch. f. d. Großherzogthum Baden, S 446: „es kann bei Beschädigungen von Gegenständen, die einen Affectionswerth haben oder der Pietät gewidmet sind, der Schaden nicht nach dem gemeinen Werth derselben in Anschlag gebracht werden“; auch Allgemeine Gerichtszeitung f d. Königr. Sachsen, 8. Jahrg., 1864, S. 141

als mit den den Inhalt des preußischen Gesetzes ausmachenden Worten ein engerer, sie, die von Sachen schlechthin sprechen, auf bestimmte Sachen beschränkender Sinn verbinden läßt. Für die andren Gesetzbücher aber, welche sämmtlich eben so einfach, allgemein und vorhaltlos die Beschädigung fremder Sachen bedrohen, ohne sich gleichzeitig rubricirend des Ausdrucks „Vermögensbeschädigung" zu bedienen, kann für die entgegengesetzte Ansicht nicht einmal ein solcher Scheingrund aus der Ueberschreibung des Delicts hergenommen werden, — einerlei, ob diese Gesetzbücher die Beschädigung „fremder Sachen" oder die „fremden Eigenthums" bedrohen.

Nicht minder folgt aus der Natur der Sache und aus der ganzen Beschaffenheit und Bedeutung des Delicts, (die es vom gemeinrechtlichen wie vom Standpunkte der modernen Gesetzgebung aus hat), daß es gar keinen Sinn haben würde, hier den in einen bestimmten Geldwerth übersetzbaren Vermögensschaden ausschließlich zu berücksichtigen. Zum Schutze der Vermögensposition im engern Sinne des Einen und gegen ihren Angriff durch den Andren, zum Schutze von lucrum und Geldwerth auf der einen und gegen unrechtlichen Angriff auf der andren Seite sind die strafrechtlichen Schranken nicht allein und nicht einmal vorwiegend aufgeführt. Es handelt sich hier durchaus nicht, allermindestens durchaus nicht immer um einen alle andren Gesichtspunkte ausschließenden Kampf um Geld und Geldeswerth, vielmehr darum, den Angegriffenen boshafter, muthwilliger ꝛc. Weise zu ärgern, zu kränken, zu betrüben durch das Mittel der Störung in Dingen, die seiner rechtlichen und rechtlich unstörbaren Herrschaftssphäre unterworfen sind. Schon in dieser Störung liegt ganz abgesehen von dem Vermögensnachtheil im engeren Sinne das Strafbare, darin, daß man den Berechtigten unberechtigter Weise nicht ungestört ließ, die Rechtswidrigkeit und Strafbarkeit des nicht bloß durch Civilentschädigung ausreichend zurückzuweisenden Angriffes. Es kann ja allerdings der Angegriffene durch den ihm zugefügten Vermögensschaden pecuniär schwer beschädigt werden und sich pecuniär schwer beschädigt fühlen. Es braucht Das aber durchaus nicht immer der Fall zu sein. Es kann vielmehr in weit schwererer und empfindlicherer Weise, als wenn es sich um einen pecuniären Schaden handelte, eine, pecuniär gar nicht empfundene, Verletzung und Beschädigung zugefügt werden. Die Erfahrung lehrt, daß häufig in dem Aerger über den angethanen Schabernack, die an den Tag gelegte Geringschätzung der Person und Rechtssubjectivität des Verletzten, das ohne jede Rücksicht zum Object fremder Späße und Erheiterung gemacht Werden, das „Gehudelt-Werden", wie Morstadt[30] es ausdrückt, ja in der vom eignen Ich absehenden sittlichen Entrüstung über die Rohheit, Bosheit, den Muthwillen rc. des Lädenten die zugefügte Verletzung, nach Absicht und Erfolg, weit eher zu suchen ist als in dem erlittenen pecuniären Schaden, selbst dann, wenn nicht gerade theure, unersetzliche Andenken oder weihevolle Gegenstände der Pietät zum unmittelbaren Objecte des Delicts gemacht worden sind. Es würde deshalb eine ganz äußerliche, in's Strafrecht nicht gehörende Manier sein, wenn man die Frage mit einer civilistisch-strengen Verweisung auf die Bedeutung der Begriffe „Vermögen", „Werth" und „Schaden" beantworten wollte. Man hat vielmehr den Ausdruck „Vermögensbeschädigung" strafrechtlich in einem weiteren Sinne zu nehmen und unter Vermögen zu verstehen alle und jede der Herrschaft des Rechtssubjects unterworfnen Dinge, gleichgültig, ob sie einen Geldwerth repräsentiren, oder nicht. Dies fordert das einfach menschliche und natürlich urtheilende Strafrecht, (und eben deshalb stehen dem Ausdrucke „Vermögensbeschädigung" auch in dieser Beziehung keine Bedenken entgegen). Der Affectionswerth ist immer noch ein anzuerkennender und verletzbarer Werth für den Menschen, wenn auch nicht für den bloßen Geldmenschen. Deshalb hat das Strafrecht, welches nicht bei dem allgemeinen Tausch- und Ausgleichungs-Mittel des Geldes stehen zu bleiben, sondern es mit dem Menschen, den menschlichen Gefühlen und Leidenschaften zu thun hat, auch die Verletzung von Werthen, die sich nicht in Geld übersetzen lassen, zurückzuweisen, auch solchen Werth als einen Vermögenstheil der Menschen anerkennend. Auch die Verletzung solchen Werthes fordert Sühne und Satisfaction nicht nur des Einzelnen, der in solchen Werthen möglicher Weise besonders schwer verletzt ist, sondern auch des allgemeinen öffentlichen Rechtsbewußtseins wegen.

Sehr gut bemerkt einer der neuesten und scharfsinnigsten Civilisten[31], die einen Affectionswerth repräsentirenden Gegenstände dürften nicht bloß für höheres, sie dürften für gar kein Geld feil sein. Wenn nun

---

[30] In seinem kritischen Commentar zu Feuerbachs Lehrbuch, I, S. 518.

[31] Keller, Pandekten, S. 500, N. 1.

solche Sachen deshalb nicht in Geld und Geldeswerth übersetzt werden können und sich für die Berechnung des Civilrechts nicht eignen, weil sie dem Rechtssubjecte und dem Rechtsgefühle zu hoch stehen, — so dürfen sie eben wegen dieser hohen Stellung von dem menschlich gerecht waltenden Strafrecht nicht schutzlos gelassen werden und nicht schutzloser als die nach bloßem Geldwerth berechenbaren Sachen. Auch Ehre, Freiheit, Leben können, wenigstens nach gereifterer Auffassung und wenigstens voll und genügend, nicht in Geld übersetzt werden und bilden doch mit vollem und genügendem Schutze versehene Objecte des Strafrechts.

Außerdem kann sich die Bosheit, dieses von den Gesetzen allgemein besonders strenge angesehene Motiv der Vermögensbeschädigung, in der Beschädigung von Geldwerth nicht habenden Andenken, Gegenständen der Pietät 2c. besonders craß und strafwürdig[32], es kann sich ebenso der Muthwillen, die Schädigungs- und Vexirlust äußern. Gerade hier darf deshalb das Strafrecht kein müßiger Zuschauer bleiben. Es würde höchst ungerecht, ganz äußerlich und gegen die innerliche Natur des Strafrechts sein, da Strafe auszusprechen, wo ein einen Geldwerth repräsentirender, aber dem Verletzten ziemlich gleichgültiger und durchaus nicht aus besondrer Bosheit angerichteter Schaden zugefügt ist, und zugleich auf die Verhängung einer Strafe zu verzichten, wenn ein den Verletzten untröstlich machender, von raffinirter Bosheit dictirter, wenn auch nicht in Geld abschätzbarer, weil überhaupt unschätzbarer und unersetzlicher Schaden angerichtet ist.

Weder nach den Gesetzbüchern, welche den Ausdruck „Vermögensbeschädigung" brauchen, noch gar nach denen, die das nicht thun, ist es dehalb erforderlich, daß das unmittelbare Object des Delicts der Vermögensbeschädigung einen Geldwerth habe.[33] Nur ist natürlich, wie

[32] Vgl. Hartitzsch, Criminalgesetzbuch für das Königreich Sachsen, S. 442.

[33] Vgl. auch noch den folgenden Paragraphen g. E. Anders allerdings nach dem römischen Recht der Lex Aquilia, unter welche z. B. die Kurkosten nicht veranlassende Verletzung eines ganz werthlosen Sclaven nicht fiel, am wenigsten dann, wenn der Sclave durch die Verletzung, z. B. castratio, etwa gar werthvoller wurde, L. 27. § 28. Dig. ad leg. Aquil. 9, 2. Das fällt aber nicht sonderlich gegen die im Texte ausgeführte Auffassung in's Gewicht. Denn es ist zwar vom römischen Standpunkte aus ganz richtig und consequent; diesen vorwiegend privatrechtlichen Character tragenden Standpunkt für unser Strafrecht festzuhalten, wäre aber Nichts weniger als richtig und nicht consequent, und selbst nach römischem Recht konnte in dem angegebenen Falle aus

auch schon gesagt, immer vorausgesetzt und erforderlich, daß nicht etwa ein bestimmter Geldwerth gesetzlich zur Bedingung für die Strafbarkeit des Delicts gemacht wird. Ist dieses der Fall, und hat der geschädigte Gegenstand überall gar keinen Geldwerth, so ist, trotz etwa vorhandenen Affectionsinteresses, keine Bestrafung möglich. De lege ferenda folgt aber auch hieraus nur, daß diese von einer bestimmten Höhe des Schadensbetrages die Bestrafung des Delicts abhängig machenden Gesetze Tadel verdienen.

Ebenso muß man sich aus gleichem Grunde gegen die Abstufung der Strafe nach der Schadensbetragshöhe erklären, welche Abstufung es möglich macht, daß gerade die größeste Bosheit wie dort straflos ausgeht, so hier zu niedrig gestraft wird. Wo jedoch von einem Gesetze solche Abstufungen gemacht werden, ohne daß die Bestrafung überhaupt von einem bestimmten Schadensminimalbetrage abhängig gemacht wird, da ist (aus den dem eben Gesagten von selbst zu entnehmenden Gründen) die Schädigung von solchen Gegenständen, welche nur Affectionsinteresse haben, in der niedrigsten Classe strafbar.[34]

§. 9. Die Beschaffenheit der schädigenden Handlung.

Was in Bezug auf die Beschaffenheit der schädigenden Handlung allgemein anerkannt wird, ist, daß eine Zerstörung, Vernichtung oder Beschädigung der fremden Sache Statt gehabt haben müsse[1], — und

---

andrer Delictsklage in quadruplum geklagt werden, vgl. die eben angeführte Digestenstelle Es ist auch den bei der Erlassung unsrer modernen deutschen Strafgesetzgebungen Mitwirkenden, namentlich den Ständen und ständischen Ausschüssen, nicht zweifelhaft gewesen, daß auch Schädigung von Affectionswerthen unter die Strafbestimmungen gegen die Vermögensbeschädigung zu ziehen sei, vgl. z. B. Günther, die neuen Criminalgesetze f. d. Königreich Sachsen, S. 151. (Schletter), d. n. Criminalgesetzbuch, S. 194 Hartitzsch, S. 442 und Prot. der 2. Kammer (Landtags-Acten III, 2, 761) zum Art. 288 des sächsischen Strafgesetzbuches v. 1838).

[34] Welche Gesetze die criminelle Bestrafung der Vermögensbeschädigung von einer bestimmten Schadensbetragshöhe abhängig machen oder nach der Höhe des angerichteten Schadens die Strafe abstufen, welche nicht, — darüber vgl. weiter unten und die angehängte Tabelle.

[1] Vgl. Bauer, Lehrb., S. 408, Häberlin, IV, S. 320, Köstlin, S. 179, Jagemann-Brauersches Criminallexikon, S. 555, 556, wo aber weiter unten eben diese Fassung wieder zurückgenommen wird (vgl. N. 30 zu diesem §), Herbst, Handbuch des östreichischen Strafrechts, I, S. 190.

zwar, wie wohl zu näherer Bestimmung hinzugefügt wird, „mittelst unmittelbarer mechanischer Einwirkung“[2], oder mit ähnlichem Zusatz.[3]

Wenn wir aber zunächst diesen letzteren erläuternden Zusatz untersuchen, so ergiebt sich, daß die Hinzufügung desselben weder glücklich noch auch nur richtig genannt werden kann. Eine unmittelbare mechanische Einwirkung des Thäters auf das zu schädigende Object ist vielmehr weder nothwendiges Requisit der Handlung, noch würde es gut sein, (weil leicht zu Irrthümern führend), dieses Requisit, auch wenn seine Aufstellung richtig wäre, und in den Fällen, wo es zufällig auftritt, ausdrücklich zu fordern.

Es ist zuvörderst zu bedenken, daß es sich mit der Aufstellung dieses Requisites ähnlich verhält wie mit der im vorigen Paragraphen besprochenen Körperlichkeit des Objectes und ähnlich verhalten muß, da beides innerlich zusammenhängt. Es kann die Forderung der unmittelbaren mechanischen Einwirkung in Bezug auf die Beurtheilung der schädigenden Handlung eben solche Unklarheiten, Verlegenheiten und Irrthümer hervorbringen, wie wir sie bei der Besprechung des Objects durch die aufgestellte Forderung einer körperlichen Sache haben entstehen sehen. Es ist auch hier nicht recht klar, was mit dieser unmittelbaren mechanischen Einwirkung gemeint ist, oder es wird vielmehr dadurch unklar, daß es als etwas Besondres ausdrücklich gefordert und hinzugefügt wird. Man kann irre werden, wo die „unmittelbare mechanische“ Einwirkung aufhört und die mittelbare, nicht mechanische anfängt, und mehr und Andres in diese Forderung hineintragen, als sie in der That enthalten soll und vernünftiger und logischer Weise enthalten kann. Es ist namentlich, hier mindestens so gut wie dort, der Irrthum möglich, zu dieser mechanischen Einwirkung als Gegensatz die chemische zu denken und wie dort Gas und Dampf von den zulässigen Objecten so hier das Zersetzen, Verzehren, Auflösen, Verändern, Beflecken mittelst Veranlassung chemischer Processe, das Verflüchtigen und Auslaufenlassen von Gasen, Dämpfen 2c. von den das Delict darstellenden Handlungen auszuschließen; wie dort also auf feste und flüssige Körper, so hier auf mechanische im engeren Sinne (im

---

[2] Köstlin, S. 169, 179.

[3] „Durch Anwendung körperlicher Kräfte des Handelnden“, Temme, Lehrb. des preußischen Strafrechts, S. 1039, oder „gewaltsam“, ebenfalls Temme, daselbst.

Gegensatz zu chemischen) Angriffsarten das Delict einzuschränken. Daß Das aber unrichtig sein würde, folgt, außer aus der deutlichen Fassung unsrer Gesetze[4], aus der im vorigen Paragraphen nachgewiesenen völligen Haltlosigkeit der Ansicht, daß luftförmige Sachen nicht Objecte des Delicts sein könnten. Ist Letzteres unrichtig, so folgt daraus auch sofort die Unrichtigkeit der Beschränkung der Handlung auf mechanische Einwirkung (im Gegensatz von chemischer). Können doch solche Sachen, die Säure, das Gas 2c. häufig nur durch Zulassung der Luft oder durch sonstige Herbeiführung eines chemischen Processes beschädigt werden, und wird dann an diesen Sachen da sie von den möglichen Objecten dieses Delicts nicht ausgenommen sind und es nicht etwa Sachen giebt, an denen dieses Delict nicht begangen werden könnte, das Delict begangen, ohne daß eine mechanische Einwirkung in diesem Sinne auf sie Statt hat. Eine solche, unter Umständen viel gefährlichere und strafwürdigere, chemische Einwirkung, durch welche in Andrer Vermögen widerrechtlich eingegriffen wird, von den hierher gehörigen Handlungs-Möglichkeiten auszuschließen, folgt aus keinem rationellen Grunde: die Natur der Sache würde einer solchen Ausschließung völlig entgegenstehen, — und ebenso das positive Recht. Die vom letzteren gebrauchten Ausdrücke „zerstören" und „beschädigen" passen ebenso vollständig und natürlich auf chemische wie auf dieser entgegengesetzte mechanische Einwirkung und lassen eine Einschränkung auf die letztere gar nicht zu. Umgekehrt sprechen im Gegentheil andre Stellen in den Gesetzen gegen eine solche Einschränkung. Wenn es z. B. im würtembergschen Strafgesetzbuche (Art. 389) heißt: „wer, um Thiere zu tödten, Weiden beschädigt", — so greift der also Handelnde das zu lädirende Object doch nicht unmittelbar mechanisch an. Ueberhaupt, wer

[4] Sie sprechen einfach vom Beschädigen 2c. fremder Sachen oder fremden Eigenthums. Wer aber des Andren Champagner dadurch entwerthet, daß er ihn entkorkt und die Kohlensäure entweichen läßt, oder wer die werthvollen fremden Dämpfe und Gase zum Ausströmen in die Luft und damit zum Entweichen und Auflösen bringt, beschädigt damit fremde Sachen oder fremdes Eigenthum. Unzweifelhaft richtig ist deshalb auch das von Weiß, sächs. Criminalgesetzbuch, III, S. 394 mitgetheilte Erkenntniß, durch welches ein Bierbrauer, der, um einem Concurrenten zu schaden, in ein von diesem angefertigtes Probegebräu Seifenwasser gegossen und dadurch (durch den eingetretenen chemischen Proceß) für 25 Thlr. Hefen verdorben hatte, wegen Vermögensbeschädigung verurtheilt wurde. Und auch wenn die Hefen nicht verdorben, sondern nur das Probegebräu durch die Beimischung des Seifenwassers schlechter ausgefallen wäre, würde das Delict der Vermögensbeschädigung vorliegen.

durch Gift Thiere tödtet, greift nicht mehr unmittelbar mechanisch ein, als wer sonst mit Hülfe chemischer Processe Schaden zufügt, und macht sich doch unstreitig der Thier-, — Vermögensbeschädigung schuldig. Der im vorvorigen Paragraghen erwähnten Bestimmung des östreichischen Strafgesetzbuches (§ 398) gegenüber, nach welcher das Werfen von Gegenständen in Flüsse, wodurch das Wasser ungesund werden kann, strafbar sein soll, ist es ohne die Absicht dieser Bestimmung direct zu verkennen, geradezu unmöglich, chemische Einwirkungen als Mittel der Vermögensbeschädigung auszuschließen 2c.

Es würde sich ja auch gar nicht absehen lassen, weshalb lediglich die wesentlich sehr geringe Verschiedenheit des von Menschen Hand angewandten Mittels eine so wichtige Verschiedenheit in der Beurtheilung der Handlung herbeiführen sollte. Ist es nicht vielmehr im Wesentlichen vollständig gleichgültig, ob die kostbaren Getränke dem Andren verschüttet oder durch Ausströmenlassen der ihnen innewohnenden Kohlensäure werthlos gemacht sind; ob das fremde Kleidungsstück zerschnitten oder durch die darauf geschüttete Schwefelsäure zerfressen oder sonst beschädigt, mit unvertilgbaren Flecken bedeckt ist u. dgl.? „Weder durch die Absicht noch durch die Art der Verübung noch durch die Mittel oder den Erfolg“[5] wird in solchen Fällen das Delict zu einem andren. Und es muß ja, auch wenn es sich um Benutzung chemischer Mittel handelt, des Menschen Hand in irgend einer mechanischen Weise immer thätig sein, um das Delict zu verüben: sie muß die zersetzende, verderbende, befleckende Säure ein- oder übergießen, den Gashahn herumdrehen 2c. und mechanische Thätigkeit mindestens eben so viel verrichten, als z. B. beim Verbrennen von consistenten Sachen, — welches doch Niemand von den direct vermögensbeschädigenden Handlungen wird ausschließen wollen.

Die Forderung unmittelbarer mechanischer Einwirkung kann demnach nur bedeuten sollen, daß die schädigende Handlung nicht in einem Verbreiten nachtheiliger Gerüchte[6] u. dgl., nicht in einer so zu sagen nicht-körperlichen Thätigkeit bestehen könne. Dies steht und fällt aber wieder mit dem Satze, daß Rechte nicht Objecte des Delicts sein können, —

[5] Vgl. Abegg, Lehrb., S. 500. Auch Roßhirt, Lehrb., S. 324, sagt: „Das Delict kann auf alle mögliche Art schädlicher Einwirkung begangen werden.“

[6] Vgl. den vorigen Paragraphen.

ein, wie wir gesehen haben, richtiger Satz nach fast allen deutschen Strafgesetzbüchern, aber doch nicht nach allen ohne Ausnahme, indem das sächsische Gesetzbuch eine solche Ausnahme statuirt; und gerade diese Ausnahme hatte sich als der Regel vorzuziehen gezeigt. In dem nach sächsischem Strafgesetzbuche strafbaren Verbreiten nachtheiliger Gerüchte liegt aber Nichts weniger als ein Schädigen vermittelst unmittelbarer mechanischer Einwirkung. Die hinzugefügte Forderung der letzteren kann deshalb weder einen wirklich allgemeinen Grundsatz des positiven Rechts aufstellen noch ist ihr de lege ferenda beizutreten. Sie führt außerdem zu Mißverständnissen und Zweifeln und bleibt demnach unter allen Umständen besser ungestellt.

Wenn sich aber die ganze bisherige Ausführung wesentlich gegen das „mechanisch" der genannten Forderung richtete, so soll sogleich auch die zum Theil allerdings schon daraus mit hervorgehende Unhaltbarkeit der Forderung der „Unmittelbarkeit" insbesondre nachgewiesen werden.

Vorher sei aber noch eine andre hierher gehörige kurze Ausführung gestattet. Es ist im vorigen Paragraphen eines Falles gedacht worden, wo Jemand in seinem Vermögen durch Verbrennung einer Quantität Gas beschädigt war, und die Meinung zurückgewiesen, daß Gas keine körperliche Sache und deshalb der Begriff der Vermögensbeschädigung hier auszuschließen sei. Daß das Letztere nichtsdestoweniger richtig sei, könnte man nun aber noch deshalb annehmen wollen, weil eine Vebrennung des Gases keine Beschädigung desselben, vielmehr lediglich eine Benutzung desselben zu seinem eigentlichen Zwecke darstelle. Indessen auch diese Auffassung darf sich kaum eines Scheines von Richtigkeit rühmen. Denn daß das Gas in den Fällen, in welchen es mittelst Verbrennens zerstört wird, seinen allgemeinen Zweck, nämlich den, Licht zu verbreiten, erfüllt, ist etwas ganz Zufälliges, was die abschließende Beurtheilung der Handlung nicht bestimmen kann. Der innere Kern der Handlung besteht darin, daß das Gas durch die Verbrennung aus der Reihe der existirenden Dinge getilgt und damit zerstört wird, daß der Berechtigte um dieses Object Gas in seinem Vermögen geschädigt und daß gleichzeitig vermittelst Angriffs auf eine Sache höchst widerrechtlich in seine Rechtssphäre eingegriffen wird. Nur der Berechtigte hat über das wann?, wie?, wo? der Zweckerfüllung seiner Sache zu entscheiden, und seinen speciellen, für den Streit zweier Personen über eine Sache allein in

Betracht kommenden, Zweck erfüllt das Gas durchaus nicht, wenn man es hinter dem Rücken des Berechtigten zu einer höchst unnützen Beleuchtung mißbraucht. Auch Brennholz soll verbrannt werden und Wärme verbreiten, und doch wird Niemand das Vorhandensein des Delicts der Vermögensbeschädigung läugnen, wenn Jemand einem Andren seine Brennholzvorräthe widerrechtlich aufbrennt, und auch keinen Unterschied daraus herleiten, ob das Holz auf dem Lagerplatze oder in den Oefen und Heerden des Lädirten verbrannt worden ist, (Letzteres etwa, weil der Thäter seine schädigende Absicht in dieser Weise sicherer, schneller und ungestörter ausführen zu können glaubte oder ein schwereres Delict vermeiden wollte). Parfüms sind dazu da und haben den Zweck, zu parfümiren, und man wird doch nicht zweifelhaft sein, daß Derjenige das Delict der Vermögensbeschädigung begeht, der die wohlriechenden Wasser und Essenzen eines Lager solcher Dinge haltenden Händlers, wenn auch in dessen eignem Hause verschüttet, obgleich er ja die Parfüms lediglich zum Parfümiren gebraucht — oder vielmehr mißbraucht hat. Denn es lag ein eben so unberechtigtes wie lediglich auf das Verderben und Zerstören gerichtetes, den wirklich nützlichen Gebrauch der Sache nur ganz nebenher und sehr theilweis darstellendes Gebrauchen vor. Kurz, das widerrechtliche Verbrennen von Gasen u. dgl. stellt, auch wenn dadurch ein gleichzeitiges Beleuchten Statt hat, den Thatbestand des Delicts eben so vollständig dar, als wenn z. B. durch Aufdrehen des Gashahnes ein Entweichen und damit zweifelloses Zerstören des Gases herbeigeführt ist.

Auch daß durch Verschlucken oder durch Aufessen der Sache die schädigende Handlung dargestellt werden kann, unterliegt keinem vernünftigen Zweifel.[7] Bei einer werthvollen Perle, die zerbissen und verschluckt, einer kostbaren (etwa sehr übel und widerlich schmeckenden) Flüssigkeit, die hinabgewürgt wird, weil der Thäter zu ihrer eigennutz-

[7] Dasselbe gilt von dem Abweidenlassen fremder Weiden durch Vieh, sofern dasselbe nicht in gewinnsüchtiger Absicht geschah (Allg. östreich. Gerichtsztg., 17. Jahrg., 1866, S. 171) und nicht besondre Bestimmungen über ein solches Abweidenlassen existiren, in welchem Falle bei dem subsidiären Character der Vermögensbeschädigung natürlich diese Bestimmungen zur Anwendung kommen würden; vgl. Weis, bairisches Strafgesetzbuch, S. 252. Auch die würtembergische Praxis bezweifelt nicht, daß Weidfrevel unter die Bestimmungen gegen die Vermögensbeschädigung fallen, sofern sie nicht unter ein andres Delict gehören, vgl. Hufnagel, Strafgesetzbuch, S. 408, und Commentar, II, S. 682 ff.

losen Zerstörung gerade kein besseres Mittel sieht, werden überhaupt kaum Bedenken aufsteigen: ob zertreten oder zerbissen, ob in den eignen Leib oder wohin sonst in unwiederbringlicher Weise geschüttet, ist nach Absicht und Erfolg ganz gleichgültig. Aber auch bei eigentlichen Eßwaaren wird man zu demselben Resultate kommen. Es kommt hier lediglich auf die Absicht des Thäters an, und wer des Andren Früchte aufißt, ist deshalb noch nicht ohne Weiteres Dieb; er kann auch Vermögensbeschädiger sein.[8] Er braucht zufällig das Verzehren als ein ihm brauchbar, bezw. allein sicher brauchbar scheinendes Mittel, die Sache dem Berechtigten zu zerstören, wie er eben so zufällig irgend ein andres Mittel brauchen könnte; und man kann Dem auch nicht entgegenhalten, daß in diesem dem eignen Leibe Zuwenden immer ein directes lucrum facere liege und deshalb die Vermögensbeschädigung ausgeschlossen sei. Ein solches lucrum würde vielmehr nur dann angenommen werden können, wenn dem eignen Leibe irgend ein Vortheil oder Gewinn bereitet und beabsichtigt wird, z. B. Nährung, Sättigung, Genuß. Es kann aber dem etwa gerade sehr gesättigten, dem einen Widerwillen gegen sie habenden &c. Thäter der Genuß der Sache sehr unangenehm — und Nichts weniger als ein Genuß sein; er kann wissen, daß sie ihm sehr übel bekommen und durchaus kein lucrum sein wird, und doch zwingt er sich, sie zu verzehren, weil er darin das geeignetste Mittel zur Ausführung seines verbrecherischen Willens, die Sache zu zerstören und den Andren zu schädigen, erblickt. Allerdings sind dies Fälle, die an das Beispiel von dem an den Schwanz des Vogels gebundenen Schwefelfaden erinnern. Sie mögen aber, wenn auch nicht weiter verfolgt, hier doch angedeutet sein, um die hier vertheidigte Ansicht und die ihr allerdings entspringenden Consequenzen besser zu beleuchten. Was festgehalten werden muß und worauf es ankommt, ist, daß die Sache dem Berechtigten zerstört oder beschädigt sein muß; durch welches Mittel ist, falls der Thäter mit demselben nur keine andre Absicht verfolgte, gleichgültig.

Untersuchen wir nun das in jener Forderung enthaltene „unmittelbar" näher, so haben wir zunächst nicht zu übersehen, daß schon das römische Recht, namentlich nach den allmäligen Erweiterungen der Lex Aquilia unter diese Lex auch Fälle nur unmittelbarer Beschädigung

[8] So auch das römische Recht nach der erweiterten Lex Aquilia.

zog, wie z. B. den, wo ein Hund auf einen Sclaven gehetzt und der letztere festgehalten wird, um gebissen zu werden; wo man ein Thier einsperrt und verhungern läßt oder Vieh in die Enge treibt oder schreckt, daß es sich in eine Tiefe stürzt, ein Thier überladet, daß es ein Glied bricht u. s. w.[9] Weitergehende Einschränkungen nach den jetzigen Strafgesetzbüchern zu machen, geben dieselben keinerlei Anlaß. Eine richtige Interpretation nöthigt vielmehr, auch die Fälle der Beschädigung fremden Vermögens von den Delicten nicht auszuschließen, in denen z. B. ein Hund auf den Andren gehetzt wird und diesem die Kleider zerreißt, ein wüthender Stier in den fremden Garten getrieben wird und ihn verwüstet, ein wildes Pferd losgebunden, auf gefährliches Terrain gelassen wird und sich dort den Hals bricht oder sich verläuft und verloren geht. Aus der Natur der Sache sowie aus der Fassung und dem Geiste unsrer Strafbestimmungen über die Vermögensbeschädigung wie unsrer Strafgesetzgebungen überhaupt folgt Dies, und nicht das Gegentheil. In manchen Uebergangsfällen würde es bei der entgegengesetzten Einschränkung auch zweifelhaft sein, ob ein mittelbares oder unmittelbares Einwirken auf die Sache vorliegt, z. B. in dem, wo Geld aus der Hand geschlagen wird und dadurch verloren geht[10]; und schon die in solchen Fällen entstehenden Zweifel würden gegen die Richtigkeit der entgegengesetzten Einschränkung sprechen.[11]

Es bleibt demnach (ähnlich wie bei den möglichen Objecten nur die Rechte) nur ein Fall übrig, wo wegen des nicht unmittelbaren, sondern nur mittelbaren Eingreifens des Subjects de lege lata das Delict der Vermögensbeschädigung als ausgeschlossen erscheint. Dieser Fall liegt dann vor, wenn Jemand durch Erregung eines absichtlich in ihm hervorgerufenen Irrthums bewogen wird, seine Sache *selbst* zu zerstören oder zu beschädigen; und auf diesen Fall allein sind wiederum die preußischen Commentatoren zu beziehen, wenn sie eine *eigene körperliche Thätigkeit* des Thäters verlangen.[12] Sie fordern damit, in Uebereinstimmung

---

[9] S. über diese und andre Beispiele *Keller*, a. a. O.

[10] Vgl. L. 27. § 21. Dig. ad leg. Aquil. 9, 2.

[11] Der Römer war nicht im Zweifel, die Anwendbarkeit der L. Aquilia allmälig dahin zu erweitern, daß sie durch einen Mangel der Unmittelbarkeit, eines damnum *corpore* datum nicht ausgeschlossen wurde, vgl. *Keller*, a. a. O., S. 680.

[12] *Oppenhoff*, Comm., S. 510, N. 11, 12: „Die Beschädigung muß die Folge

mit dem hier Ausgeführten, nur, daß nicht der Beschädigte selbst die Beschädigung, durch Täuschung dazu veranlaßt, vollführt haben darf. Diesen Fall unter die Vermögensbeschädigung zu stellen, gestattet die Beschaffenheit der bisherigen deutschen Strafgesetzgebung und ihre Geschichte allerdings nicht. Daß er demnächst dahin gestellt werde, ist zu erwarten und zu wünschen [13]: die consequente Verfolgung und Ausbildung des Begriffs unsres Delicts weist ihn ebensosehr dahin wie der Vorgang analoger richtiger Behandlung andrer Delicte, — während der Fall unter andre Verbrechen und namentlich unter den Betrug nur mit Unrecht gezogen werden könnte. [14]

Die Forderung einer „unmittelbaren körperlichen Einwirkung" kann demnach nur besagen wollen, daß das Delict der Vermögensbeschädigung nach unsrem positiven Recht nicht dadurch begangen werden kann, daß der zu Schädigende durch einen in ihm hervorgerufenen Irrthum zur Schädigung seiner eignen Sache veranlaßt wird. Anstatt körperlicher Einwirkung kann man ja nun auch „durch Anwendung körperlicher Kräfte des Handelnden" oder auch „gewaltsam" [15] sagen, — falls man nur das Richtige, d. h. immer nur „nicht durch Irrthum-Erregung" darunter versteht [16], also Gewaltsamkeit und körperliche Anstrengung, wie man sie auch beim Diebstahl, bei der Tödtung fordern kann. Da aber in Folge solcher Ausdrucksweise leicht nicht Richtiges verstanden und Anlaß zu Irrthümern gegeben (an eine besondre, z. B. chemische Einwirkung ausschließende Kraftanstrengung und Gewaltsamkeit gedacht) wird, so ist in der besondren Hinzufügung dieser Ausdrücke nicht bloß kein Vorzug, sondern sogar ein positiver Nachtheil zu erblicken.

Nach dem Gesagten hat sich nun bereits so viel ergeben, daß die

---

einer eignen körperlichen Thätigkeit des Angeklagten sein; es gehört daher der Fall nicht hierher, wo Jemand den Eigenthümer der Sache in einen Irrthum versetzt und ihn so selbst zur Beschädigung veranlaßt." Ebenso Temme, Lehrb., S. 1039, Goltdammer, Mat. II, S. 627, Nr. 4.

[13] In frühern Entwürfen des preußischen Strafgesetzbuches waren solche Fälle bereits als strafbare Vermögensbeschädigungen aufgenommen, vgl. Goltdammer, Mat., S. 627, Nr. 4. Erst später ist man, aus nicht stichhaltigen Gründen, davon wieder abgegangen.

[14] Vgl. Temme, Lehrb. des preuß. Strafr., S. 1039, Note 3.

[15] S. oben N. 3.

[16] Dem entsprechend hebt Waser, a. a. O., S. 86 hervor, daß das Delict „listiger oder gewaltsamer Weise" begangen werden könne.

Arten der schädigenden Handlung, die Begehungsweisen der Schädigung unaufzählbar mannigfach und verschieden sein können.[17] Wie vielgestaltiger Möglichkeit der Beschädigung und Zerstörung ist das Reich der Sachen und Dinge doch ausgesetzt. In der mannigfachen Gestalt des Zerbrechens, Zerreißens, Zerschlagens, Zerschmetterns, Zerschneidens, Zertretens, Zerstoßens, Einstoßens, Einschlagens, Einbrechens, Einwerfens, Einreißens, Einknickens, Ausreißens, Umreißens, Abreißens, Niederreißens, Durchreißens, Durchlöcherns ꝛc. ꝛc. können Zerstörung und Beschädigung, Vernichtung und Verderbung der einzelnen Sache nahen; und zu diesen beispielsweis genannten Schädigungs-Modis treten, nach ebenfalls bereits Besprochenem, u. A. noch das Auflösen, Zersetzen, Verflüchtigen, Qualitäts-Verändern auf chemischem Wege, das Verbrennen und Ausströmenlassen von luftförmigen Sachen, das Verschlucken ꝛc. Und auch ihre Hinzufügung erschöpft noch nicht alle Möglichkeiten der schädigenden Handlung.

Es sind bisher nämlich immer nur solche Angriffs-Modi in's Auge gefaßt, durch welche ein wirkliches Zerstören oder Beschädigen der Sache, d. h. ein sehr sichtbares und entschiedenes Eingreifen in ihre und ihrer Substanz Integrität erfolgte. Solche Fälle sind die weitaus gewöhnlichsten und häufigsten; Baumabhauen, Fenstereinwerfen, Zerbrechen und Zerreißen von Gegenständen aller Art, welche zu öffentlichen oder privaten Anlagen gehören, und verwandte Vorkommnisse sind den Gerichten von Alters her bis auf den heutigen Tag wohlbekannte Fälle. Deshalb wird, sei es implicite, sei es ausdrücklich, so häufig ein Vernichten, Zerstören, Beschädigen der fremden Sache als zum Thatbestande des Delicts nöthig gefordert; auch, dem entsprechend, wohl gesagt, die Substanz der Sache müsse verändert sein.[18] Aber auch diese nähere Cha-

---

[17] Vgl. Häberlin, IV, S. 320.

[18] Vgl. den Eingang dieses Paragraphen und das Jagemann-Brauersche Criminallexikon, S. 556. Hier wird bestimmt gefordert, daß die Sache ganz vernichtet (zerstört) oder doch in ihrer Beschaffenheit verändert (beschädigt oder deteriorirt) werden müsse. Dies wird dann allerdings auf derselben Seite zurückgenommen und dagegen aufgestellt, daß auch ohne ausdrückliches Landesgesetz das Delict unzweifelhaft dann vorliege, wenn der Gegenstand auch ohne Aenderung seines inneren Werthes, z. B Werfen in einen tiefen Fluß, dem Berechtigten entzogen sei. Vgl. Note 27. Sodann z. B. Bauer, Lehrb., 2. Aufl., S. 408, Salchow, Lehrb., 3. Aufl., S. 381, Henke, Lehrb., S. 201.

racterisirung der das Delict ausmachenden schädigenden Handlung ist eine durch Nichts, weder durch die Natur der Sache noch durch den Inhalt des positiven Rechts, gerechtfertigte Einengung und Beschränkung des Delicts, welche, und im Wesentlichen schon aus denselben Gründen, ebensowenig richtig ist wie die unbedingt ausnahmslose Beschränkung der möglichen Objecte des Delicts auf Sachen oder gar die auf einen Theil der Sachen und wie die Einschränkung der Handlungs-Modi auf „mechanisch-unmittelbare".

Die Aufstellung, eine Substanz-Veränderung sei zur Herstellung des Thatbestandes erforderlich, ist zunächst wieder geeignet, einen ungehörigen Zweifel hervorzurufen, nämlich darüber, ob auch durch ein bloßes Beflecken, Besudeln ꝛc. der Sache das Delict begangen werden könne; uud doch kann Derjenige, welcher eine fremde Sache befleckt oder beschmutzt, dieselbe möglicher Weise in eben so hohem Grade schädigen, als wenn er sie zerbräche ꝛc.[19] Es wird Das nicht nur dann sich nicht bestreiten lassen, wenn das Beflecken z. B. durch den Gebrauch ätzender und in die Substanz sich einfressender Säuren[20] bewerkstelligt, sondern auch dann nicht, wenn auch ohne Das die Befleckung oder Beschmutzung eine dauernde und

[19] Dem Verfasser ist folgender Fall bekannt geworden: Malergehülfen hatten ihres Herrn, eines Hundeliebhabers, sehr schönen, kostbaren und namentlich durch seine seltene Färbung ausgezeichneten Hund mit blauer Oelfarbe angestrichen, welche noch mit besonders schwer vertilgbaren Ingredienzen versetzt worden war. Man braucht durchaus nicht anzunehmen, daß dieser Anstrich sich gar nicht hätte entfernen lassen, um ein schlagendes Beispiel der Vermögensbeschädigung vor sich zu haben. Stenglein, Comm. über das bairische Strafgesetzbuch, II, S. 518 erklärt ausdrücklich, daß das Besudeln und dergl. von Gegenständen unter die Vermögensbeschädigung falle. Vgl. auch Sächsische Gerichts-Zeitung, II, S. 258 und Weis, Strafgesetzbuch f. d. Königr. Baiern, S. 250, 251: „Das Wort „Beschädigen" ist in dem Sinne, den man im gewöhnlichen Leben damit verbindet, zu nehmen und es ist deshalb darunter jede Handlung zu begreifen, durch welche der Werth oder die Benützbarkeit oder die Schönheit der Sache gemindert wird, wenn sich dieselbe auch wieder vollständig herstellen läßt." Herbst, Handbuch des allgemeinen östreichischen Strafrechts, I, S. 190 fordert „eine Handlung, wodurch die fremde Sache zerstört oder am Werthe vermindert wird"; Waser, a. a. O., S. 86 sagt ausdrücklich, daß durch ein „unvollkommener Machen" der Thatbestand des Delicts hergestellt werde, und von den Verfassern von Strafrechtssystemen spricht z. B. schon Reibnitz, Criminalrecht, 1825, wiederholt (§§ 211 und 213) aus, daß irgend eine Werthsverminderung zur Herstellung des Thatbestandes des Delicts genüge. Durch Besudelungen wird die Sache aber unstreitig „am Werthe vermindert" und „unvollkommner gemacht".

[20] Vgl. Code pénal, Art. 443.

bleibende ist, die Flecken unvertilgbar sind. Denn auch im letztren Falle wird selbst die restringirendste Interpretation nicht läugnen können, daß die „Sache" oder daß „fremdes Eigenthum beschädigt" ist. Aber auch ein jedes einfache Beflecken und Beschmutzen, auch das keine unvertilgbaren Spuren zurücklassende, stellt das Delict vollständig dar, indem auch in diesem letztren Falle eine Beschädigung von Sachen und Eigenthum Statt findet.[21] Daß die Schädigung nur vorübergehend ist, — darauf kommt es nicht an; auch darauf nicht, daß sie in solchen Fällen meist leicht reparirbar und geringfügig sein wird, (obgleich letzteres noch quaestio facti bleibt). Denn weder jenes Erstere noch dieses Letztere, der Grad der zugefügten Schädigung schließt das Delict aus[22], — vorausgesetzt, daß das zur Anwendung kommende Strafgesetzbuch die Strafbarkeit nicht an eine bestimmte Schadensbetragshöhe knüpft und diese im concreten Falle durch die geschehene Beschmutzung und den dadurch für den Beschädigten nöthig gewordene Aufwand nicht erreicht ist.

In allen diesen Fällen, nicht nur in denen, wo durch das ätzende Befleckungsmittel die Substanz der Sache geradezu angefressen und dadurch doch ohne Frage verändert wird, und denen, wo durch bleibende Flecke die Sach-Substanz zu einer andren gemacht ist, als sie früher war;

---

[21] Dort muß das eingeworfene Fenster neu eingesetzt, hier der beschmutzte Stoff frisch gewaschen oder in noch umständlicherer, zeitraubenderer und kostspieligerer Weise gereinigt werden.

[22] So ist auch, weil es auf den Grad der Beschädigung nicht ankomme, vom höchsten Gerichtshofe Sachsens das Beschmutzen von Bleichstücken mit Ruß und Asche als strafbare Vermögensbeschädigung anerkannt, vgl. Krug, Commentar, II, 269. (Gerade Bleichstücke sind übrigens ein besonders schlagender Beweis dafür, daß das Besudeln von Sachen nicht von den die Vermögensbeschädigung darstellenden Handlungen ausgeschlossen werden kann. Die Bleichstücke sind, weil ihrer Natur nach öffentlich im Freien ausgelegt, besondren Schutzes bedürftig und werden deshalb von den Gesetzen wohl ausdrücklich hervorgehoben und durch erhöhte Strafdrohungen geschützt, vgl. nur das würtembergsche Strafgesetzbuch, Art. 387. Man wird nicht annehmen dürfen, daß die Gesetzgeber gerade gegen das hier besonders nahe liegende und leicht ausführbare, also auch besonders gefährliche Beschmutzen keinen Schutz hätte gewähren wollen.) Vgl. sodann die in Note 19 angeführten Worte Weis'. Das „Besudeln" wird auch schon von der früheren deutschen Particulargesetzgebung als eine die Vermögensbeschädigung darstellende Handlung hervorgehoben, vgl. z. B. das östreichische Allgemeine Gesetzbuch über Verbrechen und deren Bestrafung von 1787. Das französische Recht enthält eine ausdrückliche Bestimmung (Code pénal, Art. 443), welche das Verderben von gewissen Stoffen und Waaren durch ätzende Flüssigkeiten oder durch irgend ein andres Mittel mit besonders schwerer Strafe belegt.

sondern auch in dem zuletzt genannten Falle einfachen Beschmutzens muß nun allerdings immer noch eine, wenn auch nur vorübergehende, äußerliche und unter Umständen geringfügige ändernde Einwirkung auf die Substanz der Sache, immer noch ein Lädiren der Sache behauptet werden. Wenn aber zur näheren und erklärenden Characterisirung der Beschaffenheit der schädigenden Handlung eine solche „Substanz-Veränderung" ausdrücklich gefordert wird, so können daraus, namentlich wenn diese Forderung in Verbindung mit den Ausdrücken „Beschädigen", „Zerstören" oder auch „gewaltsam" gestellt wird, leicht sonst gar nicht auftauchende Zweifel und der Irrthum entstehen, daß bloßes Beschmutzen und dergl. nicht genüge, den Thatbestand des Delicts herzustellen. Schon deshalb würde die ausdrückliche Aufstellung jener Forderung (ebenso wie die der Körperlichkeit des lädirten Gegenstandes, der gewaltsamen Einwirkung 2c.) besser zu vermeiden sein. Sie ist aber auch, hiervon ganz abgesehen, nicht einmal begründet und richtig.

Wenn man nämlich fragt, ob das Delict der Vermögensbeschädigung sich nicht auch ohne jegliche ändernde Einwirkung auf die Substanz, ohne jegliches Lädiren der Sache denken lasse; wenn man mit andren Worten die Frage aufstellt: genügt nicht auch ein andres, die Substanz der Sache ganz intact und unverändert lassendes, Eingreifen in das fremde Vermögen durch sonstiges Angreifen einer Sache, genügt also nicht auch ein Vorenthalten, Verbringen, Verstecken der fremden Sache?, — so muß man diese Frage entschieden bejahen. Man muß sie bejahen nicht nur nach den Forderungen der Gerechtigkeit, indem nur ihre Bejahung eine genügende, weil allein alle hierher gehörigen Angriffs-Möglichkeiten umfassende Erschöpfung des Delicts gestattet; sondern auch nach unsrem positiven Strafrechte.

Man muß bei unbefangener und unvoreingenommener Prüfung der Entwicklung des Delicts und seiner Codificirung in den neuen Gesetzbüchern davon ausgehen, daß nicht in dem Zerstören, Vernichten der fremden Sache als solchem, nicht gerade und allein in dieser Modalität der Benachtheiligung fremden Vermögens, sondern in der Benachtheiligung (wenn auch, wie gesagt, nicht pecuniären Verlust herbeiführenden Benachtheiligung) selbst das Strafbare liegt, gleichviel in welcher Weise die Benachtheiligung vermöge des Angriffs auf eine Sache geschieht. Es darf die Art und Weise der Benachtheiligung nur nicht so beschaffen sein, daß sie die Handlung zu irgend einem andren besonders bekannten Verbrechen gestaltet, wie z. B. Brandstiftung, Diebstahl, Betrug. So lange sie Das aber nicht thut und in allen Fällen, wo in fremde Vermögensrechte widerrechtlich eingegriffen, Andren ein Vermögensverlust bereitet wird ohne Brandstiftung, Diebstahl 2c., — gerade da tritt der Begriff der Vermögensbeschädigung sofort auf und ein, ohne daß erst zu untersuchen wäre, ob ein eigentliches Vernichten oder Beschädigen der Sache Statt gefunden hat, ohne daß die Natur der Sache oder das positive Recht irgend dazu aufforderte, dieses Eintreten des Begriffs der Vermögensbeschädigung davon abhängig zu machen, ob die Schädigung des fremden Vermögens gerade in einer Veränderung der Substanz einer Sache bestanden hat. Der Vermögensbeschädigung macht sich demnach schuldig nicht nur, wer im Wege absoluter Zerstörung oder Beschädigung in des Andren Vermögen eingreift, sondern auch wer, ohne einen Diebstahl oder ein andres besonders benanntes Delict zu begehen, relativ fremdes Vermögen beschädigt, d. h. in die Herrschaftssphäre des Andren über seine Sachen, auch ohne die Sache selbst zu zerstören oder zu beschädigen, störend, hindernd, die wohlberechtigte freie Herrschaft aufhebend eingegriffen hat.[23]

Wenn deshalb, — um den von allen zweifelhaftesten und für die oben geschehene Aufstellung am Ungünstigsten liegenden Fall sofort an die Spitze zu stellen, — der Spielmann im Immermannschen Buche dem Hofschulzen sein über Alles geliebtes Freischöffenschwert in des Letzteren eignem Hause so versteckt, daß dieser es trotz aller Mühe nicht auffinden kann und dadurch auf das Allerempfindlichste und Intensivste in seinen Vermögensrechten verletzt wird; — so ist der Erstere moralisch wie rechtlich nicht minder wegen Vermögensbeschädigung strafbar als Derjenige, der die liebe oder werthvolle Sache des Andren durch eigentliches, durch absolutes Vernichten zerstört; strafbarer als der sie bloß Beschädigende wenigstens in dem Falle, wo die verbrachte oder versteckte Sache nicht wieder aufgefunden, sondern dem Berechtigten unwiederbringlich verloren

[23] Diese Auffassung stimmt wiederum völlig mit dem fortgeschritteneren römischen Rechte überein, in Bezug auf welches Keller, Pand., S. 682, sehr richtig sagt: „Die Sache ist weder substantiell noch als ökonomischer Werth objectiv untergegangen, sondern bloß diesem Eigenthümer subjectiv entrückt, und die utilis actio soll ihm wegen dieses bloßen ökonomischen damnum, also weil er um die Sache ärmer geworden ist und der Beklagte das verschuldet, zustehen."

gemacht ist. Wo liegt der Unterschied, ob dem Andren sein ganzes in Papier- oder Metallgeld bestehendes Vermögen absolut, z. B. verbrannt, oder ob es relativ zerstört, versteckt, vergraben oder sonst dem Berechtigten so vorenthalten wird, daß er alle Verfügungsgewalt ebenso, als existirte es überall nicht mehr, verliert? In beiden Fällen wird in gleichmäßig eigennutzloser und zugleich gleichmäßig rechtswidriger Absicht — und mit gleichem Erfolge in seine Vermögensrechte eingegriffen: in beiden Fällen wird er, ohne daß der Lädent selbst pecuniär lucrirt, zum Bettler gemacht. Ihm, dem Berechtigten und Beschädigten, ist die Sache in beiden Fällen nicht bloß beschädigt, sondern sogar vollständig zerstört. Für ihn wenigstens ist es ganz gleichgültig, ob die Sache verbrannt oder zerstampft, oder ob sie in die Tiefen des Meeres versenkt oder, wenn vielleicht auch in seiner nächsten Nähe, so unauffindbar versteckt ist, daß er sie, trotz der völligen Integrität ihrer Substanz, nicht mehr sehen, genießen, gebrauchen, verwerthen kann, — daß sie dem Kreise der von ihm beherrschten Vermögensobjecte so vollständig wie eine gar nicht mehr existirende Sache entrückt ist. Trotz seiner Berechtigung ist dem Berechtigten die Sache entzogen, ihm ein Vermögensverlust zugefügt; und der Entziehende hat die Berechtigung Jenes nicht respectirt, vielmehr bewußt und in einer für den Verletzten eben so folgenschweren Weise, als wenn er die Sache absolut zerstört hätte, in die fremde Berechtigung eingegriffen. Er ist deshalb auch gleich strafbar. Hat er doch möglicher Weise diesen Modus des Eingreifens in das fremde Vermögen nur deshalb gewählt, um sein Verbrechen sicherer und ungestörter ausführen zu können, oder aus ganz besondrer, raffinirter Bosheit, um sich an den besonders großen Qualen seines Opfers zu weiden, welches die Sache sich so nahe weiß und dennoch nicht in ihren Wiederbesitz gelangen kann, (wie bekanntlich der beispielsweis angeführte Fall gerade liegt).

Die Strafbestimmungen gegen die Vermögensbeschädigung sind nicht dazu da, um die Integrität der Gegenstände als solche, sondern als Vermögenstheile der Personen, um die Personen in ihren Sachen und ihrem Vermögen gegen jeden auch nicht eigennützigen unberechtigten Angriff zu schützen; nicht der Sachen selbst, sondern der Personen und der vermögensrechtlichen Persönlichkeit wegen, — ebenso wie die Sachen überhaupt nicht an und für sich rechtliches Interesse haben, sondern nur, insofern sie als Vermögens- und Nutzungs-Objecte der Personen in

Frage kommen. Die Personen aber werden in ihrem Vermögen und in ihren Vermögens-Objecten, in ihrem Vermögens-Ganzen ebensowohl durch ein dem Gebrauch entziehendes Vorenthalten als durch ein Substanz veränderndes Zerstören dieser Objecte geschädigt. Die Vermögensbeschädigung unterscheidet ihr subsidiärer und nicht auf Bereicherung gehender Character von den übrigen Verbrechen gegen das Vermögen. Sonst steht sie mit ihnen durchaus auf gleichem Boden und hat die gemeinsame Grundlage mit ihnen als strafbarer Eingriff in fremdes Vermögen und ist deshalb strafbar, sobald fremdes Vermögen vermittelst Angriffs auf eine zu dem fremden Vermögen gehörende Sache verletzt ist, gleichgültig, ob durch eigentliche, absolute Zerstörung einer Sache, oder nicht, — ganz ebenso wie bei den andren Vermögensverbrechen, dem Diebstahle, dem Raube 2c. es sich nur fragt, ob durch Entziehung in das fremde Vermögen eingegriffen ist, nicht, ob gerade durch eine die entzogene Sache zerstörende Entziehung.

Wenn man aber vollends von dem Momente absieht, welches das an die Spitze gestellte Beispiel weniger unbedenklich erscheinen ließ, von dem Verbergen im eignen Hause des Verletzten nämlich, so wird die Richtigkeit der hier vertheidigten Ansicht sich vielleicht noch entschiedener herausstellen. Durch Verbergen an andren, etwa weit entlegenen, unbetretenen Orten, durch Werfen in's Meer und in's Wasser[24], durch Verkaufen in nicht gewinnsüchtiger Absicht[25] wird der Berechtigte in seinem Vermögen und Vermögens-Objecten gewiß ebenso vollständig geschädigt, als wenn dieselbe Sache z. B. verbrannt wäre. Ist dieses richtig, so muß es ferner als ganz irrelevant erscheinen, ob es das Meer oder der Fluß, der Bach — oder der etwa auf dem eignen Grundstücke des Beschädigten gelegene Teich ist, in den die Sache geworfen. Sie ist auch im letzteren Falle dem Berechtigten entzogen, verloren, möglicher Weise (der Berechtigte weiß nicht, wohin sie geworfen, oder er weiß es,

---

[24] Vgl. L. 27. § 21. ad leg. Aqu. 9, 2. L. 14, 23. de praescr. verb. 14, 5.

[25] Weiß, sächs. Criminalgesetzb., III, S. 394, Anm.: „man denke sich den Fall, A besitzt eine Uhr, welche ihm so lieb ist, daß er dieselbe sogar für einen ihren Werth bedeutend übersteigenden Preis nicht verkaufen würde. B weiß, daß A eine besondre Freude an dem Besitz dieser Uhr hat, und um ihm diese Freude zu rauben, weiß er sich den Besitz derselben zu verschaffen und verkauft sie in der Messe an einen Fremden, der nicht auszuforschen ist, stellt aber dem A sofort den vollen Werth zu.“

vermag aber dennoch nicht, sie, überhaupt oder intact, wiederaufzufinden) ganz und unwiederbringlich entzogen und verloren.[26] Der Berechtigte beherrscht die Sache nicht mehr, wie er doch berechtigt ist, auch wenn die Sache selbst nicht beschädigt ist. Es kommt aber auf die Person, nicht auf die Sache an. Möglich ist's, daß die Sache durch das Werfen in's Wasser (oder durch das Verbringen an den ihr nachtheiligen, z. B. feuchten Ort) beschädigt, zerstört, aufgelöst ist; nöthig ist's nicht: die Sache kann im Gegentheil dadurch möglicher Weise meliorirt, länger vor Zerstörung und Auflösung bewahrt bleiben, sie ist z. B. ein Fisch. Die Person wird darum nicht weniger beschädigt. Ihr wird ebenso willkürlich vermittelst eines Angriffs auf ihr ausschließlich unterworfene Sachen in ihr Vermögen eingegriffen und ihr wird eben solcher Schaden zugefügt, wenn ihr für 100 Thlr. Materialwaaren in's Wasser geworfen werden, die dadurch verderben, oder für 100 Thlr. Fische, die fröhlich davon schwimmen; wenn das ihr gehörige seltene Thier getödtet, oder wenn es losgebunden und in Freiheit gesetzt wird. Würden in beiden Fällen doch auch die Civilfolgen ganz dieselben sein. Und ebenso fällt das Ausströmen- oder Auslaufen-Lassen von Dämpfen oder Gasen, von Weinen und sonstigen Flüssigkeiten auch in einer dieselben nicht vernichtenden, nicht vergeudenden Weise, also z. B. so, daß sie heimlich in eines Andren Dampfbehälter, Weinfässer 2c. eingelassen werden, lediglich unter die Vermögensbeschädigung, nicht minder, als wenn sie verschüttet oder verbrannt wären. Denn in allen diesen Fällen wird zwar nicht der Werth der Sache vermindert, wohl aber das Vermögen der Person durch einen Angriff auf diese Sache, und Letztres ist das Entscheidende.[27]

---

[26] Es fragt sich hier nur, ob Versuch oder Vollendung anzunehmen sei. Darüber s. unten. Ganz richtig heißt es im Jagemann-Brauerschen Criminallexikon, S. 556: „in Fällen, wo der Gegenstand auf andre Art, also ohne Zerstörung oder Verminderung seines inneren Werthes, für den Beschädigten nutzlos und folgeweise werthlos wird, z. B. wenn der Verbrecher den Ring des Andren in den Fluß wirft, wird zwar nicht die Sache des Eigenthümers, wohl aber der Eigenthümer der Sache beschädigt, ihm also in Wahrheit ganz der gleiche widerrechtliche Vermögensnachtheil zugefügt, wie wenn die Sache vernichtet wäre. Es leuchtet ein, daß dieser Fall auch ohne ausdrückliche Vorschrift des Landesgesetzes als Sachbeschädigung zu behandeln ist."

[27] Man würde Dem auch nicht in Gemäßheit des oben Ausgeführten entgegen halten können, daß in solchen Fällen der Berechtigte nur in seinen Vermögensrechten angegriffen würde. Denn nicht etwa bloß, weil fremde Rechte angegriffen werden, sondern deshalb, weil eine (für den Lädenten fremde) Sache direct angegriffen und dem

So wenig nun auch diese ganze Auffassung bisher ausdrücklich hervorgehoben ist, weil, wie gesagt, die hierher gehörigen Fälle verhältnißmäßig sehr selten sind[28], so entspricht sie doch vollständig auch unsrem positiven Rechte und der Ansicht seiner Commentatoren. Das kann vor Allem nicht zweifelhaft sein denjenigen Gesetzbüchern gegenüber, welche wie das sächsische das Delict auch auf Schädigung fremder Rechte ausdehnen. Denn wer das Delict von der Substanz und Materie vollständig entbindet, kann es folgerecht in den Fällen, wo es an Substanz und Materie habenden Sachen begangen wird, nicht wieder an die Substanz und Materie als solche binden.[29] Das badische Gesetzbuch sagt (§§ 570, 575) ausdrücklich: „wer fremde Sachen beschädigt oder zerstört, oder auf andre Weise für den Eigenthümer werthlos macht.“[30] Die andren Gesetzbücher entgegengesetzt zu interpretiren, gebietet Nichts. Es zu thun, hieße trotz der auch von ihnen gebrauchten üblichen Ausdrücke „zerstören“ und „beschädigen“ eine willkürliche Einschränkung in sie hineintragen; und selbst der Commentator des preußischen Strafge-

Berechtigten ebenso werthlos gemacht wird, als wenn sie z. B. zerrissen würde, stehen diese Fälle dem Zerreißen rc. ganz gleich. Vgl. N. 23.

[28] Es begreift sich, daß man sich auch hier zunächst an die gewöhnlichsten, greifbarsten, so zu sagen körperlichsten Fälle gehalten und nur das damnum corpore corpori datum in's Auge gefaßt hat; und daß, nachdem man das Delict einmal in so beschränkter Weise aufzufassen sich gewöhnt hatte, dann eine freiere und weiter blickende Interpretation nur allmälig durchdringen konnte. So erklärt sich die allmälig fortschreitende und sich ausdehnende Entwicklung des Delicts und seiner Begehungs-Möglichkeiten ganz von selbst. Hierfür ist außerordentlich lehrreich das röm. Recht in seiner allmäligen Erweiterung des Lex Aquilia. Vgl. Keller, Pand., S. 676 ff.

[29] Deshalb stimmen auch die sächsischen Commentatoren der im Text vertheidigten Auffassung unbedingt bei. Vgl. schon Weiß, sächs. Criminalgesetzbuch, III, S. 393 unten, 394. (Köstlin, S. 179, Note 3 spricht zwar von zum Theil gewagten Auslegungen, welche sich bei „Weiß, S. 778, No. 3, 4“ fänden. In keinem der drei Bände von Weiß giebt es aber die Seite 778, so daß es wieder unbestimmt bleibt, welchen Schriftsteller und welche Stelle bei ihm Köstlin meint). Sodann Krug, Commentar, II, S. 269: „eine Veränderung der Substanz ist zum Begriffe überhaupt nicht erforderlich.“ Sächsische Ger.-Z., IV, S. 86. Stenglein, Commentar über das bairische Strafgesetzbuch, II, S. 518, Note 4: „auch ein bloßes Entziehen ohne Aneignung gehört hierher.“

[30] Thilo, Strfgb. f. d. Großherzogthum Baden, S. 446: „z. B. wenn er die Sache des Andren in einen Fluß wirft, wo sie für denselben verloren ist.“ Durch die Forderung einer „Einwirkung auf die Materie“, welche Thilo vorher aufstellt (S. 445), kann auch er deshalb nur Rechte ausschließen wollen.

setzbuches, Oppenhoff, erklärt, obwohl das preußische Gesetz von der Beschädigung und Zerstörung von Sachen spricht: „als Zerstörung kann auch ein Verbringen der Sache angesehen werden, welches zwar die Substanz unversehrt läßt, sie aber der Nachforschung und Wiedererlangung gänzlich entzieht (z. B. Werfen in einen tiefen Fluß.“)[31]

Ein absolutes Zerstören oder Beschädigen einer Sache kann deshalb nicht als Requisit des Thatbestandes der Vermögensbeschädigung aufgestellt werden; und dem entsprechend reichen die sämmtlichen bisher aufgeführten Ausdrücke noch nicht aus, um alle möglichen Modi der Begehung dieses Delicts zu bezeichnen. Es würde noch das „Verbringen“, Verstecken, Verbergen, Inswasserwerfen ꝛc. hinzutreten müssen. Eben deshalb ist es auch nicht richtig oder wenigstens nicht unbedenklich, auch nur ein Zerstören und Beschädigen zu fordern, indem diese letzteren Ausdrücke stets den Gedanken an absolutes, durch Veränderung der Substanz geschehendes Zerstören und Beschädigen wach rufen.[32]

Wenn man aber auf dem Ganzen consequent weiter fußt, so ergeben sich als das Delict der Vermögensbeschädigung ferner darstellend auch noch solche Handlungs-Modi, durch welche die Sache weder in ihrer inneren Substanz beschädigt noch dem Berechtigten entzogen wird. „Wer aufgesetzte Klaftern oder Schocke, sowie Holz- oder Torfhaufen einwirft oder umwirft“[33]; wer den zum Druck fertigen Satz auseinander wirft; wer Laden oder Schilder aushebt oder abnimmt; wer Zelte oder Buden oder gar Häuser[34], desgleichen kunstvolle Maschinen auseinander nimmt,

[31] Auch Temme, Lehrb. des preuß. Strafr., S. 1039 scheint derselben Ansicht zu sein. Denn wenn er auch sagt: „die körperliche Substanz der Sache muß beschädigt sein“ und damit auf den ersten Blick der entgegengesetzten Ansicht zu huldigen scheint, so will er (nach seinem Lehrb. des schweiz. Strafr., S. 642 und Note 2 das.) unter demselben Ausdruck „nicht gerade körperliche Zerstörung“, sondern auch „z. B. Hineinwerfen in eine Untiefe“ verstanden wissen. Er würde andren Falls auch wenigstens theilweis in Widerspruch mit sich selbst gerathen, vgl. oben S. 54.

[32] Vgl. § 5.

[33] Worte des sächsischen Gesetzes, die Forst-, Feld-, Garten-, Wild- und Fischdiebstähle, sowie einige damit zusammenhängende Vergehen betreffend, vom 11. August 1855, Art 8, Nr. 7, wo der im Text erwähnte Fall mit einer ganz geringen Geldstrafe bedroht wird.

[34] Jüngst ging durch die Zeitungen das Gerücht, Böswillige hätten ein einsam gelegenes Jagdhaus des Herzogs von Coburg vollständig abgetragen und auseinander genommen, ohne jedoch, sorgfältig Stein zu Stein, Pfosten zu Pfosten, Ziegel zu Ziegel

ohne die einzelnen, aus einander genommenen, Theile in ihrer Substanz irgend zu beschädigen oder dem Berechtigten zu entziehen, — kann dadurch nicht nur nach Lage des Falles größeren und empfindlicheren Schaden zufügen, als wenn er in andren Fällen z. B. durch Zerbrechen einer Sache oder durch Zerstören oder Entziehen eines Theils dieser (aus einander genommenen) Sache, (die andren Theile in ihrem Zusammenhange lassend), zufügen würde; sondern er greift auch ohne Frage in fremdes Vermögen vermittelst Angriffs auf eine fremde Sache ein und macht sich damit der Vermögensbeschädigung schuldig.

Fernere Beispiele für solche Arten der schädigenden Handlung, durch welche die innere Substanz der Sache ganz unberührt gelassen, die Sache auch dem Berechtigten nicht entzogen und dennoch das Delict der Vermögensbeschädigung begangen wird, würden die bereits vom römischen Rechte hervorgehobenen Fälle sein, wo Jemandem Sand oder sonstiges schwer wieder zu Entfernendes unter sein Getreide gemischt[35] oder wo ihm Unkraut unter das Getreide gesät[36] ist.

Ob die in solchen Fällen zugefügte Beschädigung eine sehr geringfügige, namentlich, ob sie nicht eine so geringfügige ist, daß sie nach dem zur Anwendung kommenden Particularrechte die für die eigentliche criminelle Bestrafung nöthige Schadensbetragshöhe[37] nicht erreicht, — ist wiederum quaestio facti. Es liegen in dieser Beziehung die hier angeführten Fälle der Vermögensbeschädigung gerade so wie alle andren, und möglicher Weise kann in diesen angeführten Fällen der angerichtete Schaden ein recht beträchtlicher sein, wie z. B. in dem in Note 34 hervorgehobenen oder, wenn eine aus vielen Theilen und Theilchen bestehende, sehr kunstreiche und complicirte, nur mit großer Mühe und hohen Kosten wieder in einander zu fügende Maschine auseinander genommen ist.

---

legend, irgend Etwas in seiner Substanz zu beschädigen. Hätte dieses Gerücht sich bewahrheitet, so würde ohne Zweifel ein Fall der Vermögensbeschädigung vorgelegen haben, und zwar ein sowohl de lege ferenda als de lege lata strafwürdigerer Fall, als wenn z. B. einige Fenster oder Thüren dieses Jagdhauses zerschlagen worden wären.

[35] L. 27. § 20. ad leg Aquil. 9, 2.

[36] L. 27. § 14. eod.

[37] Die Berechnung der Höhe des angerichteten Schadens würde sich natürlich aus dem Betrage des Aufwandes zu ergeben haben, welcher, die Sache wieder in ihren vormaligen Stand zu setzen, nöthig geworden ist, sowie aus den sonst dem Beschädigten durch Vornahme der schädigenden Handlung entstandenen Schäden und Kosten.

Wo aber auch im concreten Falle die vom Gesetz geforderte Schadensbetragshöhe unerreicht bleibt und demnach gar keine oder nur die Strafe des Polizeistrafgesetzbuches eintritt, wird dadurch doch das hier vertheidigte Princip in keiner Weise erschüttert [38]; und den bisher aufgezählten Handlungs-Möglichkeiten würden als fernere noch das Umwerfen, Auseinandernehmen, Abtragen ꝛc. hinzuzufügen sein.

Daß die Handlung, durch welche das Delict vollführt wird, immer eine positive sei, daß das Delict also immer committendo begangen werde, ist nicht erforderlich. Die Begehung kann im Gegentheil auch omittendo oder vielmehr durch negatives Handeln geschehen, — die Rechtswidrigkeit der Handlung natürlich vorausgesetzt, vorausgesetzt also, daß der Handelnde zu unterlassen, d. i. negativ (so, wie er that) zu handeln, nicht berechtigt war. Im Jagemann-Brauerschen Criminallexikon [39] wird als Beispiel für die omittendo begangene Vermögensbeschädigung der Fall angeführt, daß der Postillon beim Herabfahren von einer Höhe vorsätzlich den Radschuh nicht einlegt, um den Wagen zu zertrümmern, und s ine Absicht erreicht. Indessen einmal ist gerade dieses Beispiel deshalb nicht glücklich gewählt, weil gerade hier die Handlung vorwiegend den Character einer positiven zu tragen scheint: der Postillon fährt positiv in einer dem Wagen gefährlichen Weise, kaum weniger positiv handelnd, als wenn er den Wagen z. B. gegen einen Baum oder eine Mauer führe. Sodann braucht, wie man aus der Wahl dieses Beispieles schließen könnte, die Verpflichtung zum positiven Handeln nicht gerade eine amtliche zu sein. Der Private, welcher mit dem einem Andren gehörigen, etwa von ihm geliehenen Wagen zu Werke geht wie der Postillon, würde gerade so wie dieser letztere zu beurtheilen sein.[40]

Daß endlich durch die schädigende Handlung ein pecuniärer Schaden nicht herbeigeführt zu werden braucht, hat sich im Wesentlichen bereits aus dem im vorigen § Ausgeführten ergeben.[41] Es genügt, wenn in die Ungestörtheit eines fremden Vermögens im weitesten Sinne vermit-

[38] Vgl. unten § 11, I.

[39] S 556.

[40] Nicht-Anbinden oder Nicht-Zurückhalten des gefährlichen Thieres, Nicht-Füttern und Verhungernlassen des in Verpflegung genommenen fremden Thieres könnten etwa als Beispiele genannt werden

[41] S. 59 ff.

telst eines Angriffs auf fremde Sachen, (falls das Gesetz nicht auch von diesem Erforderniß absieht,) eingegriffen ist, ohne daß erst, (soweit das Gesetz nicht überhaupt eine bestimmte Schadensbetragshöhe zur Voraussetzung des Delicts macht), zu fragen wäre, ob durch dieses Eingreifen ein pecuniärer Schaden zugefügt ist. Das Delict würde deshalb selbst dann vorliegen, wenn dem Angegriffenen aus der Handlung des Lädenten pecuniärer oder sonstiger Vortheil erwachsen sein sollte, wenn ihm z. B. ein ganz nutzloses, nur unnöthige Kosten verursachendes Thier getödtet, die der Aussicht von seinem Grundstücke im Wege stehenden oder der Fruchterzeugung schädlichen Bäume gefällt oder „zur Verschönerung dienende" oder vielmehr dienen sollende, in der That aber höchst geschmacklose und durch ihre Unterhaltung unnütz kostspielige Anlagen zerstört wären.[42] Denn in allen diesen Fällen ist mittelst Angriffs auf eine Sache in fremdes Vermögen unberechtigter Weise eingegriffen, ist der allein berechtigte fremde Wille in grober Mißachtung gezwungen worden.

Auch wenn der Betrag des zugefügten Schadens zugleich mit Anrichtung des letzteren deponirt wäre, würde die Entscheidung ganz dieselbe bleiben müssen. Denn auch in diesem Falle liegt ein unberechtigter Eingriff in fremdes Vermögen und in fremden Willen vor, und wenn selbst ein dem Beschädigten aus der Beschädigung erwachsender Vortheil das Delict nicht ausschließt, so kann es noch weniger ausgeschlossen werden, wenn die Beschädigung weniger als vortheilhaft, wenn sie bloß indifferent ist. Auch würde der Satz, daß durch ein zugleich geschehendes Deponiren des Schadensbetrages das Delict ausgeschlossen wäre, nichts Andres besagen, — als daß volle Ersatzleistung die Strafbarkeit der Vermögensbeschädigung ausschlösse, würde also etwas unsern Gesetzen direct Widersprechendes aufgestellt werden.[43] Es würde ferner der auch dem Affections-

[42] Das ist auch anerkannt von dem bereits angeführten Erkenntniß des höchsten Gerichtshofes Baierns (s. Zeitschrift für Gesetzgebung und Rechtspflege des Königreichs Baiern, 12. Band, 4. Heft, 1865, S. 361: „— würde es allerdings nicht weiter darauf ankommen, ob der Pfarrer mit dieser Handlung nicht sowohl eine Beschädigung als eine Verbesserung des Pfarrhausgartens beabsichtigte." A. M. allerdings Oppenhoff und die preußische Praxis; doch dagegen s. oben.

[43] So auch Erkenntniß des sächsischen Oberapellations-Gerichts (s. Allg. Ger.-Zeit. f. d. Königr. Sachsen, 8. Jahrg., 1864, S. 141): „sonst könnte ein Depositar, um den ihm aus irgend einem Grunde unangenehm gewordenen Deponen-

interesse zu gewährende Schutz nicht genügend berücksichtigt werden. Wenn man auch in dem Falle, wo der Werth der entwendeten Sache deponirt wird, keinen Diebstahl annehmen will, weil in diesem Falle die ganze Grundlage des Diebstahls, der animus lucri faciendi, hinwegfällt; so kann dieses Argument auf den Fall gleichzeitigen Deponirens des Schadensbetrages bei einer Vermögensbeschädigung doch nicht angewandt werden, weil hier der animus lucri faciendi überhaupt nicht in Frage kommt. Der Vermögensbeschädigung Grundlage ist vielmehr der unberechtigte Eingriff in fremdes Vermögen schlechthin, bezw. (je nach dem zur Anwendung kommenden positiven Strafrechte, vgl. unten,) der boshafte, muthwillige rc. Eingriff, — und diese Grundlage bleibt trotz der geschehenen Deponirung bestehen oder kann doch bestehen bleiben.[44]

---

ten zu ärgern, dessen ihm anvertraute Effecten, von denen er wüßte, daß sie demselben als ein Andenken theuer wären, vernichten, ohne dem Strafgesetzbuche anheim zu fallen, wenn er nur vermögend genug wäre, um Ersatz zu leisten" Vgl. das unten über die Wirkung geleisteten Ersatzes auf die Bestrafung der Vermögensbeschädigung Gesagte.

[44] Nur wenn von dem zur Anwendung kommenden Strafgesetzbuche nicht die Vermögensbeschädigung überhaupt, sondern nur die boshafte, muthwillige rc. Vermögensbeschädigung gestraft wird und das Requisit der Bosheit rc. zufällig nicht vorhanden ist, würde aus diesem Grunde die Bestrafung ausgeschlossen werden. Das gilt aber von allen Fällen der Vermögensbeschädigung und würde nichts dem im Texte hervorgehobenen Falle Besonderes sein. — Vgl. noch Thilo, Strafgesetzbuch für das Großherzogthum Baden, S. 446: „Hinsichtlich solcher Beschädigungen, deren Werth im einzelnen Falle ganz unbedeutend oder geringfügig ist, fand man nicht geeignet, eine ähnliche Bestimmung wie beim Diebstahl anfzunehmen, weil die Verhältnisse im Allgemeinen hier verschieden sind. Bei dem Diebstahl nämlich hat, wenn die entwendete Sache nicht wenigstens von einigem Werthe ist, dieser Umstand zugleich auch auf die subjective Willensbestimmung des Thäters mehr oder weniger Einfluß. Der Dieb, welcher nur eine Kleinigkeit entwendet, kann hier glauben, daß an der Sache, die er sich zueignet, dem Eigenthümer nichts, oder nicht viel gelegen sei, und daß er somit demselben durch die Entwendung keinen Nachtheil zufügen werde. Bei der Beschädigung dagegen kann diese mildernde Rücksicht nicht wohl eintreten, denn auch in dem geringfügigsten Falle dieser Art geht schon aus den Beweggründen der That, nämlich der Bosheit, Rachsucht rc. hervor, daß der Thäter dem Andren mit Vorsatz irgend einen Schaden zufügen will."

§ 10. Versuch und Vollendung.

Die Vollendungsfrage wird bei diesem Delicte von den Schriftstellern so gut wie ganz allgemein übergangen. Köstlin stellt in seiner Abhandlung (S. 179) den einfachen Satz auf: „vollendet ist die Sachbeschädigung, sobald ein Schaden eingetreten ist.“ [1]

Gleichwohl ist die Frage nicht so ganz einfach und selbstverständlich zu lösen. Das zeigt sich schon bei Häberlin, welcher IV, Seite 321 zuerst sagt: „Consummirt ist das Verbrechen durch die eingetretene Beschädigung, einerlei, ob der Thäter dieselbe noch weiter fortzusetzen und die fremde Sache zu zerstören beabsichtigte, oder ob er seine Absicht durch die bewirkte Beschädigung bereits erreicht hat;“ und dann, damit übereinstimmend und als unvermeidliche Consequenz dieser Ansicht: „schon der geringste bewirkte Schaden macht die That zum consummirten Verbrechen.“ Soweit stimmt also die Häberlinsche Auffassung mit dem kurzen Ausspruche Köstlins und dem in Note 1 citirten Bauers zusammen. Daß aber trotzdem noch eine andre möglich ist, beweist Häberlin selbst, indem er, sich nun selbst widersprechend, fortfährt: „jedoch läßt sich nur im speciellen Falle entscheiden, ob die That als consummirt, insbesondere als consummirte Beschädigung, oder etwa als versuchte Zerstörung fremden Eigenthums zu betrachten ist.“

Wenn also Jemand eines Andren Sache zerstören, z. B. seine Baumschule vertilgen und gänzlich niederhauen will, aber etwa erst mit dem Umhauen eines Theiles der Bäume fertig geworden ist, die Baumschule also erst beschädigt hat, oder wenn er die kostbare Vase des Andren völlig zertrümmern will, aber erst ein Stück herausgebrochen hat, als er an der Ausführung seiner ganzen Absicht verhindert wird, — so würde Dieser nach dem ersten Theile von Häberlins Aeußerung der vollendeten Vermögensbeschädigung schuldig sein; nach dem zweiten Theile derselben wäre es aber fraglich, ob er nicht vielmehr des Versuchs der Vermögenszerstörung schuldig sei.

---

[1] Außer ihm ist von sämmtlichen Verfassern von Systemen Bauer der Einzige, welcher über die Vollendung des Delicts eine Bemerkung enthält, S. 408 unten: „erst mit Hervorbringung irgend einer Beschädigung der Sache ist das Verbrechen vollendet.“

Dieser Häberlinsche Widerspruch an sich interessirt hier nicht weiter. Er wird angeführt, weil aus ihm die Möglichkeit einer andren Auffassung sofort klar wird: es kann die Controverse entstehen, ob, wenn die Vermögensbeschädigung nicht in dem ganzen Umfange, in dem sie beabsichtigt wurde, aber doch bereits zum Theil zur Ausführung gekommen ist, dennoch Vollendung, oder ob in diesem Falle nur Versuch des Delicts anzunehmen sei.[2]

Unsre Anschauungen des in Rede stehenden Delicts und unsre Gesetze kennen nun aber nicht zwei verschiedene Delicte, eine Vermögenszerstörung und eine Vermögensbeschädigung.[3] Sie kennen nur eine Vermögensbeschädigung, welche zur vollsten Erschöpfung und Vollendung begangen wird durch ein Schädigen des fremden Vermögens mittelst Zerstörens, Beschädigens, Verbringens ꝛc. von Sachen, bzw. mittelst Verbreitung nachtheiliger Gerüchte und dergl. Sobald das fremde Vermögen, wenn auch nur ganz unerheblich, geschädigt ist, ist das Delict vollendet, gleichviel ob das angewandte Mittel die ganze volle Wirkung, die beabsichtigt wurde, herbeigeführt hat, oder nicht. Wenn also die Sache, die zerstört werden sollte, nur stark beschädigt ist; die, die stark beschädigt werden sollte, nur schwach; wenn die, die dem Berechtigten durch Verstecken für immer entzogen werden sollte, dies, weil wiedergefunden, nur eine Zeit lang gewesen ist; wenn das verbreitete nachtheilige Gerücht, welches Denjenigen, über welchen es verbreitet wurde, ganz ruiniren sollte, ihn nur halb ruinirt hat, — so liegt doch immer schon

---

[2] Von besonders großer praktischer Wichtigkeit ist die Versuchsfrage, so selten sie auch in concreten Fällen entstehen mag, für das preußische, bairische und würtembergsche Recht, indem das preußische und neue bairische Strafgesetzbuch (s. im ersteren § 33, vgl. mit § 1 und 281—283, im letzteren Art. 48, vgl. mit Art. 1 und 342 ff.) die bloß versuchte Vermögensbeschädigung nicht strafen und nach dem Art. 11 des würtembergschen Gesetzes vom 13. August 1849, welches den den Versuch allgemein strafenden Art. 62 des Strafgesetzbuches von 1839 aufgehoben hat, der Versuch der Vermögensbeschädigung wenigstens in den geringeren nicht qualificirten Fällen ebenfalls straflos ist. Auch für das römische, das gemeine deutsche wie für das französische Recht würde die Versuchsfrage aus gleichem Grunde besonders wichtig sein. Die übrigen deutschen Particularstrafgesetzgebungen bestrafen allerdings sämmtlich auch die versuchte Vermögensbeschädigung, indessen so erheblich milder als die vollendete, daß auch ihnen gegenüber die Versuchsfrage, wenn sie in einem zu entscheidenden Falle wirklich auftritt, von großer praktischer Wichtigkeit ist.

[3] Den weiter unten besprochenen besondren Fall ausgenommen.

eine Schädigung des fremden Vermögens und folglich das vollendete Delict der Vermögensbeschädigung vor. Es ist das Delict der Vermögensbeschädigung auch dann vollendet und nicht bloß versucht, wenn nur ein Beschädigen Statt gefunden hat, obgleich noch mehr, obgleich ein Zerstören von Seiten des Thäters beabsichtigt wurde. Und es läßt sich die Frage nach der Vollendung demnach allerdings mit dem Satze beantworten: „vollendet ist das Delict durch eingetretene Schädigung," oder: „es ist vollendet, sobald ein Schaden eingetreten ist."[4]

Der durch bloßes Anhauen beschädigte Baum, der ganz umgehauen werden sollte; der Baum, von dem nur ein Theil seiner fruchtversprechenden Blüthen abgeschlagen worden ist, während sie ihm alle abgeschlagen werden sollten; der einzige Baum oder die geringe Anzahl von Bäumen oder das einzelne Fenster oder die geringe Anzahl von Fenstern, die umgehauen oder eingeworfen worden sind, während die ganze Baumschule niedergehauen, die sämmtlichen Fenster des Hauses eingeworfen werden sollten; die aus dem Strome, in den sie geworfen, wieder aufgefischte Sache, die durch das Wasser nur beschädigt ist, (sei es in innerer Güte, wie Colonialwaaren, sei es in äußerer Schöne, wie bemalte Gegenstände), die aber ganz zerstört oder dem Berechtigten für immer entzogen werden sollte; die niedergeschmetterte Vase, von der nur ein Henkel abgesprungen ist, obgleich sie völlig zertrümmert werden sollte; das ausgesprengte nachtheilige Gerücht, welches dem gehaßten Nachbarn nur einen Kunden entzogen hat, während es ihm alle entziehen sollte, — alle diese Fälle repräsentiren den Thatbestand der vollendeten Vermögensbeschädigung.

Es ist also für den Thatbestand und die Frage nach der Vollendung des Delicts irrelevant, wenn auch Absicht und Erfolg nicht im Einklang stehen und der letztere hinter der ersteren zurückbleibt, sobald nur irgend eine, wenn auch die unbedeutendste, Schädigung fremden Vermögens Statt gefunden hat. Für die Strafzumessung fällt natürlich einerseits die weitergehende böse Absicht des Thäters, andrerseits der geringere Betrag des angerichteten Schadens in's Gewicht. Wenn aber auch in Folge des letzteren Umstandes ein ganz anderer, milderer Gesetzesparagraph zur Anwendung kommen sollte, indem das betreffende Gesetz die

---

[4] Vgl. Stenglein, Comm. über das bairische Strfgbch., II, S. 519.

Bestrafung überhaupt oder das Maximum oder Minimum derselben oder die Bestrafung nach dem Criminal- oder Polizeistrafgesetzbuche von der Höhe des eingetretenen Schadens abhängig macht, — so liegt doch nichtsdestoweniger immer ein Fall vollendeter Vermögensbeschädigung vor. Es wird dann eben nur auch die vollendete Vermögensbeschädigung in diesem Falle von den Criminalgesetzen gar nicht oder geringer gestraft.

Daß in denjenigen Fällen, wo zwar die vom Thäter beabsichtigte Beschädigung in ihrem vollen Umfange, nicht aber der durch diese Beschädigung zu erreichende Zweck erreicht worden ist, eine vollendete Vermögensbeschädigung vorliegt, also z. B. dann, wenn z. B. der Glaser, um an den Reparaturen zu verdienen, zwar die sämmtlichen Fenster eingeworfen hat, die er einwerfen wollte, aber die Reparaturen nicht übertragen erhält, oder wenn der eine Concurrent dem andren zwar die gewerblichen Einrichtungen ganz vollständig zerstört hat, um ihm die Kundschaft abspenstig zu machen und sich selbst zuzuwenden, in der That aber die Kundschaft nicht bekommt oder auch sie Jenem nicht einmal abspenstig macht, — Das bedarf nicht erst der Erörterung.

Es richtet sich also die Frage nach der Vollendung lediglich danach, ob eine Beschädigung Statt gefunden hat, oder nicht. Nur dann, wenn es noch zu keinerlei Schädigung gekommen, aber doch ein Anfang der Ausführung gemacht ist, würde ein bloßer Versuch vorliegen, dann also z. B., wenn die in die Flamme geworfene Sache sofort ganz unversehrt wieder herausgezogen, die an den Baum gelegte Axt, ehe sie den leisesten Einschnitt gemacht hat, zurückgestoßen wird 2c. Die Frage, ob Vollendung oder nur Versuch anzunehmen sei, als eine quaestio facti je nach der Größe der angerichteten Beschädigung entscheiden zu wollen, ist nicht richtig. Nur Das ist die einzige in Betracht kommende quaestio facti, ob wirklich irgend eine (nicht, eine wie große) Schädigung fremden Vermögens Statt gefunden hat. Diese Frage wird aber nicht leicht entstehen, indem es sich meist sehr einfach und von selbst beantworten wird, ob ein Schaden angerichtet ist, oder nicht. In den seltenen Fällen aber, wo Dies doch in Frage kommen könnte, kann man nun allerdings von dem Inbetrachtkommen einer, aber immer nur dieser quaestio facti reden. Man bedenke z. B. einen Fall wie den folgenden.

A. ergreift den werthvollen Kupferstich des B., um ihn zu zerreißen. Er hat aber erst einen leisesten Anfang der Ausführung, erst einen einige

Linien langen Riß in den äußersten weißen Rand des Kupferstiches gemacht, als es dem B. gelingt, ihm denselben wieder zu entziehen. Hier wird man zunächst des minima non curat praetor gedenken und sagen, es liege keine vollbrachte irgend nennenswerthe Schädigung des B.schen Vermögens, mithin nur Versuch der Vermögensbeschädigung vor. Setzen wir nun aber, daß B. wegen Verkaufs seines Stiches mit einem Händler in Unterhandlung stand und daß dieser Händler jetzt dieses kleinen Risses wegen einen geringeren Preis offrirt, als er früher zu zahlen bereit war, so ergiebt sich, daß es in besondren Fällen allerdings zweifelhaft — und quaestio facti sein kann, ob eine vollendete Vermögensbeschädigung vorliegt, oder nicht. Dann ist ja aber die Frage trotz Häberlin dennoch nie die: ist eine vollendete oder deshalb, weil der Thäter nicht seine volle Absicht erreichte, nur eine versuchte Vermögensbeschädigung anzunehmen?, sondern die Frage ist nur: ist es factisch überhaupt zu irgend einer Schädigung gekommen, ganz gleichgültig, ob dieselbe gerade so groß oder etwas oder sehr viel geringer war, als der Thäter beabsichsichtigte?

Auch das Werfen einer Sache ins Wasser (etwa den tiefen und reißenden Strom) oder das Verstecken derselben kann hier wiederum als Beispiel dienen, insofern die Sache dem Eigenthümer dauernd entzogen werden sollte, aber weil wider Erwarten wieder aufgefischt oder wieder gefunden, nur vorübergehend entzogen wurde. Auch hier hängt die Entscheidung der Vollendungsfrage nicht von der Frage ab: wie lange war die Sache dem Berechtigten entzogen, d. h. war sie ihm gerade so lange entzogen, als der Thäter beabsichtigte? sondern von der: ist durch die Entziehung überall ein Schaden zugefügt, — hat sie so lange gedauert, daß der Berechtigte irgend wie geschädiget ist? Wenn also die Sache sofort und ganz unbeschädigt wieder aus dem Wasser gezogen oder wieder aufgefunden ist, so wird von einer vollendeten Vermögensbeschädigung, weil von einem überhaupt eingetretenen Schaden nicht leicht die Rede sein können. Wenn die Sache dagegen einige oder längere Zeit dem Berechtigten entzogen geblieben, — sie wurde nicht eher gerettet oder wiedergefunden, — und ihm daraus, auch ohne daß die Substanz der Sache irgend eine Beschädigung erlitten, Schaden erwachsen ist, so ist damit eine vollendete Vermögensbeschädigung vorhanden, — auch wenn der Fall nicht so entschieden liegt, daß z. B. Werthpapiere bei steigendem

Curse ihrem Inhaber, der sie jetzt verkaufen wollte, entzogen und erst nach gesunkenem Curse wieder aufgefunden oder wieder zurückgestellt werden. Denn auch ohne so prägnante Falleslage kann durch eine bloße Entziehung und Vorenthaltung von Sachen Schaden zugefügt werden.[5]

Es ist nun oben in der Note 3 aber eines besondren Falles gedacht, in welchem die deutsche Gesetzgebung ein besondres Delict der Vermögenszerstörung (nicht bloß der Vermögensbeschädigung) kenne. In dem preußischen Strafgesetzbuche (§ 283), und von allen zur Zeit geltenden Strafgesetzbüchern in diesem allein[6], findet sich nämlich die folgende Bestimmung: „wer vorsätzlich ein Gebäude, ein Schiff, eine Brücke, einen Damm, eine gebaute Straße, eine Eisenbahn oder ein sonstiges Bauwerk, welche fremdes Eigenthum sind, ganz oder theilweise zerstört, soll" strenger als der der einfachen Vermögensbeschädigung Schuldige bestraft werden; und im alten bairischen und alten oldenburgschen (Art. 385, bzw. 394) diese: „wer die zum Landbau oder zur Viehzucht gehörenden Thiere krank macht, tödtet oder sonst dem Eigenthümer zu Verlust bringt; wer Pflüge und andre Werkzeuge des Landbaues vernichtet oder unbrauchbar macht; wer die zur Sicherung des Landeigenthums dienenden Privatanstalten, die Einfriedung von Aeckern, Wäldern, Gärten durchbricht, niederreißt, oder sonst ganz oder zum Theil zu Grunde richtet," soll ebenfalls

---

[5] Vgl. den vorigen §

[6] Die Bestimmung stammt aus dem französischen Recht. Vgl. Art. 437 des Code pénal. Außerdem könnte aus der jetzt geltenden Strafgesetzgebung nur noch die No. 3 des Art. 386 des würtembergschen Strfgb. herangezogen werden, durch welche u. A. die Beschädigung von Obstbäumen zu einem gewissen Betrage zu den qualificirten Fällen der Vermögensbeschädigung gestellt wird. Nach den Motiven des würtemb. Strfgb. (vgl. Hufnagel, Comm, II, S. 686 ff) soll hierunter nur die Zerstörung eines Obstbaumes fallen, „die Beschädigung, in deren Folge derselbe zu Grunde geht" Hufnagel, (Strfgb, S. 409) tritt dem zwar entgegen und erklärt mit Recht, daß nach der einmal angenommenen Fassung des Gesetzes jede Beschädigung von Obstbäumen, sobald sie die bestimmte Schadensbetragshöhe erreiche, hierher gehöre. Indessen wenn man auch Jenes annimmt, so würde (vgl. weiter unten im Texte) die nicht zerstörende Beschädigung von Obstbäumen nach würtemb Strafrecht doch wiederum nicht Versuch der (qualificirten) Vermögenszerstörung, sondern (vollendete) einfache Vermögensbeschädigung sein. Das bemerken auch ausdrücklich die Motive selbst: „eine andre" (nämlich den Obstbaum nicht vernichtende) „Beschädigung fällt unter den Begriff der einfachen Beschädigung".

strenger als der Vollführer einer einfachen Vermögensbeschädigung bestraft werden.

Man kann nun das preußische Strafgesetzbuch nicht so auslegen, daß man sagt, der im angezogenen § gebrauchte Ausdruck „ganz oder theilweise zerstören" sei irrelevant und gebe zu besonderen Folgerungen keinen Anlaß, indem jede, auch die kleinste, Beschädigung eines Hauses u. s. w. ein theilweises, wenn auch noch so sehr theilweises Zerstören desselben sei und die Sache deshalb ganz ebenso liege, als wenn der preußische Gesetzgeber nicht „ganz oder theilweise zerstören", sondern „zerstören oder beschädigen" gesagt hätte. Denn eine solche Interpretation würde zu dem Resultate führen, daß z. B. das Einschlagen einer Fensterscheibe, das Abreißen einer Thürklinke und dergl. mit strengerer Strafe (Gef. nicht unter 2 Mon., § 283) zu ahnden wäre als jede andre, die einfache (Gef. mit unbeschränktem Minimum, § 281) wie die qualificirte (Gef. nicht unter 14 T., § 282) Vermögensbeschädigung. Es ist vielmehr unzweifelhaft[7], daß der preußische Gesetzgeber nur die schweren, die wirklich zerstörenden, die, wie wohl nicht unrichtig interpretirt wird[8], das Gebäude ꝛc. ganz oder theilweise zu seiner Bestimmung unbrauchbar machenden Beschädigungen mit besonders schwerer Strafe hat treffen wollen, wenn man bedenkt, daß das preußische Gesetzbuch in den vorhergehenden die einfache und die andren qualificirten Fälle der Vermögensbeschädigung behandelnden §§ sich gleichmäßig des Ausdrucks „beschädigen oder zerstören" bedient und dann in Bezug auf einige andre und sonst ohne Grund so viel strenger bedrohte Fälle das „beschädigen" fortläßt und nur von einem völligen oder theilweisen „zerstören" spricht. Ist es doch auch ohne Frage und nach der unbestrittenen Meinung der preußischen Praxis und Commentatoren[9] kein bloßer Zufall, daß in dem dann folgenden, noch schwerere Strafe dem Landfriedensbruche drohenden § (284) ebenfalls nicht von „beschädigen", sondern von „plündern, verwüsten

---

[7] Das sprechen auch Goltdammer, Mat., II, S. 630, N. 3 und Oppenhoff, N. 6 zu § 283 aus

[8] Oppenhoff an der eben angeführten Stelle. Vgl. damit auch Stenglein, Comm. über das Strfgb. f. d. Königr. Baiern, II, S. 518, 519; Weis, Strfgb. f. Baiern, S. 251.

[9] Vgl. Oppenhoff, S. 514, N. 8.

oder zerstören" die Rede ist.[10] Und nach dem feststehenden Sprachgebrauche ist zwar ein jedes Zerstören auch ein Beschädigen, nicht aber ein jedes Beschädigen zugleich ein Zerstören.

Nach den früheren Strafgesetzbüchern Baierns und Oldenburgs stellt sich die Sache womöglich noch zweifelloser. Wer einem Pferde den Schwanz abschneidet, macht es damit weder krank, noch tödtet er es, noch bringt er es dem Eigenthümer sonst zu Verlust, und doch beschädigt er es. Ebenso kann man Pflüge und andre Werkzeuge des Landbaues in sehr mannigfacher Weise beschädigen, ohne sie gerade zu vernichten oder unbrauchbar zu machen[11], ebenso die Einfriedungen von Gärten ꝛc., ohne daß man sie durchbricht, niederreißt oder zu Grunde richtet.

Auch in diesen beiden (zur Zeit nicht mehr geltenden) Strafgesetzbüchern findet sich also außer der Vermögensbeschädigung ein besonderes, in einer besondren Art der Vermögensbeschädigung im weitren Sinne bestehendes Delict, ein Delict der Vermögenszerstörung.

Diesen in der deutschen Strafgesetzgebung ganz vereinzelten Bestimmungen gegenüber erscheint nun jene Häberlinsche Annahme, daß eine wirklich erfolgte Beschädigung, ein wirklich zugefügter Schaden dennoch nicht das Delict der vollendeten Vermögensbeschädigung, sondern nur eine versuchte Zerstörung fremden Vermögens darstellen könne, eher berechtigt zu sein. Das Haus sollte nach der Absicht des Delinquenten dem Erdboden gleich gemacht, der Pflug gänzlich zertrümmert werden. Es ist aber in der That erst eben der Anfang der Ausführung gemacht, erst eine geringe Anzahl von Steinen aus dem Hause, von Nägeln aus dem Pfluge herausgenommen, als die That unterbrochen und die weitere Ausführung der verbrecherischen Absicht verhindert wird. Hier könnte man nun daran denken, Versuch des in § 283 des preußischen, im

[10] Das bloße „beschädigen" wurde von der Commission der 2. Kammer ausdrücklich verworfen, weil darunter in der Regel zu geringfügige, also der Strenge dieses § nicht zu unterstellende Handlungen fallen würden. Vgl. Goltdammer, Mat., II, S. 631, N. 2.

[11] Hier muß, um die besondre und strengere Bestimmung des alten bairischen und oldenburgischen Strafgesetzbuchs zur Anwendung zu bringen, ein dauerndes, nicht aber ein bloß momentanes und ohne Hinzunahme andren Materials reparirbares Unbrauchbarmachen vorliegen. Ein bloßes Auseinandernehmen des Pfluges oder Werkzeuges würde z. B. nicht unter die Bestimmung fallen.

Art. 385 des alten bairischen Strafgesetzbuchs vorgesehenen Delicts, also versuchte Vermögenszerstörung anstatt vollendeter Vermögensbeschädigung anzunehmen. Aber selbst hier besteht ein solcher Gedanke die Prüfung nicht. Denn von den in Rede stehenden Gesetzen straft das preußische den Versuch auch dieser besondren Fälle überall nicht. Da nun aber in dem Geschehenen, — welches weder als vollendete noch als versuchte Vermögenszerstörung gestraft werden kann, — ohne Frage eine geschehene (vollendete) Beschädigung liegt, so treten die gewöhnlichen Bestimmungen des Gesetzes über die Vermögensbeschädigung ein und erledigt die Frage sich schon hierdurch.

Vom alten bairischen und alten oldenburgschen Strafgesetzbuche wird allerdings auch der Versuch der Vermögensbeschädigung i. w. S. bestraft, und allein diesen nicht mehr in Kraft befindlichen Gesetzbüchern gegenüber und allein in den bestimmten von ihnen hervorgehobenen namhaft gemachten Fällen könnte die Zulässigkeit der Häberlinschen Meinung in ihrem zweiten Theile in Frage kommen, von welcher Zulässigkeit sonst, in Bezug auf sämmtliche zur Zeit geltenden deutschen Strafgesetzbücher von vornherein keine Rede sein kann. Aber auch in Bezug auf jene nicht mehr geltenden Strafgesetzgebungen kann man der Häberlinschen Meinung nicht beitreten. Sie erscheint vielmehr als unzutreffend sowohl[12] in den hier vorliegenden als auch in allen solchen Fällen, wo der Thäter eine beträchtlichere und deshalb in einer höheren Classe strafbare Schädigung zufügen wollte, in der That aber nur eine einfache und in der geringeren Classe strafbare zufügte. Es würde also, um z. B. eine Abstufung des thüringischen Strafgesetzbuches zum Grunde zu legen, der Thäter, wenn er einen 50 Thlr. übersteigenden Schaden zufügen wollte, aber nur einen solchen im Betrage von 40 Thlrn. wirklich zufügte, nicht wegen Versuchs einer 50 Thlr. übersteigenden Schädigung in der dritten, sondern wegen vollendeter, 40 Thlr. betragender Schädigung in der zweiten Classe zu strafen sein. Es ist auch hier, Das, was geschehen ist, für die Vollendungsfrage entscheidend. Denn es handelt sich hier nicht um zwei verschiedene Verbrechens-Gattungen (wie das bei der Frage, ob dann, wenn Jemand nach der Absicht

[12] S. Mittermaier im neuen Archiv des Criminalrechts, IV (1820), S. 10—12, Zachariae, Versuch, I, S 277, 278. Vgl. auch Berner im Gerichtssaal, XVIII, S. 302, 303.

des Thäters getödtet werden sollte, aber nur am Körper verletzt worden ist, versuchte Tödtung oder vollendete Körperverletzung anzunehmen sei, der Fall ist), sondern nur um verschiedene Grade ein und desselben Verbrechens, es sind von dem alten bairischen Strafgesetzbuche nicht zwei verschiedene Verbrechen, 1. Vermögensbeschädigung und 2. Viehtödtung 2c. (wie 1. Körperverletzung und 2. Tödtung) aufgestellt worden, sondern nur ein Verbrechen mit etwas verschiedenen Graden und Strafmaßen; und es ist sowohl in den namentlich angeführten Stellen des alten bairischen Gesetzbuches als auch von denjenigen Gesetzen, welche die Grade der Vermögensbeschädigung in ihrer Bestrafung nach der Höhe des angerichteten Schadens abstufen, aber diese Abstufung unzweifelhaft aus objectivem, nicht aus subjectivem Grunde geschehen.[13] Die Annahme der entgegengesetzten dennoch das subjective Moment in den Vordergrund stellenden Meinung würde zu der Consequenz führen, daß Derjenige, welcher eine einfache, in der niedrigsten Classe strafbare Vermögensbeschädigung nicht in dem ganzen Umfange ausgeführt hat, in welchem er sie beabsichtigte, wegen Versuchs eben dieser beabsichtigten Schädigung gestraft werden müßte.

Eine andre Frage ist die, ob die vollendete Vermögensbeschädigung als Versuch eines ganz andren Verbrechens, und nur als solcher, also nicht als vollendete Vermögensbeschädigung selbst erscheinen und gestraft werden könne. Auf diese Frage ist in Gemäßheit bekannter Grundsätze verneinend in allen den Fällen zu antworten, wo die Vermögensbeschädigung nicht schon als ein nothwendiger Bestandtheil in dem Begriffe des andren Verbrechens mit enthalten, bejahend, wo dies letztere der Fall ist.

Das Erstere ist die Regel: wer in ein fremdes Haus einbricht, um in demselben zu beleidigen, zu betrügen, zu nothzüchtigen, ist, auch wenn das letztere Delict nicht zur Ausführung kam, der vollendeten Vermögens-

[13] Es würei z. B. auch nicht wegen Versuchs eines großen, sondern lediglich wegen vollendeten kleinen Diebstahls gestraft werden können, wenn der Dieb eine den Betrag des ersteren ausmachende Summe stehlen wollte, in der That aber nur eine den Betrag des letzteren repräsentirende stahl. Vgl. Zachariae und Mittermaier an den eben angeführten Stellen. Mittermaier rechtfertigt seine Ansicht namentlich „durch den Ausspruch des Gesetzes, welches durch die Scheidung nach Größen deutlich den Richter belehrt, daß er nur objectiv an das Vorhandene sich halten soll, ohne weitläufige Untersuchungen über das, was in der Absicht lag, anzustellen.“ Berner, a. a. O.

beschädigung schuldig[14]; — vorausgesetzt, daß das gewählte Beispiel des gewaltsamen Einbruches in ein fremdes Haus von dem zur Anwendung kommenden Strafgesetzbuche überhaupt als Vermögensbeschädigung und nicht als ein bestimmtes andres, besonders benanntes, die subsidiäre Vermögensbeschädigung ausschließendes Delict betrachtet wird.

Die bejahende Antwort muß dagegen in dem praktisch häufigsten und deshalb wichtigsten Falle ertheilt werden, in dem Falle des Diebstahls mit Einbruch. Wer in die fremde Behausung eingebrochen, zur Vollführung des Diebstahls selbst aber nicht gelangt ist, ist nur des versuchten Einbruchs-Diebstahls, nicht auch der vollendeten Vermögensbeschädigung schuldig. Andrer Meinung über diesen Punkt ist allerdings Oppenhoff[15], welcher in diesem Falle Concurrenz vollendeter Vermögensbeschädigung und versuchten Diebstahls annimmt. Welcher Meinung der Vorzug zu geben sei, muß sich aus der richtigen Anwendung des eben aufgestellten allgemeinen Grundsatzes, also aus der Beantwortung der Frage ergeben: ist die bei dem Einbruch Statt habende, sich nicht auf die zu entwendende Sache selbst beziehende Vermögensbeschädigung ein nothwendiger Bestandtheil des Verbrechens des Einbruchs-Diebstahls, oder nicht?

Die entgegenstehende Meinung stützt sich auf eine Verneinung dieser Frage, — während eine Bejahung derselben das Richtigere zu sein scheint.

Wenn unsrem Strafrecht nur ein Delict des Diebstahls schlechthin bekannt wäre, so würde die Frage allerdings verneint werden müssen, indem ein beschädigender Angriff auf eine andre als die zu entwendende

---

[14] Vgl Thilo, Strfgeb. f. d. Großherzogthum Baden, S. 447. Ob außerdem noch der versuchten Beleidigung rc., ist hier nicht zu untersuchen Vgl. darüber Zachariae, Versuch, § 141. Henke, Handb, II, S. 140 läßt zwar die im Text gemachte Unterscheidung nicht zu, sondern erklärt ganz allgemein: „wenn die Beschädigung oder Vernichtung fremden Eigenthums in der Absicht geschehen ist, ein anderes schwereres Verbrechen hervorzubringen, so ist sie als Versuch zu diesem Verbrechen zu betrachten." Indessen dieser, auch von Henke selbst nicht begründete, nicht unterscheidende, allgemeine Ausspruch muß als gegen bestimmte Principien des Strafrechts verstoßend verworfen werden.

[15] Commentar, S. 509, Nr. 2, S. 512, Nr. 16. Dagegen vgl. vorläufig Goltdammers Archiv, I, S. 54, VIII, S. 558 unten. Auch sächsische Ger.-Zeit., II, S. 257. Mit Oppenhoff stimmt dagegen überein Stenglein, Comm. über das bairische Strafgesetzbuch, S. 518, N. 6.

Sache selbst so wenig nothwendiges Requisit des einfachen Diebstahls wie der Beleidigung oder Nothzucht ist. Indem aber unser Strafrecht einen besondren Delicts-Begriff „Diebstahl mit Einbruch" ausgebildet hat, hat es eben damit ein Delict aufgestellt, dessen eigentliches und es von andren unterscheidendes Characteristikon in einer gleichzeitigen, sich nicht auf die entwendete Sache selbst beziehenden Vermögensbeschädigung besteht. Diese Vermögensbeschädigung ist deshalb ein nothwendiger Bestandtheil des Delicts des Einbruchs-Diebstahls. Allerdings kann nicht behauptet werden, daß der Einbruchs-Diebstahl zu einem besondren Begriffe und zu einem besonders schwer strafbaren Verbrechen nur aus objectiven Gründen, also deshalb gestaltet sei, weil der Gesetzgeber nur die aus dem Einbruch folgende fernere Beschädigung des Angegriffenen im Auge gehabt habe. Es muß im Gegentheil anerkannt werden, daß der durch den Einbruch constatirte energischere und gefährlichere Dolus, daß also subjective Gründe vorwiegend maßgebend gewesen sind. Es ist dann aber doch immer, wenn auch aus subjectiven Gründen, ein Delicts-Begriff ausgebildet worden, in welchem die eigennutzlose Schädigung fremden Vermögens mit enthalten ist. Es ist ein Verbrechen mit besonders schweren Strafen bedroht, dessen Vollendung ohne die nothwendige Voraussetzung und das einzig mögliche Mittel eines ferneren objectiven Schadens gar nicht gedacht werden kann.

Es steckt deshalb volle Berücksichtigung — und Bestrafung der Vermögensbeschädigung mit in den dem Diebstahl mit Einbruch und dem Versuche desselben gedrohten Strafen, ebenso wie bei versuchter Nothzucht oder Tödtung die geschehene den Versuch darstellende vis oder Körperverletzung völlig durch die dem Versuch der Nothzucht oder der Tödtung gedrohten Strafen gedeckt wird. Wenn der juristische Begriff des concursus ad delictum cessirt oder vielmehr gar nicht auftritt, wo er necessarius ist, so auch der concursus delictorum. Necessaria ist aber beim Einbruchs-Diebstahl die Concurrenz auch der nicht auf die entwendete Sache sich beziehenden Vermögensbeschädigung.

Man kann Dem auch nicht entgegenhalten wollen, daß die hier aufgeworfene Frage beim Diebstahl mit Einbruch anders liege als bei den übrigen Delicten, z. B. der Nothzucht, indem diese nie anders als mittelst Anwendung von vis begangen werden könne, während zum Begriff des Diebstahls der Einbruch, also die fernere Vermögensbeschädigung nicht unbedingt nöthig sei: der Dieb habe auch ohne Einbruch stehlen können. Dies würde in Bezug auf den Diebstahl schlechthin selbstverständlich richtig sein, nicht aber in Bezug auf den Diebstahl mit Einbruch. Denn der letztere verhält sich zum ersteren gerade so wie das mittelst Anwendung von Gewalt verübte Fleischesverbrechen, also die Nothzucht, zu den übrigen ohne bewußte und freie Einwilligung des andren Theiles bewerkstelligten geschlechtlichen Vereinigungen und ist eben deshalb ein besonderer und ganz fest abgeschlossener, die Vermögensbeschädigung als nothwendiges Requisit mit umfassender Delicts-Begriff wie die Nothzucht ein eben solcher, die vis begrifflich in sich schließender. Man würde, wenn jener Einwand richtig wäre, mit ihm auch beweisen können, daß bei vollendeter Nothzucht vis und Nothzucht, bei versuchter vollendete vis und versuchte Nothzucht mit einander concurrirten, indem man dann mit demselben Rechte sagen könnte, der Thäter habe seine verbrecherische Absicht auch ohne Anwendung von Gewalt (ebenso wie der Dieb die seinige ohne Einbruch), er habe sie mittelst eines stuprum nec violentum nec voluntarium, mittelst vorgespiegelter Ehe ꝛc. erreichen können. Es kann deshalb, weil das Einbrechen und damit das Beschädigen fremder Sachen ein ebenso nothwendiges Requisit des einheitlichen Begriffes[16] „Diebstahl mit Einbruch" ist wie die vis nothwendiges Requisit der Nothzucht, die Körperverletzung der Tödtung, neben dem versuchten Einbruchsdiebstahle auch noch vollendete Vermögensbeschädigung ebensowenig angenommen werden wie neben der versuchten Nothzucht vollendete vis, neben der versuchten Tödtung vollendete Körperverletzung. Die Vermögensbeschädigung kann demnach, wenn auch vollendet, lediglich als Versuch eines andren Verbrechens, erscheinen.

Endlich wird die hier vertheidigte Ansicht auch noch durch den subsidiären Character der Vermögensbeschädigung unterstützt: hier, wo es sich um eine ganz bestimmt ausgeprägte und seit Langem bestehende Art des Diebstahls handelt, muß die Heranziehung des Aushülfs-Verbrechens der Vermögensbeschädigung von vornherein bedenklich erscheinen, die Heranziehung dieses, gleichsam nur ausnahmsweis, die Vermögensbeschädigung nur um der Schädigung selbst willen darstellenden Delicts.

Man kann sich deshalb der von Oppenhoff vertheidigten Ansicht

[16] Vgl. Goltdammers Archiv, VI, S 846.

nicht anschließen[17], sondern muß vielmehr sagen, daß diese im Falle des Diebstahls mit Einbruch sowohl wegen Diebstahls mit Einbruch als auch wegen Vermögensbeschädigung, bzw. wegen versuchten Diebstahls mit Einbruch und vollendeter Vermögensbeschädigung strafende Ansicht zwiefach straft; was praktisch um so härter ist, als die dem Einbruchs-Diebstahle gedrohten Strafen schon an sich sehr streng zu sein pflegen und als es sich außerdem bei eben diesem Delicte um das Beschädigen von Gebäuden, also ebenfalls um besonders strafbare Fälle der Vermögensbeschädigung handelt.[18]

Die aus der einen oder andren Ansicht, zu welcher man sich entschließt, für besondere Fälle und Fragen folgenden Consequenzen ergeben sich von selbst, wie namentlich für den Fall, wo der Dieb nach begangenem Einbruch von der Vollendung des versuchten Einbruchsdiebstahls freiwillig absteht.[19]

Wenn bisher immer nur vom Diebstahl mit Einbruch, nicht vom Diebstahl überhaupt die Rede gewesen ist, so hat damit die Thatsache nicht verkannt werden sollen, daß in einem jeden Diebstahle (nicht bloß dann, wenn die zu stehlende Sache erst beschädigt wird) die Requisite des Thatbestandes der Vermögensbeschädigung enthalten sind. Trotzdem kann die ganze bisher besprochene Frage in solchen Fällen des einfachen

---

[17] Vgl übrigens noch das unten über die Beurtheilung des Dolus bei der Vermögensbeschädigung Gesagte Hier sei schon aufmerksam gemacht auf Rottmann, bairisches Strafrecht, S. 142 („Eigenthumsbeschädigung durch Einbruch ist zum Zweck des Diebstahls nicht nach Art. 383, 384", also den die Vermögensbeschädigung behandelnden Art. des alten bairischen Strfgb., „zu beurtheilen" und die dort angeführten Blätter für Rechtsanwendung, IV, S. 164.

[18] Diese aus der entgegenstehenden Ansicht folgende Härte würde nach preußischem Strafrecht allerdings in praxi deshalb sehr gemildert werden, weil das preußische Strafgesetzbuch (vgl. Art. 55) bekanntlich in Concurrenzfällen von den in Betracht kommenden mehreren Strafgesetzen nur dasjenige zur Anwendung bringt, welches die schwerste Strafe droht. Das darf aber gleichwohl nicht zur Aufstellung eines unrichtigen Princips führen.

[19] Vgl. die Entscheidung bei Goltdammer, Arch., I, S. 54, wo in diesem Falle strafbare Vermögensbeschädigung nicht angenommen wird. Dieses ist richtig. Es bleibt aber die Frage, ob nicht bereits so viel und Solches geschehen war, was überall nicht mehr zurückgenommen werden konnte, und ob deshalb nicht trotz des nachträglich erfolgten freiwilligen Rücktritts strafbarer Versuch des Einbruchs-Diebstahls angenommen werden muß.

Diebstahls gar nicht auftauchen: sie wird dadurch von vornherein ausgeschlossen, daß des Thäters eigennützige Absicht direct auf die beschädigte Sache ging.[20] Es ist für die Zulassung der subsidiären Vermögensbeschädigung ein Requisit zu viel vorhanden. Und wäre Dem nicht so, so würde doch die einfache Anwendung des oben aufgestellten Grundsatzes, nach welchem von einer Concurrenz der Vermögensbeschädigung keine Rede sein kann, wenn sie schon als ein nothwendiger Bestandtheil in dem andren Verbrechen enthalten ist, hier gar nicht zweifelhaft sein und dadurch allen Schwierigkeiten vorgebeugt werden. Demnach ist auch Derjenige, welcher, um die fremden Bäume zu stehlen, diese zunächst abhaut, dann aber an der weiteren Ausführung seiner diebischen Absicht gehindert wird, nur des Diebstahls-Versuchs schuldig[21]; und auch der Umstand, daß eine Beschädigung dieser Bäume etwa zu den qualificirten Vermögensbeschädigungen gehören sollte, (es handelt sich z. B. um zu einer öffentlichen Anlage gehörige Bäume), würde an der Entscheidung Nichts ändern können.[22]

Es sei hier schließlich in Wiederanknüpfung des an die Spitze dieses Paragraphen gestellten Satzes, daß mit jedem wirklich eingetretenen Schaden die Vermögensbeschädigung vollendet sei, gestattet, noch einen besondren Fall zu besprechen, welcher zwar nicht unter den reinen und unvermischten Begriff der Vermögensbeschädigung fällt, sondern unter den wohl besonders aufgestellten der Urkundenvernichtung, welcher aber seiner Zeit die hier besprochene Vollendungsfrage besonders lebhaft anregte und hier um so eher mit berührt werden darf, als die Frage, wann eine Schadenszufügung wirklich eingetreten und deshalb Vollendung des Delicts anzunehmen sei, dieselbe bleibt, sowohl wenn es sich um Urkunden, als wenn es sich um irgend welche andre Sachen handelt. Es ist bei beiden im Zweifel, (falls ein solcher überhaupt auftaucht), die quaestio facti zu entscheiden, ob wirklich irgend welcher Schaden eingetreten ist oder nicht[23], und, sobald das Erstere der Fall, Vollendung anzunehmen.

---

[20] Vgl. oben § 6.

[21] So auch entschieden vom preußischen Obertribunal. Vgl. Goltdammers Archiv, VII, S. 232, 233, VIII, S. 558, 559.

[22] S. vorige Note.

[23] S. oben im Text.

In dem bekannten Cölner Cassettendiebstahl war der Angeklagte Oppenheim nebenbei auch der Zerstörung von Schriftstücken beschuldigt. Derselbe hatte nämlich eine Anzahl ihm gehöriger (eine Dame compromittirender) Briefe und Briefconcepte, welche ihm von Seiten des Gerichts, um als Urkunden in der gegen ihn geführten Untersuchung zu dienen, abgenommen waren, bei Gelegenheit eines Verhörs plötzlich ergriffen und zerrissen, offenbar in der Absicht, um sie ganz zu vernichten. Er war aber so schleunig in der Ausführung seines Vorhabens unterbrochen worden, daß es ihm nur gelungen war, die Briefschaften einige wenige Male zu durchreißen. Die Stücke konnten deshalb ganz bequem und mühelos wieder an einander gelegt und ebensogut wie im frühern unzerrissenen Zustande für die Untersuchung gebraucht werden. Die Geschworenen sprachen den Angeklagten von der Zerstörung dieser Urkunden frei, und ihr Verdict ist, wenn auch vielfach angegriffen, durchaus richtig. Denn es liegt hier ein Fall vor, wo durch die Handlung des Angeklagten keinerlei Schaden, keinerlei Schädigung zugefügt ist; — ihm selbst, dem Eigenthümer der durchgerissenen Scripturen, nicht, denn er selbst war der Handelnde. Aber auch dem Richter und Gerichte nicht. Denn der Werth und das Interesse, welches jene Scripturen für den Richter hatten, bestand einzig nur allein in ihrer Brauchbarkeit für die laufende Untersuchung, einzig darin, sie lesen zu können. Darum drehte sich ja auch allein der Kampf zwischen dem besitzenden Richter und dem widerrechtlich eingreifenden Angeklagten: Oppenheim wollte nur das beliebige Benutzen und Lesen der Briefschaften unmöglich machen. Jener einzige Werth und jenes einzige Interesse, welches die Papiere für den Richter hatten, und diese Benutzung und Lesbarkeit sind nun aber durch Oppenheim's Handlung durchaus nicht zerstört worden. In Bezug auf den einzigen Werth, den diese Schriftstücke überhaupt hatten, in Bezug also auf die einzige Seite und Eigenschaft, in der sie überhaupt *verletzbar* waren, sind sie *nicht* verletzt. Das Gericht konnte eben so vollständig und eben so mühelos die Papiere zu seinen Zwecken benutzen als vor Oppenheim's Eingriff.[24] Der Fall lag deshalb in Wahrheit nicht anders, als wenn

[24] Es liegt deshalb nicht nur keine Vernichtung, welche das hier zur Anwendung kommende Gesetz allein fordert, sondern auch nicht einmal eine Beschädigung vor. S. die ganz richtige Ausführung der Vertheidigung im angezogenen Processe in „der Cölner

Oppenheim z. B. die Papiere in's Feuer geworfen, man sie aber nach leichter, den Inhalt durchaus nicht beeinträchtigender Versengung wieder hervorgezogen oder wenn Oppenheim die äußeren, ganz unbeschriebenen Ecken abgerissen hätte. Denn in diesen fingirten Fällen wäre der eigentliche, einzig in Betracht kommende Werth der Scripturen nicht weniger geschädigt worden als in jenem wirklich vorgekommenen.

Anders würde die Entscheidung allerdings ausfallen müssen, wenn irgend ein Andrer als gerade der Eigenthümer selbst Subject der Handlung gewesen wäre. Denn dann würde auch der der Integrität der Sache schuldige Schutz in Frage kommen und Das, daß für den Eigenthümer die zerrissene Sache noch anderweitigen Werth haben, er also auch durch dieses vorliegende oberflächliche Zerreißen geschädigt sein konnte.

Anders würde die Entscheidung ausfallen müssen, wenn in dem Werthe, den die zerrissenen Papiere für den Angegriffenen (das Gericht) allein hatten, durch die Handlung des Angreifenden eine Minderung, eine Schädigung herbeigeführt, wenn also die Papiere so weit, so sehr (in so kleine Stücke ꝛc.) zerrissen wären, daß das Gericht sie nicht mehr hätte im Zusammenhange lesen, sie nicht mehr für die Untersuchung hätte brauchen können; anders auch, wenn es sich um eine Urkunde gehandelt hätte, die irgend einen andren Werth repräsentirte und die deshalb auch schon durch dieses Zerreißen verletzbar und verletzt war, z. B. um einen Wechsel, einen Schuldschein und dergl.[25]

Anders würde endlich zu entscheiden sein, wenn das zum Lesen und Benutzen der Urkunden nöthige Zusammenlegen der einzelnen Stücke ein Mühe und Kosten verursachendes gewesen wäre, indem dann allerdings wie beim Auseinandernehmen von complicirten Maschinen ꝛc. ein eingetretener Schaden und damit eine vollendete Schädigung fremden Vermögens angenommen werden müßte.[26]

Alle diese Voraussetzungen treten aber nicht ein. Es ist im vorliegenden Falle gar kein Schaden eingetreten und keinerlei fremdes Vermö-

Cassettendiebstahl" von Traugott Rechtlieb, Berlin, 1847, W. Adolf & Comp., S. 37 unten und 43. Vgl. auch John, Kritiken strafrichterlicher Entscheidungen des preußischen Obertribunals, 1866, S. 139.

[25] Vgl. Osenbrüggen, Casuistik, S. 286.

[26] Vgl. den vorigen §.

gen, weder direct noch indirect, weder im engeren noch im weitesten Sinne geschädigt werden. Es würde sich deshalb in eben diesem Falle nur um einen Versuch handeln können und die Entscheidung der Frage, ob der Angeklagte Oppenheim wegen der von ihm vorgenommenen Handlung mit Strafe zu belegen sei, lediglich davon abhängen, ob von dem zur Anwendung kommenden Strafgesetze auch der bloße Versuch einer solchen Urkundenbeschädigung gestraft wird, oder nicht.

§ 11. Dolus und Culpa.

I. Die bloß fahrlässige Vermögensbeschädigung.

Bei der Untersuchung des der Vermögensbeschädigung zum Grunde liegenden verbrecherischen Willens wird nicht unpassend die Frage vorangestellt, ob auch bloße Fahrlässigkeit für die Bestrafung dieses Delicts genüge, indem diese, doch als eine fundamentale zu bezeichnende Frage nach der bisherigen Darstellung und herrschenden Meinung vielfach zwar mit großer Bestimmtheit, als ob die Frage gar nicht zweifelhaft sei, — aber geradezu unrichtig und im Widerspruch selbst mit unsrem positiven Recht beantwortet wird.

Soweit nämlich von der neueren Doctrin die Frage überhaupt berührt wird, wird sie fast allgemein kurzab dahin beantwortet, daß das Delict der Vermögensbeschädigung Dolus voraussetze, daß also die fahrlässige Vermögensbeschädigung nicht strafbar sei.[1] Diese Antwort ist aber in Anbetracht der Bestimmungen unsres positiven Strafrechts eine

---

[1] Es wird Das meist von vornherein durch Bezeichnung des Delicts als „Beschädigung aus Bosheit oder Muthwillen" oder sonst implicite ausgesprochen. Einige Schriftsteller (so Tittmann im Handbuch, III, S. 441, Henke im Lehrbuch, S. 201, Bauer, Lehrb., S. 408, 409, — dann auch Berner, Lehrb., S. 302 und Häberlin, IV, S. 321) sagen es ausdrücklich Zweifelhaft drückt Abegg sich aus. Er sagt in seinem Lehrbuche, S. 500: „nur darüber scheint man übereinzustimmen, daß stets nur vorsätzliche, nicht bloß fahrlässige Sachbeschädigungen strafbar seien"; in seinem System, § 534: „Voraussetzung ist culpa im weitesten Sinne, worunter auch, und zwar nach unsren Ansichten, sofern die Rede von crimineller Ahndung ist, vorzugsweis dolus gehört." Mit Bestimmtheit vertritt die entgegengesetzte richtige Meinung von den Neueren einzig und allein Köstlin, a. a. O., von den Aelteren stimmen ihr die in Note 4 genannten zu.

geradezu irrthümliche. Sie ist eine irrthümliche nicht nur dem ältesten, wenigstens ausnahmsweis auch bloß fahrlässige Vermögensbeschädigungen strafenden deutschen Rechte[2] gegenüber; sie läßt sich nicht nur nach späterem gemeinen deutschen Recht wenigstens nicht beweisen[3] und steht im Widerspruch mit der Lehre älterer gemeinrechtlicher Criminalisten[4]; sondern sie verstößt namentlich auch gegen ausdrückliche gesetzliche Bestimmungen des gegenwärtigen deutschen Strafrechts.

In mehr als einem der gegenwärtig geltenden deutschen Strafgesetzbücher wird auch die fahrlässige Vermögensbeschädigung mit Strafe belegt[5]; theils eventuell oder ausnahmsweis in einzelnen Fällen, — theils in einer größeren Anzahl, in ganzen Classen von Fällen, — theils auch principiell und ganz allgemein in allen Fällen.

Diese Strafgesetzbücher sind die folgenden, (abgesehen von einer früher, Art. 60, im würtemberg'schen Strafgesetzbuche, — nach dessen

---

[2] S. Köstlin, Abhandl., S. 169. Daß es nach der Lex Aquilia keinen Unterschied machte, ob die Schädigung eine dolose oder eine culpose war, ist oben (S 2) gesagt worden. Nur das römische Recht hat wohl der sich ebenfalls für die Strafbarkeit der culposen Vermögensbeschädigung aussprechende Roßhirt (Lehrb., S. 425) im Auge.

[3] S. oben, S. 16.

[4] Schon Kemmerich, L. II, T. VI, no. 3 und Müller, § 43 (vgl. oben §. 5) sprechen es ausdrücklich aus, daß auch durch bloß fahrlässige Schädigung das Delict dargestellt werde. Sodann Salchow, Lehrb., § 381 unten („verschuldeter Weise") und Reibnitz, a. a. O., § 512: „Beschädigung als strafbare Handlung betrachtet ist jede vorsätzliche oder schuldbare Verletzung" ꝛc. Andre beschränken wenigstens die Strafbarkeit nicht ausdrücklich auf die dolosen Schädigungen.

[5] Es ist geradezu unbegreiflich, daß diese Thatsache von solchen Schriftstellern, welche nach der Entstehung der neuen und neuesten Strafgesetzbücher, und mit ausdrücklicher Bezugnahme auf diese, geschrieben haben, so allgemein hat ignorirt werden können, — nicht nur von Häberlin, Grundsätze des Criminalrechts, IV, S. 321 und dem Aufsatze im Jagemann-Brauer'schen Criminallexikon, S. 555, sondern z. B. auch von Berner, Lehrb., S. 303, — als ob sie gar nicht vorhanden wäre und die neuen deutschen Strafgesetzbücher eine Bestrafung der culposen Vermögensbeschädigung gar nicht kennten. Außer den in den vorigen Noten Genannten bemerkt nur Temme in seinem Lehrbuche des schweizerischen Strafrechts (1855), S. 642, daß „neuere Strafgesetzbücher" auch das Verbrechen der fahrlässigen Vermögensbeschädigung ganz allgemein strafen, während er in seinem Lehrbuche des preußischen Strafrechts (1853), S. 1041 nur einige schweizerische Gesetzbücher als auch die fahrlässige Vermögensbeschädigung strafend nennt.

Wortlaut es übrigens zweifelhaft sein könnte, ob der Dolus überhaupt ein nothwendiges Erforderniß des Delicts sei[6], — sich findenden Bestimmung, nach welcher die fahrlässige Vermögensbeschädigung eventuell, nämlich unter der Voraussetzung zu strafen war, daß der Thäter von Haus aus dolos handelte, zugleich aber culpos weiteren, nicht beabsichtigten Schaden anrichtete). Hier kam der letztere wenigstens als Strafzumessungsgrund in Betracht.[7]

Das östreichische Strafgesetzbuch straft nach dem zweiten Absatze des § 318 die fahrlässige Vermögensbeschädigung ausnahmsweise in einzelnen Fällen, nämlich wenn es sich um Beschädigungen der Staatstelegraphen, der Eisenbahnen und der dazu gehörigen Anlagen, Beförderungsmittel, Maschinen oder andrer zum Betriebe derselben dienender Gegenstände, oder um Beschädigungen an Dampfschiffen, Dampfkesseln, Wasserwerken, Brücken, Vorrichtungen in Bergwerken oder überhaupt um Beschädigungen in besonders gefährlichen Verhältnissen handelt[8], — mit Arrest von einem bis zu drei Monaten; ein östreichisches Hofkzd. vom 13. Jan. 1837 die Beschädigungen der an öffentlichen Wegen jeder Art gepflanzten Bäume oder Alleen mit Geldbuße, ev. Arrest.

Das neue bairische Strafgesetzbuch theilt sein 22. Hauptstück, welches von der „Eigenthumsbeschädigung" schlechthin handelt, sofort in zwei besondre Abschnitte, von denen der eine (Art. 342 u. 343) die „vorsätzliche Eigenthumsbeschädigung", der andre (Art. 344) die „fahrlässige Eigenthumsbeschädigung" behandelt. In diesem letzteren der culposen Vermögensbeschädigung besonders gewidmeten Artikel werden mit Strafe, (und zwar mit Geldbuße bis zu 25 fl., also — vgl. Art. 27 — eventuell Gefängniß bis zu 8 Tagen) bedroht ohne Ausnahme alle fahrlässigen Beschädigungen an öffentlichen Straßen, Wegen, Straßengräben, Brücken,

---

[6] Vgl. weiter unten in diesem § unter II.

[7] Vgl. darüber Hufnagel, Commentar, II, S. 680 und würtemb. Strfgb, S. 407. Also „wenn z. B Jemand einem Pferde den Schwanz um Etwas abnehmen will und dieses Pferd durch culpa umkommt, oder wenn nur die Beschädigung größer wird", so wird bei der Bestrafung der ganze, also auch culpos herbeigeführte Schaden, wenn letzterer auch nur als Strafzumessungsgrund berücksichtigt. Uebrigens vgl. hiermit das im vorigen §. S. 95, 96 Ausgeführte. S. auch Art. 390 des würtembergschen Strafgesetzbuchs.

[8] Vgl. Herbst, Handbuch des allgemeinen östreichischen Strafrechts, II, S. 81.

Stegen, Gegenständen der Verehrung einer der im Staate anerkannten Religionsgesellschaften, Grabmälern, öffentlichen Denkmälern oder Kunstwerken, welche sich an öffentlichen Plätzen oder in öffentlichen Sammlungen befinden, Baum- oder Zierpflanzen in öffentlichen Anlagen, Gasleitungsvorrichtungen, Feuerlöschgeräthschaften, Blitzableitern oder zur Landesvermessung dienenden Abzeichen oder öffentlichen Wasserleitungen, — mit andren Worten die Beschädigungen an sämmtlichen ihrer selbst und ihrer Beschaffenheit wegen qualificirten und außerdem noch an einigen andren Gegenständen.

Das braunschweigsche Strafgesetzbuch endlich bedroht im § 212 die fahrlässige Vermögensbeschädigung schlechthin und ausnahmslos in allen Fällen, eine gewisse Höhe des Schadensbetrages (30 Thlr.) vorausgesetzt, und zwar mit Gefängniß bis zu 6 Monaten; während bei einem 500 Thlr. übersteigenden Schadensbetrage oder wenn Personen in Gefahr gebracht sind, sogar eine Gefängnißstrafe von 6 Monaten bis zu einem Jahre, und wenn in der Handlung zugleich die Uebertretung eines andren Strafgesetzes liegt und durch sie Personen in Lebensgefahr gebracht sind, Gefängnißstrafe nicht unter einem Jahre auf die fahrlässige Vermögensbeschädigung gesetzt ist. Die geringeren, d. h. einen Schadensbetrag von weniger als 30 Thlr. herbeiführenden fahrlässigen Vermögensbeschädigungen sollen polizeilich mit Geld oder Gefängniß bestraft werden. Das ist aber nach dem braunschweigschen Strafgesetzbuche (§ 211) auch bei den geringeren dolosen Vermögensbeschädigungen der Fall, so daß sich vom braunschweigschen Strafgesetzbuche ohne alles Bedenken sagen läßt, es bestrafe die fahrlässige Vermögensbeschädigung schlechthin und ausnahmslos.

Auch in manchen neueren Polizeistrafgesetzbüchern und Specialgesetzen finden sich Strafdrohungen gegen die fahrlässige Vermögensbeschädigung.[9] Und endlich sind es verschiedene Gesetzbücher der

[9] So z. B. in dem hannoverschen Polizeistrafgesetzbuch von 1847, § 232, (wo ausdrücklich bestimmt wird, daß die auf die Beschädigung durch Viehhütung gesetzte Strafe „auch dann Statt findet, wenn der Schaden durch Fahrlässigkeit herbeigeführt worden"), und in so gut wie allen der vielen neueren Gesetze über die Beschädigung von Eisenbahnen und Telegraphen, z. B. in dem oldenburgschen vom 29. Juni 1853, §§ 2 und 3; in dem würtembergschen vom 2. October 1845, Art. 4; in dem hannoverschen (den Betrieb der Telegraphen schützenden) vom 24. December 1849,

Schweiz[10], aus denen hervorgeht, daß die Idee von der Strafbarkeit auch der bloß fahrlässigen Vermögensbeschädigung durchaus keine neue und ungewöhnliche, sondern vielmehr eine der Legislation längst geläufige ist.

Hiernach ergiebt sich die Unhaltbarkeit jener Lehre, die deutsche Strafgesetzgebung strafe nur die dolose Vermögensbeschädigung, von selbst. Die Aufstellung eines Dies behauptenden gemeinsamen Grundsatzes würde einfach unrichtig sein. Es zerfallen die deutschen Strafgesetzbücher in dieser Beziehung vielmehr, — wenn die die fahrlässige Vermögensbeschädigung strafenden auch die Minderzahl bilden, — in zwei verschiedene Classen, von denen die eine, welche im Gegensatz zu der andern auch die fahrlässige Vermögensbeschädigung als strafbares Delict anerkennt, wieder in mehrere Unterabtheilungen getheilt werden könnte, je nachdem die Bestrafung der fahrlässigen Vermögensbeschädigung mehr die allgemeine Regel oder vereinzelte Ausnahme bildet.[11]

Die Frage, welche hier übrig bleibt, ist die, ob diese auch die fahrlässige Vermögensbeschädigung strafenden Bestimmungen unsres positiven Rechts nicht von ungerechter Härte dictirt und de lege ferenda nicht

---

§§ 1 und 4; in dem hessen-darmstädtischen vom 15. Mai 1852, Art. 5 und 9; in dem badischen vom 20. April 1854, § 569 e; in dem anhalt-dessauschen vom 27. September 1849, § 3 und denen der übrigen das thüringische Strafgesetzbuch habenden Länder; in dem sächsischen vom 11. August 1855, Art. 7; für das braunschweigsche (vgl. oben im Text) versteht sich eine solche Bestimmung vollends von selbst, s. §§ 2 und 3 des braunschweigschen Gesetzes vom 23. October 1849. Vgl. auch das neue bairische Strafgesetzbuch, Art. 359. Alle diese Gesetze haben allerdings die durch die Beschädigung von Eisenbahnen und Telegraphen herbeigeführte Gefahr für Menschenleben wie überhaupt die solchen Handlungen innewohnende Gemeingefährlichkeit in's Auge gefaßt und danach ihre Bestimmungen getroffen. Es ist Das aber durchaus nicht immer geschehen und die Rücksicht auf die Gemeingefährlichkeit nicht allein maßgebend gewesen.

[10] Von den Gesetzbüchern von St. Gallen, Basel, Luzern, Freiburg und Graubünden, also von der etwas kleineren Hälfte sämmtlicher schweizerischer Strafgesetzbücher wird die fahrlässige Vermögensbeschädigung gestraft, von dem von St. Gallen jedoch nur die schwer fahrlässige. Nur einige dieser schweizerischen Gesetzbücher, nicht die im Text genannten deutschen führen Temme, Lehrb. des preuß. Strafrechts, 1853, S. 1041 und Berner, Lehrb., 3. Aufl., 1866, S. 303 als solche an, die auch die fahrlässige Vermögensbeschädigung strafen.

[11] Dies ist oben im Texte durch das Aufsteigen vom würtembergschen bis zum braunschweigschen Strafgesetzbuche bereits angedeutet.

unbedingt zu verwerfen seien. Aber auch diese Frage wird man nicht kurzab bejahend beantworten dürfen. Man muß vielmehr, — so sehr man auch nach der Mehrzahl der Strafgesetzbücher und der hergebrachten, irrigen, Lehre oder nach dem vorzugsweis zu bearbeitenden Particularstrafrechte daran gewöhnt sein mag, nur die vorsätzliche Vermögensbeschädigung als strafbar zu betrachten, — einräumen, daß auch für die Bestrafung bloß culposer Vermögensbeschädigung, wenigstens in manchen Fällen, gewichtige Gründe sprechen.

In den geringeren Fällen fahrlässiger Vermögensbeschädigung wird allerdings eine Bestrafung von Niemandem gefordert werden. Die Civilentschädigung reicht hier vollständig aus, und eine darüber hinausgehende Bestrafung wird von dem Rechts- und Gerechtigkeits-Gefühl in keiner Weise verlangt, würde dieses vielmehr verletzen. Anders aber in den schwereren und grob-fahrlässigen, namentlich in subjectiver Beziehung grob-fahrlässigen Fällen der Vermögensbeschädigung.

Wenn man nicht etwa überhaupt die Bestrafung desjenigen widerrechtlichen Eingriffs in fremdes Vermögen, welchen wir Vermögensbeschädigung nennen, für unrichtig halten will, so ist kein rechter Grund einzusehen, warum bei d i e s e m Delict die ganz groben, luxuriösen, dicht an den Dolus streifenden Grade und Fälle der Culpa straflos sein sollen, durch welche dem Andren widerrechtlicher, vielleicht sehr erheblicher und empfindlicher Vermögensnachtheil zugefügt wird. Die Auffassung, daß die Culpa im Strafrecht immer nur gleichsam als ein ausnahmsweis zugelassener Gast, als eine selten und beiläufig vorkommende Nebenart des strafbaren Willens erscheine, der Dolus allein als das eigentlich und regelmäßig Strafbare, — diese Auffassung kann hier schon deshalb nicht sonderlich schwer in's Gewicht fallen, weil dadurch die Frage gar nicht berührt wird, ob hier, bei der Vermögensbeschädigung, ein solches ausnahmsweises Strafen der culpa (in gewissen Gränzen) nicht gerade am Platze, ob es hier nicht ebenso erforderlich sei wie bei manchen andren Delicten, z. B. bei der der Vermögensbeschädigung in so mancher Beziehung vergleichbaren Körperverletzung.

Man gedenke der unmittelbar an den Dolus gränzenden Fälle. Wer die frivole Wette macht, dem in der Entfernung auf seinen Stock gestützten Schäfer diesen Stock unterm Leibe wegzuschießen, und statt des Stockes den Schäfer trifft, wird wegen fahrlässiger Körperverletzung, bzw.

Tödtung mit schwerer Strafe belegt, und es würde ein Hohn auf alles Rechtsgefühl und alle Gerechtigkeit sein, wenn dem nicht so wäre, so wenig auch der Schütz die Verletzung des Schäfers gewollt und, seines Schusses sonst ganz sicher, erwartet hat.[12]. Wenn der Grundsatz von der Nothwendigkeit der Bestrafung so schwerer Culpa nun aber in diesem Falle richtig ist, so ist nicht abzusehen, warum er nicht überhaupt auf diejenigen Delicte angewandt werden soll, welche in culposer Gestaltung überall vorkommen und gleichfalls eine schwere Rechtsverletzung herbeiführen können; nicht abzusehen, warum er dort zugelassen, hier ausgeschlossen sein sollte. Es scheint vielmehr gerechter zu sein, mit verhältnißmäßig geringerer Strafe, d. h. in demselben Maße geringer, in welchem die dolose Körperverletzung und die dolose Tödtung geringer gestraft werden als culpose Körperverletzung und Tödtung, (selbstverständlich auch verhältnißmäßig geringer als die dolose Vermögensbeschädigung) auch die grobfahrlässige Vermögensbeschädigung mit Strafe zu belegen. Setzen wir deshalb das folgende Beispiel: A. schießt oder wirft, etwa auch in Folge einer Wette, nach einem Gegenstande, in dessen unmittelbarer Nähe er eine sehr große und kostbare Spiegelscheibe oder eine überaus fein gearbeitete und werthvolle Maschine aufgestellt sieht. Er weiß vielleicht, daß die Erhaltung der Scheibe oder Maschine von unberechenbar großem Werth für den Eigenthümer, etwa für eine Ausstellung bestimmt ist, wo sie seinen Erfinder- oder Fabrikanten-Ruf begründen soll. Dennoch läßt A., auf seine Geschicklichkeit vertrauend, sich von seinem Vorhaben nicht abhalten und zertrümmert anstatt des bezielten Gegenstandes die Scheibe oder die Maschine. Muß man in einem solchen Falle nicht sagen, daß zwar auch nur fahrlässig und ohne Absicht[13], aber doch in einer so grob-fahrlässigen, in einer über die auf fremdes Gut und Recht zu nehmende Rücksicht so frivol und schamlos sich hinwegsetzenden Weise, mit so beleidigen-

---

[12] Um aller Einmischung des dolus eventualis vorzubeugen, nehme man an, daß der Schütz seines Schusses sich so sicher geglaubt hat, daß er den eingetretenen Erfolg gar nicht mit in Rechnung gestellt, gar nicht für möglich gehalten hat. Die in solchen Fällen häufig (nicht immer) schwierige psychologische Untersuchung kann die Aufstellung des richtigen Princips nicht hindern. Außerdem kann man sich sehr wohl Fälle denken, in welchen von vornherein gar kein dolus eventualis in Frage kommt. Vgl. Berner, Lehrb., 3. Aufl., S. 158.

[13] Vgl. die vorige Note.

der und herausfordender Rücksichtslosigkeit fremdes Vermögen geschädigt ist, daß eine zurückweisende und sühnende, wenn natürlich auch geringere Strafe eben so nöthig ist wie bei der fahrlässigen Körperverletzung und Tödtung? Die bloße Civilentschädigung scheint hier nicht auszureichen, um die verletzte Rechtsordnung wieder ins Gleichgewicht zu bringen, um dem beleidigten öffentlichen Rechtsbewußtsein zur genügenden Sühne zu gereichen, um dem verletzten Eigenthümer eine hinreichende Satisfaction zu geben; die Civilentschädigung scheint hier nicht auszureichen, auch wenn man gar nicht einmal das Vorhandensein besonders erschwerender und die Unzulänglichkeit der Civilentschädigung besonders deutlich illustrirender Umstände annehmen will, wie z. B. daß A. sehr reich ist, mit Gleichgültigkeit oder übermüthigem Hohne die Entschädigungssumme, welche den Verletzten für Das, was er verloren, doch durchaus nicht hinlänglich entschädigt, zahlt und bald hinterdrein, wenn auch wieder ohne eigentlichen dolus, den B. durch neue Rücksichtslosigkeiten verletzt und beleidigt.

Es ist auch nicht erforderlich, daß es sich gerade um Beispiele wie das eben gesetzte zu handeln brauchte. Auch sonstiges rücksichtslos unvorsichtiges Schießen, Werfen, ebenso Fahren, Reiten, nachlässiges Beaufsichtigen wilder Thiere &c. bieten, und zwar so, daß man sich noch einen Schritt weiter vom dolus eventualis entfernen kann, fernere Beispiele, — ganz abgesehen von den Fällen, in denen die fahrlässige Schädigung aus der Vernachlässigung einer Berufspflicht hervorgegangen ist.

Andrerseits braucht man nicht anzunehmen, daß immer, (wie in den bisher angeführten Beispielen geschehen ist), die geschädigte Sache einen ganz besonderen und unersetzlichen Werth repräsentiren müsse. Auch ohne Das hat der Verletzte einen unbestrittenen Anspruch darauf, nicht nur volle Entschädigung für den ihm zugefügten Vermögensnachtheil, sondern auch Genugthuung für die beleidigende und geringschätzende Rücksichtslosigkeit zu erhalten, mit welcher er, das Rechtssubject, und sein Recht mißachtet ist. Wird nur dem ersten Theile des Anspruchs durch den Zwang zur Civilentschädigung genug gethan, so scheinen in Fällen, wo die zugefügte Verletzung aus einer ganz besondren Rücksichtslosigkeit und Geringschätzung des Verletzten hervorgegangen ist, die gerechten Forderungen des letzteren und damit des öffentlichen Rechtsbewußtseins nur zur Hälfte erfüllt zu sein.

Es kann sodann, ohne daß überhaupt eine in subjectiver Beziehung besonders grobe Fahrlässigkeit vorliegt, die Bestrafung der fahrlässigen Vermögensbeschädigung in Frage kommen, dann nämlich, wenn es sich um eine objectiv besonders grobe Culpa handelt; wenn also durch die Fahrlässigkeit entweder ein sehr großer Schaden angerichtet ist oder solche Objecte beschädigt worden sind, denen man gerade eine besondre Rücksicht, Vorsicht, Aufmerksamkeit schuldig ist und deren auch bloß fahrlässige Beschädigung das öffentliche Interesse, die öffentliche Pietät, (die öffentliche Sicherheit) verletzt, wie z. B. Kirchen, Kunstwerke, Brücken. Gerade diese letzten, allein oder vorwiegend aus objectivem Grunde strafbar erscheinenden Fälle werden von den die fahrlässige Vermögensbeschädigung überhaupt strafenden Gesetzen ausdrücklich hervorgehoben.[14] Es läßt sich aber, obwohl man auch diesen gesetzlichen Bestimmungen principiell nicht entgegentreten kann, nicht verkennen, daß hier die Gefahr eines Zuweitgehens und Zuvielstrafens allerdings sehr nahe liegt und daß es schwierig ist, die kritische Höhe des Schadensbetrages und die mit besonderem Schutze zu versehenden Gegenstände richtig zu bestimmen. Nur wegen der Größe des angerichteten Schadens, auch wenn es sich nicht um einen mit besonderem Schutze zu umgebenden Gegenstand handelt und ohne daß ein subjectiv besonders hoher Grad von Fahrlässigkeit vorliegt, von Rücksichtslosigkeit, Frivolität, im Unterlassen sich äußernder Rohheit 2c., Strafe eintreten zu lassen, wird nicht vertheidigt werden können, am Wenigsten dann, wenn etwa gar nur eine dem casus sich nähernde Fahrlässigkeit vorliegen sollte; und jedenfalls ist dem richterlichen Ermessen für solche Fälle ein hinlänglicher Spielraum zu lassen.

Sonst klingt der allgemeine Grundsatz, den man de lege ferenda wohl aussprechen hört, allerdings nicht übel und enthält ohne Frage Richtiges und Beachtenswerthes, der Grundsatz nämlich, daß möglichst wenige Handlungen mit öffentlicher Strafe zu belegen und ins Strafrecht aufzunehmen, möglichst viele dem Civilverfahren und der Civilentschädigung zu überlassen seien. Der Alles- und Viel-Straferei ist gewiß möglichst entgegenzutreten. Aber man darf auch nicht, weder hier noch sonst auf dem Gebiete des Strafrechts, in das entgegengesetzte, heutzutage nicht

---

[14] Vgl. die oben angeführten Strafgesetzbücher Braunschweig's, Oestreich's und Baiern's.

selten zu beobachtende Extrem einer nicht mehr wahre Humanität und nicht mehr — wahre Gerechtigkeit seienden Zaghaftigkeit und Weichlichkeit verfallen und darüber dem verletzten Privaten und dem verletzten Ganzen den allein ausreichenden Schutz, die mit Recht beanspruchte billige Satisfaction versagen. Auch dieser letztere Gesichtspunkt hat bei aller Sympathie für den ersteren seine schwer wiegende Berechtigung. Wollte man ihn in übermäßiger Berücksichtigung jenes ersteren außer Acht lassen, so würde man dahin gelangen, aus dem Strafrechte manche Handlung verweisen zu müssen, welche unbestraft zu lassen eine Beleidigung des öffentlichen Rechtsbewußtseins und der öffentlichen Sittlichkeit sein würde.

Wo jedoch die criminelle Bestrafung im engeren Sinne aufzuhören hat und wo die geringeren Fälle der strafbaren culposen Vermögensbeschädigung anfangen, sich in's Polizeistrafgesetzbuch zu verlieren, das mag hier ununtersucht bleiben.[15] Denn darauf kommt es hier nicht an; sondern nur auf die Feststellung des Satzes, daß es auch in Fällen bloß fahrlässiger Vermögensbeschädigung nöthig erscheinen kann, den Lädenten außer durch den Zwang zur Civilentschädigung noch entschiedener zurückzuweisen, dem Lädirten außer dieser Civilentschädigung noch fernere, nun erst genügende Satisfaction zu gewähren und endlich dem verletzten Rechtsbewußtsein und Allgemeinwillen die erforderliche Sühne zu Theil werden zu lassen.

Der in einzelnen Fällen etwa noch bleibenden Möglichkeit einer in der Bestrafung der fahrlässigen Vermögensbeschädigung namentlich deshalb liegenden Härte, weil das verletzte Rechtssubject eine solche Bestra-

---

[15] Die Frage, welche der hierher gehörigen Fälle (nicht nach dem positiven Rechte), sondern zufolge eines allgemeinen philosophischen Princips aus dem Strafgesetzbuche verbannt und in das Polizeistrafgesetzbuch verwiesen werden müssen, hängt zunächst von der Entscheidung der Frage ab, ob überhaupt ein principieller Unterschied zwischen eigentlichen Criminal- und Polizei-Verbrechen oder Vergehen aufgestellt werden kann. Diese Frage würde der Verfasser mit Heffter (im Lehrbuche, § 31, Note 3 und im Archiv, 1843, S. 113 ff.), Geib (Lehrbuch, II, S. 181 f.) und Bekker (Theorie des heutigen deutschen Strafrechts, S. 115 ff.) verneinen. Vgl. auch Stenglein, Commentar über das Strafgesetzbuch f. d. Königreich Baiern, II, S. 521. Hier aber muß die ersterwähnte Frage schon deshalb, weil ihre Prüfung ein Eingehen auf die letztgenannte ganz allgemeine und fundamentale nöthig machen würde, unerörtert gelassen werden.

fung selbst gar nicht verlangt, — dieser Möglichkeit wird dadurch vorgebeugt, daß man die Bestrafung von dem Antrage des Verletzten abhängig macht.[16]

II. Die vorsätzliche Vermögensbeschädigung.

Wenn nach dem zuletzt Ausgeführten die sämmtlichen deutschen Strafgesetzbücher in Bezug auf die Beurtheilung des der Vermögensbeschädigung zum Grunde liegenden verbrecherischen Willens bereits in zwei Classen getheilt werden mußten, von denen die eine nur das Delict straft, soweit es vorsätzlich begangen ist; so wird eine nähere Betrachtung der von unsern Gesetzen aufgestellten Bestimmungen über die Strafbarkeit eben dieses verbrecherischen Willens zeigen, daß die in dieser Beziehung in den Gesetzen hervortretenden principiellen Verschiedenheiten durch die Aufstellung jener beiden Classen noch nicht erschöpft werden. Es sind vielmehr die deutschen Strafgesetzbücher auch in Bezug auf die Bestrafung der dolosen Vermögensbeschädigung wiederum in zwei grundsätzlich verschiedene Classen zu theilen, indem ein Theil von ihnen auch nicht einmal die Vermögensbeschädigung immer straft, soweit sie überhaupt vorsätzlich geschieht, sondern nur, soweit sie aus bestimmten Arten des Vorsatzes hervorgegangen ist.

Das würtembergsche, braunschweigsche, preußische, hessische und nassauische, das neue bairische Strafgesetzbuch strafen jede dolose Vermögensbeschädigung schlechthin, dies theils mit ausdrücklichem Wort[17], theils implicite aussprechend, indem an andrer Stelle

---

[16] Vgl. unten. Uebrigens ist es trotz dieser gewiß nicht unerheblichen Milderung der die Bestrafung auch bloß fahrlässiger Vermögensbeschädigung vertheidigenden Ansicht dem Verfasser, — welcher die Gesetze wahrlich nicht mit Blut geschrieben noch irgendwie inhuman abgefaßt zu sehen wünscht, — durchaus nicht leicht geworden, eben diese Ansicht zu unterstützen, um so weniger, als ihm nicht unbekannt ist, was Hufnagel irgendwo über die nicht zu läugnende auffällige Erscheinung sagt, daß es gerade die im jüngeren Lebensalter stehenden Criminalisten zu sein pflegen, welche zu der größesten und oft übertriebenen Strenge neigen. Wenn der Verfasser aber trotzdem denjenigen Satzungen unseres positiven Rechts, durch welche auch der fahrlässigen Vermögensbeschädigung Strafe gedroht wird, nicht entgegengetreten ist, so darf er sich das Zeugniß geben, daß er dabei Nichts weniger als zu Gunsten jener Gesetze voreingenommen gewesen ist.

[17] So die Gesetzbücher Preußens (§ 281), Hessens (Art. 424), Baierns

des Gesetzes auch der fahrlässigen Vermögensbeschädigung Strafe gedroht wird.[18] Nach diesen Gesetzgebungen liegt die die Beschaffenheit des verbrecherischen Willens betreffende Frage nun allerdings ganz einfach: einerseits wird nur die vorsätzliche Vermögensbeschädigung gestraft, die fahrlässige nicht anders, als wenn es ausdrücklich gesagt ist, so daß, wenn dies nicht der Fall, namentlich auch dann keine strafbare Vermögensbeschädigung vorliegt, wenn die Beschädigung unabsichtlich bei Gelegenheit eines rechtswidrigen Gebrauchs der Sache Statt gefunden hat.[19] Andrerseits wird jede dolose Vermögensbeschädigung gestraft, ohne daß irgend eine besondre Art des Vorsatzes, wie Bosheit, Rachsucht, Muthwille erforderlich wäre, so daß der subjective Thatbestand des Delicts vollständig vorliegt, wenn nur vorsätzlich gehandelt ist, und das besondre Motiv nur als Strafabstufungs- oder Zumessungsgrund in Betracht kommt.

Für diese Gruppe der deutschen Strafgesetzbücher ist demnach die Häberlinsche Bemerkung[20] ganz richtig: „auf die weitere Absicht kommt im Allgemeinen Nichts an, jedoch werden in den Gesetzbüchern verschiedene Beweggründe genannt, welche zwar nicht auf den Thatbestand, aber doch auf die Strafbarkeit Einfluß haben können, nämlich Bosheit, Rachsucht, Eigennutz und Muthwillen." Aber auch nur für diese Gruppe ist die Bemerkung richtig.

Vollständig verschieden wird nämlich die Strafbarkeit der dolosen Vermögensbeschädigung von einer zweiten Classe der deutschen Strafgesetzbücher beurtheilt. Von dieser Classe wird durchaus nicht dolus

---

(Rubrum des Art. 342). Uebrigens wurden die Vorarbeiten zum preußischen Strafgesetzbuche lange Zeit von den Ideen beherrscht, welche der gleich zu nennenden entgegenstehenden Classe der deutschen Strafgesetzbücher zum Grunde liegen, vgl. Goltdammer, Mat., II, S. 626.

[18] Dies geschieht vom braunschweigschen Strafgesetzbuche, welches, wie angegeben, zunächst (§ 211) nur von rechtswidriger Vermögensbeschädigung spricht, dann aber, daß dieser § sich nur auf die dolose Vermögensbeschädigung bezieht, dadurch zu erkennen giebt, daß es im folgenden § die fahrlässige Vermögensbeschädigung besonders behandelt. Auch das würtembergsche Strafgesetzbuch (Art. 385) nennt nur die „rechtswidrige" Vermögensbeschädigung, aber aus seinen Motiven geht hervor, daß es nur die rechtswidrige dolose meint, vgl. Hufnagel, Comm., II, S. 679, 680 und würtemb. Strfgb., S. 407.

[19] Vgl. Oppenhoff, Comm., S. 509, Nr. 2.

[20] IV, S. 321.

schlechthin und allein, sondern vielmehr eine bestimmte Art des Vorsatzes, Bosheit, Rachsucht, Eigennutz, Muthwillen für die strafrechtliche Verfolgung des Delicts gefordert. Die hierher gehörigen Gesetzbücher bedrohen nicht schlechthin die „vorsätzliche und rechtswidrige Beschädigung", sondern nur die „Beschädigung aus Bosheit oder Muthwillen" 2c. mit Strafe. Nach ihnen kommen also diese besondren Beweggründe nicht wie bei jenen andren Gesetzbüchern bloß für die Strafzumessung, bzw. Abstufung in Betracht, sondern der Thatbestand des Delicts hängt von ihnen ab.

Diese letzteren Gesetzbücher sind das alte bairische und oldenburgsche[21], das hannoversche[22], das badische[23], das sachsen-altenburgsche und sächsische[24] (altes und neues), das thüringische[25] und das östreichische.[26]

Allerdings hält Temme[27] die Hervorhebung bestimmter Motive in diesen Gesetzbüchern für etwas mehr Zufälliges, wodurch man „nur

---

[21] „Muthwillen, Rachsucht, Bosheit oder dergleichen Beweggursachen." Die Fassung des alten bairischen Strafgesetzbuches (vgl. Art 383 mit 384, 385) kann allerdings zweifelhaft erscheinen, indem es zunächst ohne weiteren Zusatz schlechthin sagt: „vorsätzliche rechtswidrige Zerstörung oder Beschädigung fremden Eigenthums soll als Vergehen bestraft werden." Indessen die bairische Praxis (vgl. Stenglein, Comm , II, S. 518, Note 6) ist mit Recht nicht zweifelhaft gewesen, daß auf Grund der Art. 384 und 385, welche eine bestimmte Strafe nur der „muthwilligen" und der „boshafhaften" 2c. Vermögensbeschädigung drohen, das Gesetz nur diese und nicht jede dolose Vermögensbeschädigung habe strafen wollen. Köstlin irrt demnach, wenn er (Abhdl , S. 179, Note 9) das alte bairische Strafgesetzbuch in die Classe derjenigen stellt, welche jede dolose Vermögensbeschädigung strafen.

[22] „Bosheit oder Muthwillen" (Art. 336).

[23] „Bosheit, Rachsucht, Eigennutz oder Muthwillen" (Art 570, 575).

[24] „Bosheit oder Muthwillen" (altes, Art. 288, neues, Art. 335, sachsen-altenburgsches Art. 289, 291).

[25] „Rache, Bosheit oder Muthwillen" (Art. 281).

[26] „Bosheit" und in einzelnen Fällen „Muthwillen, Leichtsinn", § 85, 89, 306, 468, — 306, 318, während in andren Fällen nur „Vorsatz" (§ 318) oder „Absicht" (§ 319) gefordert wird Vgl. das weiter unten im Text Gesagte und Note 34. Es läßt sich nicht verkennen, daß namentlich auch in dieser Beziehung die Behandlung des Delicts der Vermögensbeschädigung im östreichischen Strafgesetzbuche sehr viel zu wünschen übrig läßt und vielfach unklar ist, was sich auch in der östreichischen Praxis zeigt, vgl Hye, das östr. Strafgesetz, I, S 141, Köstlin, Abhandl , S 180 S. auch Herbst, Handb. d allg östreich. Strafr., I, S. 191.

[27] Lehrbuch des preuß Strafrechts, S. 1041, N. 4

das Erforderniß des Vorsatzes und dessen Characterisirung als animus nocendi, und zugleich daß derselbe selbst durch das Motiv des Muthwillens nicht ausgeschlossen sein solle, habe anzeigen wollen". Indessen man sucht vergeblich nach einer stichhaltigen Begründung dieser überraschenden Ansicht, welche mit den obersten Principien des Strafrechts, mit der ganzen Dolus-Lehre und der sonstigen Ausdrucksweise der in Rede stehenden Gesetze sowie mit deren Entstehungsgeschichte und deutlich sprechenden Motiven im schneidendsten Widerspruch steht. Daß, um solche Absicht, wie Temme meint, auszudrücken, eine ganze Reihe von Strafgesetzbüchern solchen Ausdruck wählen sollte, ist geradezu undenkbar. Und welcher Willkür und zugleich Verwirrung würde eine derartige Interpretation der Strafgesetze Thür und Thor öffnen!

Temme hätte sich allerdings für seine Ansicht auf die Commentatoren des östreichischen Strafgesetzbuches berufen können. Von diesen erklärt Herbst[28] in der That: „das Strafgesetzbuch nimmt die darin sehr häufig vorkommenden Ausdrücke „Bosheit" und „boshaft" gleichbedeutend mit bösem Vorsatze und vorsätzlich," wie ganz besonders aus §§ 4 und 212 hervorgeht. Und daß der Ausdruck auch hier (§ 85) in eben diesem Sinne zu nehmen sei, beweisen die gleich folgenden und mit dem gegenwärtigen in unmittelbarer Verbindung stehenden §§ 87, 89, nach welchen die Ausdrücke: boshaft, geflissentlich, absichtlich und vorsätzlich nur Varianten für einen und denselben Begriff sind. Ganz deutlich wird dies durch § 318, welcher eine Ergänzung zu §§ 85 und 89 bildet und nach dessen 2. Absatze „boshafte" Beschädigungen einfach den Gegensatz zu denjenigen bilden, welche, nur aus Muthwillen, Leichtsinn oder schuldbarer Nachlässigkeit begangen sind. Hiernach dürften also im Sinne des Gesetzes alle jene Beschädigungen boshaft zu nennen sein, welche zu dem Ende unternommen wurden, um dem Eigenthümer den entstandenen Schaden zuzufügen, ohne daß es darauf ankäme, worauf die Endabsicht gerichtet war."[29] Eine entgegengesetzte Interpretation des östreichischen Strafgesetzbuches würde nun allerdings zu dem Resultate führen, daß man annehmen müßte, das östreichische

---

[28] Handbuch des allgem. östr. Strafrechts, I, S. 191.

[29] Aehnlich Frühwald, Handbuch des östr. Strafgesetzes, 3. Aufl., S. 108, I: „als boshaft erscheint jede Vermögensbeschädigung, welche in der Absicht verübt wird, einer bestimmten Person Schaden zuzufügen." Vgl. aber unten N. 34.

Strafgesetzbuch strafe in gewissen (den oben angeführten) Fällen die fahrlässige Vermögensbeschädigung und trotzdem nicht in allen Fällen die vorsätzliche, — eine Annahme, welche der östreichischen Strafgesetzgebung allerdings etwas ganz Widersinniges oder doch Unlogisches zutrauen würde.[30] Will man Solches, — obgleich es durch den Umstand sehr erheblich gemildert wird, daß das östreichische Strafgesetzbuch, wie angegeben, die fahrlässige Vermögensbeschädigung nur dann straft, wenn es sich um einzelne bestimmte Gegenstände handelt, denen gegenüber auch bloß fahrlässiges Benehmen besonders gefährlich erscheint, — will man Solches dem östreichischen Strafgesetzbuche nicht zutrauen oder doch nur soweit zutrauen, als unvermeidlich ist[31], so bleibt doch seine Ausdrucksweise eine solche, wie sie in den übrigen deutschen Strafgesetzbüchern dieses Jahrhunderts — „nicht sehr häufig vorkommt“, sondern vielmehr gar nicht anzutreffen ist. Durch eine Berufung auf das östreichische Strafgesetzbuch, die östreichischen Commentatoren und die östreichische Praxis würde die Temmesche Ansicht also in der That keine brauchbare Stütze gewinnen können. Die Commentatoren und die Praxis sämmtlicher übrigen deutschen Länder hat jene Ansicht, wie nicht anders zu erwarten, in ausnahmsloser Uebereinstimmung gegen sich.[32]

---

[30] S. weiter unten im Text. Deshalb würde auch der von Temme für seine Ansicht angeführte Grund, daß die bestimmte Dolus-Arten hervorhebenden Strafgesetze dennoch die absichtliche Vermögensbeschädigung uneingeschränkt bestraft wissen wollten, gehe daraus hervor, daß sie auch die fahrlässige Vermögensbeschädigung mit Strafe belegten, überaus schwer in's Gewicht fallen, — wenn es außer nach dem östreichischen auch nur nach nach einem deutschen Strafgesetzbuche richtig wäre. Das ist aber nicht der Fall: diejenigen deutschen Strafgesetzbücher, welche solche bestimmte Dolus-Arten hervorheben, strafen die fahrlässige Vermögensbeschädigung nicht, und diejenigen, welche die fahrlässige Vermögensbeschädigung strafen, heben solche Dolus-Arten nicht hervor.

[31] Denn ganz kann das östreichische Strafgesetzbuch von dieser Inconsequenz nicht freigesprochen werden wegen seiner Behandlung der muthwilligen Vermögensbeschädigung, vgl. Note 34.

[32] Vgl u. A die Motive zum badischen Strafgesetzbuche, den Deputationsbericht der zweiten sächsischen Kammer zum § 288 des alten sächsischen Strafgesetzbuches (Hartitsch, das Criminalgesetzbuch für das Königreich Sachsen, S. 439). Krug, Comm zum sächsischen Strafgesetzbuche (2. Aufl.), 2. Abth., S 269, (nicht entgegen auch, wie man nach Köstlin, Abhandl., S. 180, N 2 meinen sollte, Held und Siebdrat, sächsisches Criminalgesetzbuch, S. 380) sagt z. B.: „Bosheit oder Muthwillen sind nicht gleichbedeutend mit dolus, sondern weisen auf die Motive der Handlung zurück. Selbst die vorsätzliche und widerrechtliche Beschädigung fremden Eigenthums

Demnach unterscheiden die zuletzt hervorgehobenen Strafgesetzbücher sich von den erstgenannten dadurch, daß sie gewisse Fälle auch der vorsätzlichen Vermögensbeschädigung und die Motive, aus denen sie entspringen, nicht für so strafbar halten, um sie mit öffentlicher Strafe zu belegen; sie erachten den dem Verletzten zur Seite stehenden Civilanspruch für genügend. Sie wollen nicht eine jede vorsätzliche Vermögensbeschädigung bestraft wissen, sondern nur die boshafte, rachsüchtige, muthwillige rc. Demnach ist aber auch, um die sämmtlichen deutschen Strafgesetzbücher in Bezug auf ihre Beurtheilung des bei der Vermögensbeschädigung hervortretenden verbrecherischen Willens zu classificiren, eine Berücksichtigung der Unterscheidung, nach welcher einige auch die fahrlässige Vermögensbeschädigung strafen, andre nicht, nicht genügend. Es zerfallen vielmehr die Strafgesetze in drei Classen: 1. in solche, welche auch die fahrlässige, 2. in solche, welche zwar nicht die fahrlässige, aber immer und uneingeschränkt die vorsätzliche und 3. in solche, welche auch nicht einmal immer die vorsätzliche Vermögensbeschädigung strafen, sondern vielmehr auch die letztre nur in gewissen Fällen — oder vielmehr in gewissen Fällen nicht.[33]

Wenn die in die letzte Classe gehörigen Gesetzbücher (wie immer) mehrere Motive hervorheben, wie z. B. die meisten Bosheit und Muthwillen, so ist es natürlich für den Thatbestand gleichgültig, aus welchem dieser Motive das Delict begangen ist, ebenso wie nach den Gesetzbüchern der zweiten Classe das Motiv für den Thatbestand überhaupt gleichgültig ist. Dasselbe wird dann nur für die Strafzumessung wichtig oder ist es je nach den einzelnen Gesetzen für die Strafabstufung. Daß es für den Thatbestand dieses Delicts keinen Unterschied macht, ob dasselbe aus Bosheit oder aus Muthwillen begangen ist, läßt sich dennoch nur mit einer Ausnahme, der des östreichischen Strafgesetzbuches[34], behaupten.

---

bewirkt daher nur einen Civilanspruch auf Entschädigung, wenn sie nicht aus Bosheit oder Muthwillen hervorgegangen, sondern aus irgend einem andren Grunde verübt worden ist." Sodann Thilo, Strafgesetzbuch f. d. Großherzogthum Baden, S. 445, Stenglein, Comm. über das Strafgesetzbuch f. d. Königreich Baiern, II, S. 518. Auch Goltdammer, Materialien z. preuß. Strafgesetzbuche, II, S. 626.

[33] S. weiter unten im Text.

[34] Das östreichische Strafgesetzbuch straft, abgesehen vom § 306, die muthwillige Vermögensbeschädigung nur in zwei Fällen (§§ 318, 319), welche noch dazu beide den Character der Gemeingefährlichkeit an sich tragen. Von ihnen abgesehen straft das östreichische Strafgesetzbuch nur die „boshafte" Vermögensbeschädigung, unter welche

Alle andren strafen allerdings entweder die vorsätzliche Vermögensbeschädigung schlechthin oder sie nennen, thun sie Das nicht, auch den Muthwillen als eines der strafbaren Motive.[35]

Die Thatsache, daß es eine ganze Classe von Strafgesetzbüchern giebt, welche für die Strafbarkeit der Vermögensbeschädigung bestimmte Arten oder Modificationen des Dolus fordern, nöthigt zunächst zu der Frage: was ist unter den hervorgehobenen Dolus-Arten oder Modificationen, was ist namentlich unter der von den Gesetzen am Allgemeinsten und als die strafbarste hervorgehobenen Bosheit zu verstehen?

Unter dieser Bosheit einfach Absicht oder Vorsatz verstehen zu wollen, würde nach dem eben Ausgeführten trotz des östreichischen Strafrechts unmöglich sein, — auch wenn die einzelnen Strafgesetzbücher nicht außer der Bosheit auch noch andre Dolus-Arten hervorhöben, und zwar nicht bloß Muthwillen, sondern z. B. auch Rachsucht, was doch, sollte allein die „Bosheit“ hier einmal ganz ausnahmsweis alle Absichtlichkeit umfassen, eine ganz unerklärliche oder doch so überflüssige und unüberlegte Hinzufügung sein würde, wie man sie unsren Gesetzgebern nicht zutrauen kann.

Man könnte sodann, möglichst weit nach der andern Richtung hin vorgehend, anzunehmen geneigt sein, unter jener „Bosheit“ sei eine besonders raffinirte, kalte, teuflische Boshaftigkeit zu verstehen; die in Rede stehenden Gesetze wollten die gedrohte Strafe nur dann verhängt wissen, wenn die That eine besonders empfindliche, überlegt schmerzliche Verletzung des Angegriffenen in seinen Vermögensrechten enthalte. Aber auch gegen diese Annahme spricht — außer der Entstehungsgeschichte und den Motiven der Gesetzbücher — die Miterwähnung des Muthwillens als eines ferneren die Bestrafung der Vermögensbeschädigung begründenden Motivs. Wenn die Gesetze schon die muthwillige, die „bloß muthwillige“[36] Schädigung fremden Vermögens mit Strafe bedrohen,

---

trotz des oben Angeführten die muthwillige nicht gehören soll, vgl. Herbst, a. a. O. u. II, S. 81. Demnach rechnet nach Herbst's eigner Meinung, nach welcher an den angegebenen Stellen des Gesetzes „Bosheit“ für „Vorsatz“ und „Absicht“ steht, das östreichische Strafgesetzbuch den Muthwillen nicht immer und nicht unbedingt zum Vorsatz.

[35] Vgl. Häberlin, IV, S. 321.

[36] Eigne Worte der Gesetze, s. z. B. das alte bairische Strafgesetzbuch, Art. 384, 385, das alte sächsische, Art. 289. Auch schon frühere Gesetze sprechen von „bloßem Muthwillen“, s. z. B. das würtembergsche Gesetz vom 23. Juni 1818 über

so läßt sich nicht annehmen, daß sie nicht eine jede boshafte Vermögensbeschädigung, sondern nur die raffinirt boshafte strafen, die einfach und gewöhnlich boshafte straflos lassen wollen.

Es muß demnach die von jenen Gesetzen hervorgehobene Bosheit etwas zwischen den beiden Extremen der einfachen Absichtlichkeit, dem Dolus schlechthin, und einer besonders argen Boshaftigkeit in der Mitte Liegendes sein, etwas einmal den gewöhnlichen und in seinem gewöhnlichen Umfange zusatzlos uneingeschränkten Dolus Einschränkendes und ihn dann doch (wegen des mithervorgehobenen Muthwillens) nicht allzu sehr Einschränkendes. Wenn man diese fernere Dolus-Modification gleich mit in's Auge faßt, so ergiebt sich, daß nach den hier in Rede stehenden Gesetzen nicht ohne Weiteres ein Jeder, der vorsätzlich und rechtswidrig, sondern nur wer aus bewußter Bosheit oder ungezügeltem Muthwillen fremdes Vermögen beschädigt, noch über die zu leistende Civilentschädigung hinaus bestraft werden soll. In diesen letzten, wie Praxis und Natur der Sache lehren, ungleich häufigsten Fällen geht die bewußte Absicht des Thäters so recht eigentlich darauf, eine Läsion fremden Vermögens als solche zu bewerkstelligen; deshalb und nur deshalb war die ganze Handlung unternommen, es geschah die Schädigung recht eigentlich um der Schädigung selbst Willen, — ganz gleichgültig, ob in berechneter Bosheit dem Andern die ihm besonders liebe und werthe Sache vernichtet oder ob im übermüthigen, wenn auch sich nicht Bosheit nennen lassenden Müthwillen eine Laterne zerschlagen wurde. In beiden Fällen drehen Absicht und Zweck sich lediglich um die Beschädigung als solche und werden durch deren Ausführung (überhaupt oder doch zunächst) voll befriedigt. Wenn dies aber nicht der Fall, wenn vielmehr die Handlung weder eigentlich um der Schädigung selbst Willen noch zu einem an sich boshaften oder muthwilligen, sondern nur zu einem andern nächsten und directen Zwecke begangen ist, so daß der Thäter zunächst nur etwas ganz Anderes und an sich Gerechtfertigtes im Auge hatte und die schädigende Absicht mehr nur nebenbei und zufällig auftrat, — so liegt zwar auch eine absichtliche und rechtswidrige, aber doch keine boshafte, keine muthwillige Schädigung fremden Vermögens vor. Und in solchen

---

die Bestrafung der Baum-Verderber, Knapp, würtembergisches Criminalrecht, S. 290.

Fällen, wo weder Zweck noch Absicht boshaft oder muthwillig sind, halten die in Rede stehenden Gesetze den Angriff nicht für strafwürdig genug, um ihn öffentlicher Bestrafung zu unterziehen.

Es fragt sich, ob solche Fälle denkbar und möglich sind. Denkbar und möglich gewiß, aber eben so gewiß auch verhältnißmäßig selten, (und schon darin liegt, daß der Dolus durch jene Gesetze nicht zu sehr und nicht zu eng eingeschränkt wird). Wenn z. B. Jemand die fremde Sache, weil sie ihm an seinen eignen Sachen ungerechtfertigten Schaden bringt, also um sich (obgleich nicht im Falle eigentlicher Nothwehr oder des Nothstandes befindlich) seinerseits vor Schaden zu schützen [37], und nur deshalb beschädigt oder vernichtet, etwa die fremden Hühner, die seinen Garten zerwühlen [38], oder die fremden Hunde, die seine Jagd stören, erschießt oder erschlägt, noch obendrein vielleicht im ersten Zorn über die ihm widerfahrene Unbill und nur dieser gedenkend, — so greift er zwar absichtlich in fremdes Vermögen schädigend ein und doch wird sich von ihm, wenigstens in der Regel nicht sagen lassen, daß er sich einer boshaften oder muthwilligen Beschädigung fremden Vermögens schuldig gemacht habe.

Dies ist die Bedeutung des von jenen Gesetzen aufgestellten Erfordernisses der Bosheit, bzw. des Muthwillens und der damit ausgesprochenen Einschränkung der einfachen Absichtlichkeit: es können ausnahmsweis Schädigungen fremden Vermögens vorkommen, welche doch nicht der Schädigung wegen noch zu einem boshaften Zwecke vorgenommen und deshalb nicht boshaft und nicht muthwillig — und nicht strafbar erscheinen.

Ob letzteres der Fall, bleibt natürlich stets quaestio facti. Nur im einzelnen concreten Falle läßt nach Prüfung von Umständen und von Absicht und Zweck des Handelnden sich entscheiden, ob ein andres, Bosheit und Muthwillen ausschließendes Motiv die That hervorgebracht hat oder Bosheit und Muthwillen selbst. Sogar in dem eben angeführten Beispiele kann es fraglich und in verschiedenen Fällen verschieden zu entscheiden sein, ob in der That keine Bosheit und kein Muthwillen vorgelegen haben. Man nehme z. B. nur an, um das Stärkste hervorzuheben,

---

[37] Vgl. Köstlin, Abhandl., S. 180, Krug, Commentar, 2. Abth., S. 269

[38] Krug's Beispiel an der eben angeführten Stelle Vgl. auch Herbst, Handb. d. allgem. östreich. Strafr., I, S. 190 und Frühwald, Handb. d. östreich. Strafges., S. 109.

daß der Thäter die Hühner oder Hunde auf sein Grundstück gelockt habe, um sie dann unter diesem Vorwande zu tödten; oder daß er von dem großen Werthe Kenntniß gehabt, den der Eigenthümer auf diese, seltenen und kostbaren, Thiere legte. Und auch sonst kann die (z. B. leicht in andrer Weise vorzunehmende oder auch nur nicht im Aerger über die selbst erlittene, unerhebliche, Verletzung wurzelnde) Selbsthülfe immer noch zugleich den Character der Bosheit, bzw. des Muthwillens an sich tragen.

Noch mehr wird es in den folgenden Fällen auf die einzelnen Umstände ankommen und als quaestio facti bezeichnet werden müssen, ob „Bosheit" oder „Muthwillen" vorhanden, oder nicht: der leidenschaftliche Zwiebelzüchter sieht plötzlich bei einem Rivalen ein Exemplar der nur im eignen Besitz geglaubten neu gezogenen Sorte und zerstört es [39]; der über das wiederholte Gekläff des anbellenden Hundes ärgerliche Reiter reitet den Hund nieder; der wettfahrende Kutscher fährt an den Wagen des andren an, als dieser im Begriff ist, ihm vorbeizufahren ꝛc. Ueberhaupt werden im augenblicklichen Aerger, im aufwallenden Neid, in Erregung und Affekt ausgeführte Schädigungen leicht solche Fälle herbeiführen, in denen es zweifelhaft ist, ob sie aus Bosheit oder Muthwillen hervorgegangen sind. Nur läßt sich durchaus nicht behaupten, daß solche Stimmungen Das immer thun. Wann sie es thun, ist eben quaestio facti. Es fragt sich, ob sie einen boshaften, bzw. muthwilligen, auf die Schädigung um der Schädigung Willen ausgehenden Entschluß und durch diesen die Handlung hervorgebracht haben, oder nicht.

Läßt sich nun aber in dem Gange der Handlung irgend eine Bosheit nachweisen, so ist das von den genannten Gesetzen aufgestellte Erforderniß erfüllt, und es ist nicht nur gleichgültig, welche besondere Art von Bosheit vorliegt, ob allgemeine Schadenfreude, barbarische Gesinnung, boshafte Verbissenheit ꝛc., sondern auch auf welchem Motive etwa die Bosheit selbst wieder beruht [40] oder welchen letzten indirecten Zweck sie verfolgte. Die Motive der Eifersucht, des Neides, der Rachsucht, der Mißgunst, des Eigennutzes schließen deshalb die Bosheit keineswegs

---

[39] In Holland vorgekommener Fall.

[40] Vgl. Krug, Commentar, 2. Abth., S. 209. Herbst, Handbuch des östreich. Strafr., I, S. 291 (s. auch II, S. 80).

aus[41]; die Schädigung kann sehr wohl gleichzeitig eine boshafte sein. Ob sie es ist, ist wiederum nach den besondren Umständen des einzelnen Falles zu entscheiden. Bei manchen der angeführten wird es jedoch nicht leicht zweifelhaft sein, daß sie unter die Bosheit gehören; bei andern wird nur die Frage entstehen, ob Beschädigungen, die sie hervorgebracht, zu den boshaften oder muthwilligen gehören; eigentliche Rachsucht ist immer Bosheit.[42]

Wo Rachsucht und Eigennutz von den Gesetzen der Bosheit und dem Muthwillen ausdrücklich an die Seite gesetzt[43] und wo deshalb die aus Rachsucht und Eigennutz begangenen Vermögensbeschädigungen ebenso für strafbar erklärt werden wie die aus Bosheit und Muthwillen vollführten; da ist selbstverständlich von dem Entstehen einer quaestio facti im besondren Falle überall keine Rede.

In Bezug auf die Hervorhebung des Muthwillens kann zunächst der Zweifel entstehen, ob die ihn hervorhebenden Gesetze, welche sämmtlich nicht die ausdrückliche Forderung stellen, daß vor Allem Dolus vorhanden sein müsse, nicht auch die culpose Vermögensbeschädigung in gewissen Fällen bestraft wissen wollen. Passen doch auf manche Handlungen die Ausdrücke „muthwillig" und „culpos" gleichmäßig, und brauchen wir doch den Ausdruck „Muthwillen" für Fahrlässigkeit oder eine Art und Stufe derselben. Dieser Zweifel könnte möglicher Weise erheblich erscheinen, wenn man sich nur an den Wortlaut der den Muthwillen hervorhebenden Gesetze hielte, obgleich ihm auch dann von vornherein das schwer wiegende Bedenken entgegentreten würde, ob es wohl die Meinung der Gesetzgeber hätte sein können, in irgend welchen Fällen die fahrlässige Vermögensbeschädigung mit Strafe zu belegen, ohne daß Dies in allen Fällen bei der vorsätzlichen geschehen sei, die Strafbarkeit bei der dolosen Vermögensbeschädigung einzuschränken und sie zugleich über allen Dolus hinaus auf die culpose ausdehnen[44], — oder ob nicht vielmehr schon daraus, daß die dolose Vermögensbeschädigung nur in bestimmten, nicht in allen Fällen bestraft werde, folge, daß die bloß fahrlässige nicht mit Strafe habe angesehen werden sollen. Wenn man aber

[41] Vgl. weiter unten im Text.

[42] Vgl. Held und Siebdrat, Criminalgesetzbuch f. d. Königr. Sachsen, S. 380.

[43] S. oben Noten 21, 23, 25.

[44] Vgl. oben I.

vollends nicht bloß bei dem Wortlaute jener Gesetze stehen bleibt, sondern ihre Entstehungsgeschichte und Motive prüft, so erledigt der aufgeworfene Zweifel sich vollständigst, und es kann nicht mehr fraglich sein, daß durch die Hervorhebung des Muthwillens die Strafbarkeit der Vermögensbeschädigung wohl auf bestimmte Fälle der Absichtlichkeit hat eingeschränkt, nicht aber auf die Fahrlässigkeit ausgedehnt werden sollen.

Welches aber sind die Fälle der Absichtlichkeit, die durch den von den in Rede stehenden Gesetzen gebrauchten Ausdruck „Muthwillen" umfaßt werden sollen? Mit andren Worten, was ist unter diesem Muthwillen zu verstehen? Daß auch diese Dolus-Modification das Characteristische hat, daß die Schädigung recht eigentlich um der Schädigung Willen, aus Lust am Schädigen als solchem geschehen sein muß, ist oben bereits gesagt worden. Aber Das trifft auch bei der Bosheit zu, und es fragt sich deshalb besonders, worin das den Muthwillen von der Bosheit unterscheidende Merkmal besteht.

Dieser Muthwillen ist das erfahrungsmäßig sehr häufig vorkommende Motiv der Vermögensbeschädigung, welches, ohne gerade in einer eigentlichen Boshaftigkeit zu bestehen, doch den Schaden herbeiführt, um Schaden herbeizuführen, und deshalb Strafe nach sich ziehen soll. Um das auszusprechen, nennen ihn die nur bestimmte Dolus-Modificationen strafenden Gesetze, und sie müssen ihn nennen, wenn er neben der Bosheit dem Strafgesetz unterstellt werden soll.

Allerdings könnte man mit demselben Rechte, wie man das bei der Bosheit gethan hat[45], behaupten, daß durch den Ausdruck „Muthwillen" nicht eine bestimmte Dolus-Modification, sondern die Absichtlichkeit überhaupt und der Dolus schlechthin bezeichnet werden solle. Dies geschieht in der That in Gesetzen älteren Datums[46], welche bei diesem Delicte des

---

[45] Vgl. die oben mitgetheilte Meinung Temmes und das über das östreichische Strafrecht Gesagte.

[46] S. die sächsischen Constitutionen von 1572, Tit. IV, Art. 37: „da aber der zugefügte Schaden, so muthwilliger Weise geschehen, ganz wichtig und groß wäre," — so soll der Thäter schwerer als in den sonst, und zwar ohne alle Hinzufügung von Muthwillen od. dergl., für strafbar erklärten Fällen (der Baumbeschädigung) gestraft werden. Ganz so übergegangen in das preuß. L.-R.: Rev. v. 1721, L. VI, T. 8, Art. 9, Rev. v. 1685, L. VI, T. 7, Art. 9. Das Landrecht von 1620, L. VI, T. 7, Art. 9 sagt nur: „Quod si damnum, dolo molo datum, magnum sit," hat also den Zusatz nicht, welcher dadurch nur um so mehr als ein zufälliger, durch den

Ausdrucks „Muthwillen" sich ganz allgemein und mehr zufällig und beiläufig für Absichtlichkeit bedienen, nicht um dadurch eine der Bosheit entgegengesetzte weniger strafbare Art der Vermögensbeschädigung zu bezeichnen. Der Gesetzgebung unsrer Zeit und der ganz feststehenden Bedeutung der termini technici „Vorsatz" ꝛc. gegenüber wird aber Niemand eine solche Ausdrucksweise für möglich halten, und hat sie noch Niemand für möglich gehalten.

Die deshalb unbestreitbar erforderliche besondre, immer eine Art der Absichtlichkeit ausmachende und doch der Bosheit entgegengesetzte Bedeutung des „Muthwillens" hat man nun dahin zu präcisiren gesucht, daß es zur Annahme dieser Dolus-Modification nicht darauf ankomme, ob der Beschädigende gerade diesen oder jenen Schaden einem Dritten habe zufügen wollen, sondern der Schwerpunkt sei darin zu suchen, ob eine Handlung vorgenommen sei, welche überhaupt dem fremden Eigenthum habe schädlich sein sollen, wenn sich auch der Thäter über die Natur des Schadens selbst nicht klar geworden sei."[47] Die muthwillige Beschädigung unterscheide sich dadurch von der boshaften, daß bei der ersteren auf die Person des Beschädigten keine Rücksicht genommen werde[48], — und Muthwillen sei das Vergnügen bei Begehung einer unerlaubten Handlung ohne Berücksichtigung des entstehenden Schadens.[49] Bei den Vorarbeiten des preußischen Strafgesetzbuches war man vorübergehend der Ansicht[50], daß durch „die Absicht zu schaden" nur das Motiv der Bosheit bezeichnet werde, indem der Muthwillen die bestimmte Absicht zu schaden nicht enthalte, da der muthwillige Vermögensbeschädiger nur

---

damals noch weitschweifigeren und weniger gewählten und feststehenden deutschen Ausdruck herbeigeführter erscheint. In gleicher Weise braucht noch das östreichische Allgem. Gesetzbuch über Verbrechen und deren Bestrafung von 1787, II, § 59 die Ausdrücke „Muthwillen" und „Ausgelassenheit".

[47] Erkenntniß des sächsischen O.-A.-Gerichts, s. Allgem. Gerichtszeitung f. d. Königreich Sachsen, 5. Jahrg., 1861, S. 273. S. auch Neue Jahrb. f. sächs. Strafr., VII, S. 325. Vgl Note 51.

[48] Frühwald, Handbuch des östreich. Strafgesetzes, I, S. 108, I.

[49] Frühwald, a. a. O., S. 272 oben, Herbst, Handb. des allgem. östr. Strafrechts, I, S. 191.

[50] S. Goltdammer, Materialien, II, S. 626. Vgl. auch Jenull, östreich. Criminalrecht, II, S. 93 f.

aus Leichtsinn, Uebermuth oder um sich an dem Unfuge zu ergötzen, handle.

Dieser Auffassung muß man vor Allem insoweit entgegentreten, als sie vom Muthwillen „die Absicht zu schaden" oder auch nur „die Absicht einer bestimmten Person zu schaden" ganz loslöst. Im Gegentheil, eine Schädigung, und zwar recht um der Schädigung Willen, will auch der muthwillige Vermögensbeschädiger; und er wird nicht ohne Weiteres dadurch zum boshaften, daß er einer bestimmten Person Schaden zufügen will. Möglich, daß er sich vorwiegend oder allein an dem momentanen Erfolge seiner Handlung, dem Klirren der Fensterscheiben, dem Fortschwimmen des ins Wasser geworfenen Gegenstandes 2c. „ergötzt", ohne irgend zu bedenken, daß er diese Ergötzung nur durch einen „einem Dritten zugefügten Schaden" ermöglicht. Möglich aber auch, daß er sich gerade an dem Gedanken an die ärgerliche Ueberraschung, welche dem Lädirten bevorsteht, belustigt. Allerdings, wüßte er, welch' tiefen Kummer die Schädigung gerade dieser Sache, anstatt ihm nur eine unangenehme Ueberraschung zu bereiten, dem Beschädigten verursacht, so hätte er die That wohl nicht begangen und bereut nachträglich vielleicht bitter, — während der boshafte Vermögensbeschädiger eben diese Wirkung gerade gewollt hat und sich nun, indirecter, erst recht ergötzt. So unterscheiden Bosheit und Muthwillen sich nicht immer qualitativ, sondern unter Umständen nur quantitativ, d. h. dadurch von einander, daß dort der Grad, die Intensivität der Schädigungs-Absicht oder Lust größer ist als hier.[51]

Deshalb kann man jenen Auffassungen, soweit überhaupt, nur in ihrem negativen Inhalte, d. h. soweit beitreten, daß man zugiebt, daß der Muthwille und damit die Bestrafung wegen muthwilliger Vermögens-

---

[51] Dem entsprechend sagt auch das in Note 47 angeführte Erkenntniß des sächsischen Ober-Appellations-Gerichts ganz richtig nur, daß beim Muthwillen die klare Vorstellung mehr oder weniger fehle, und die Absicht, zu beschädigen, weniger bestimmt hervortrete; daß bei Bosheit die Hervorbringung der Wirkung, bei Muthwillen die Vornahme der Handlung die Haupttendenz des Handelns sei. Und im weiteren Gange der Vorarbeiten zum preußischen Strafgesetzbuche kam man auf die richtige Ansicht zurück, daß das Delict der Vermögensbeschädigung keine Veranlassung gebe, von der allgemeinen Auffassung des dolus, der mit Bewußtsein vorsätzlich verübten Handlung, hier also mit dem Bewußtsein, daß sie einem Andern schade, abzugehen, Goltdammer, a. a. O., S. 627 oben.

beschädigung nicht ausgeschlossen werde, auch wenn gerade nicht einem Dritten ein bestimmter Schaden zugefügt, sondern nur das fremde Eigenthum überhaupt beschädigt werden sollte; auch wenn der Thäter sich über die Natur des Schadens nicht klar gewesen; auch wenn er nur aus Vergnügen, ohne irgend welchen darüber hinausgehenden Zweck, gehandelt habe. Nicht aber kann man positiv behaupten, daß nur dann Muthwille anzunehmen sei, wenn an keinen bestimmten Schaden noch an eine bestimmte Person noch an irgend einen Zweck gedacht sei. Es lassen sich vielmehr Fälle denken, in denen Alles dieses geschehen und doch nur Muthwillen und keine Bosheit anzunehmen ist. Namentlich von Personen jüngeren Lebensalters werden wohl Vermögensbeschädigungen geringeren Betrages, z. B. das Einwerfen von Fenstern u. dergl., begangen, nicht bloß um sich an der ungesetzlichen Handlung zu ergötzen, sondern um gerade durch Anrichtung dieses Schadens diesen Dritten zu ärgern und dergl.; — und doch würde es den Gesetzen gewiß nicht entsprechen, hier auf Bosheit und die schwereren Strafen der boshaften Vermögensbeschädigung statt auf Muthwillen und die leichteren Strafen der muthwilligen Vermögensbeschädigung zu erkennen.

Wann in solchen Fällen der Muthwillen aufhört und die Bosheit beginnt, das läßt sich allerdings nur aus den näheren Umständen, der näheren Beschaffenheit des Zweckes, der Individualität des Thäters, seinem Verhältnisse zum Beschädigten und der Größe des veranlaßten Schadens entscheiden.

Will man in diesem schließlichen Zurückführen der ganzen, Bosheit wie Muthwillen betreffenden, Frage auf die quaestio facti einen Mangel eines hinlänglich bestimmten Principes und einen Tadel finden, so sind Mangel und Tadel zuzugeben. Sie treffen aber lediglich diejenigen Strafgesetzbücher, welche anstatt den Dolus schlechthin nur bestimmte oder vielmehr — unbestimmte Modificationen desselben für den subjectiven Thatbestand der Vermögensbeschädigung fordern.[52]

Man muß sich in der That schon deshalb gegen diese letzteren Gesetze

---

[52] Vgl. das oben angeführte Erkenntniß des sächsischen O.-A.-Gerichts: „müssen also auch Bosheit und Muthwillen in gewisser Beziehung als Gegensätze betrachtet werden, so gränzen sie doch auch so nahe an einander, daß in vielen Fällen die Frage sehr zweifelhaft sein kann, ob Bosheit oder ob Muthwille vorhanden ist."

erklären, weil durch sie eine Menge sonst gar nicht auftretender Weitläufigkeiten und Controversen herbeigeführt wird. Zudem aber ist es auch deshalb nicht richtig, nur die aus den genannten Dolus-Modificationen hervorgehenden Vermögensbeschädigungen mit Strafe zu belegen, weil, auch wenn sie die häufigsten und meistens die strafbarsten sind, doch auch andre entschieden Strafe verdienen können, häufig eher als die von den Gesetzen genannten[53], namentlich als der von allen hervorgehobene Muthwillen. Es ist deshalb richtiger und entspricht mehr dem allgemeinen Rechtsbewußtsein, alle hierher gehörigen, widerrechtlichen Eingriffe in das fremde Vermögen anstatt nur eines Theiles derselben mit Strafe zu belegen.

Wenn ferner die Nothwendigkeit oder Angemessenheit der Bestrafung bloß fahrlässiger Vermögensbeschädigung auch nur für einzelne Fälle zugegeben wird, so folgt daraus die Nothwendigkeit jeder absichtlichen Vermögensbeschädigung von selbst.[54]. Wenn die erstere auch nur in den schwereren Fällen bestraft wird, so kann die Strafbarkeit der letzteren wenigstens aus subjectiven Gründen in keinem Falle ausgeschlossen werden.[55] Und endlich würde auch dem gemeinen Rechte eine solche Einschränkung des Dolus nicht entsprechen. Es läßt sich vielmehr nach gemeinem Recht der Grundsatz aufstellen, daß auf das Motiv für den Thatbestand des Delicts Nichts ankommt.[56]

Es muß übrigens hervorgehoben werden, daß diese Verschiedenheit der beiden Classen der deutschen Strafgesetzbücher, von denen die eine jede dolose, die andre nur die boshafte, muthwillige rc. Vermögensbeschädigung vor das Forum des Strafrichters verweist, allerdings nicht gerade häufig zu praktischen Folgen führen wird. Es ist nämlich, wie oben bereits angedeutet ist, jene Hervorhebung einzelner bestimmter Dolus-Modificationen in den angegebenen Gesetzen nicht so aufzufassen, als ob diese Gesetze die Vermögensbeschädigung principiell nicht, sondern

[53] Vgl. Goltdammer, a. a. O., S. 627, N. 1.

[54] Vgl. oben S. 118.

[55] Der Einfluß objectiver Gründe, z. B. allzugroße Geringfügigkeit des angerichteten Schadens ist natürlich auch bei der dolosen Vermögensbeschädigung nicht auszuschließen.

[56] Vgl. Salchow, Lehrb., S. 381, Tittmann, Handb., III, S. 441, Henke, Lehrb., S. 201 und Handb., II, S. 385; auch Bauer, Lehrb., S. 408 und Abegg, System, § 354 und Lehrb., S. 500.

nur in einzelnen besonders strafbar erscheinenden Fällen bestraft wissen wollten. Im Gegentheil, obgleich von jenen Gesetzen nur ganz wenige, in der Regel nur zwei Dolus-Modificationen (Bosheit und Muthwillen) genannt zu werden pflegen, so kann es doch Niemandem, der die Praxis kennt oder doch die möglichen und gewöhnlichen Fälle sich vergegenwärtigt, verborgen bleiben, daß gerade umgekehrt nur einzelne solche Arten oder Fälle der Vermögensbeschädigung durch die Fassung jener Gesetze der criminellen Bestrafung entzogen werden. Bosheit (mit der unter sie fallenden Rachsucht) und Muthwillen sind so sehr die gewöhnlichen und fast allein vorkommenden Motive zur Begehung der Vermögensbeschädigung, daß nur ganz einzelne, verhältnißmäßig selten vorkommende Fälle übrig bleiben, welche auf ganz eigenthümlich liegenden Motiven beruhen und, weder boshaft noch muthwillig, nach der Auffassung jener Gesetze straflos bleiben sollen.

Es ist ein großer Unterschied und führt zu ganz verschiedenen Resultaten, ob einzelne, concret bestimmte Fälle (z. B. die Baumbeschädigung, das Beschädigen von Wasserleitungen rc.)[57] als ausnahmsweis strafbar bezeichnet werden, oder ob die Gesetze allgemein und abstract einzelne, verschiedenartige Fälle hervorbringende Motive und Dolus-Modificationen als Voraussetzung für die Strafbarkeit der Vermögensbeschädigung nennen. Es ist demnach ein großer Unterschied zwischen dem römischen und dem Recht auch derjenigen der heutigen deutschen Strafgesetzgebungen, welche nicht jede vorsätzliche Vermögensbeschädigung mit Strafe bedrohen, sondern nur die aus bestimmten Arten des Vorsatzes hervorgegangenen; auch die letzteren Gesetzgebungen beruhen auf der dem römischen Recht gerade entgegengesetzten Anschauung.

Die vorstehenden Besprechungen der Dolus-Modificationen Bosheit, Muthwillen rc. wären überall nicht nöthig gewesen und alle die aus der Aufstellung solcher Modificationen erwachsenden Zweifel und Weitläufigkeiten würden von vornherein abgeschnitten sein, wenn unsre sämmtlichen Gesetzbücher nur die einfache Forderung der Absichtlichkeit ohne weiteren Zusatz stellten.

Was nunmehr diejenigen Gesetzbücher anbetrifft, welche das Letztere wirklich thun, so kommt es nach ihnen nur darauf an, daß die Handlung

---

[57] Vgl. das oben über das römische Recht Gesagte.

in der That absichtlich vorgenommen ist. Sie unterscheiden sich von den bisher besprochenen Gesetzgebungen dadurch, daß sie, richtiger Weise, jeden widerrechtlichen absichtlichen Eingriff in das fremde Vermögen strafen, ohne daß es auf Motiv und Zweck der absichtlichen Widerrechtlichkeit irgend ankäme. Es genügt vollständig, daß die Handlung mit dem Bewußtsein ihrer Schädlichkeit, d. h. mit dem Bewußtsein vorgenommen ist, sie enthalte einen Eingriff in fremdes Vermögen; es genügt, wenn, wie das preußische Obertribunal es ausdrückt, mit der Kenntniß gehandelt ist, daß die Sache nach dem gewöhnlichen Lauf der Dinge der Gefahr des wirklich eingetretenen Erfolges ausgesetzt war.[58]

Es ist deshalb nach diesen Gesetzbüchern zunächst ganz gleichgültig, ob der Thäter aus Bosheit, Rachsucht, Muthwillen, Eigennutz gehandelt hat, welchen Sinn man mit diesen Modificationen des Dolus auch verbinde.

Es ist sodann auch nicht erforderlich, daß der Zweck der Schädigung die Schädigung selbst war, so daß das Delict auch dann vorliegt, wenn die Handlung zu andren, an sich nicht unerlaubten, Zwecken begangen war, z. B. um eine Selbsthülfe vorzunehmen, — es sei denn, daß diese Selbsthülfe gesetzlich gestattet war, in welchem Falle es an der nothwendigen Voraussetzung der Rechtswidrigkeit fehlen würde[59], — um sich gegen Nachtheile, Unbequemlichkeiten zu schützen ꝛc.[60] Daß die Beschädigung etwaigen obrigkeitlichen Anordnungen entsprach, ändert an ihrer Strafbarkeit als Vermögensbeschädigung Nichts, denn auch das berechtigt nach der richtigen Auffassung der hier in Rede stehenden Gesetze den Privaten nicht, sich an einer fremden Sache zu vergreifen[61]: ihm war

---

[58] Vgl Oppenhoff, Commentar, S. 509, N. 2, Wallmann, preußisches Strafgesetzbuch, S. 422, 1, Goltdammer, Archiv VI, S. 430 f.

[59] Vgl. oben, S. 47; Oppenhoff, Commentar, S. 509, N. 6.

[60] Vgl. oben, S. 122, 123; Oppenhoff, an der eben angeführten Stelle, Wallmann, das preußische Strafgesetzbuch, S. 422.

[61] Vgl. Oppenhoff, Commentar, S. 509, N. 6. Goltdammer, Archiv, VII, S. 119 f., 413 f; XI, S. 283 f. Nach der an der letzten Stelle mitgetheilten, auch vom preußischen Obertribunal gebilligten Entscheidung ist auf Vermögensbeschädigung erkannt, weil vom Angeklagten ein fremder, den Eingang zu seinem eignen Hause versperrender Zaun niedergerissen war, obwohl eine obrigkeitliche Anordnung den Eigenthümer des Zaunes bereits zu seiner Entfernung verpflichtet hatte. Eine Analogie zu solchen Fällen bietet die Tödtung eines zum Tode verurtheilten Menschen.

dieselbe immer eben eine fremde Sache. Desgleichen macht der Gefangene, welcher aus- und damit zerbricht oder welcher sonst fremde Sachen, um sie zum Behuf seiner Entweichung zu gebrauchen [62], beschädigt, nach diesen Gesetzen unzweifelhaft und immer sich einer Vermögensbeschädigung schuldig [63]; nach jenen zuerst besprochenen Gesetzbüchern aber nur dann, wenn er über das zum Zwecke seiner Befreiung Nöthige hinaus boshaft, muthwillig ꝛc. weiter beschädigt hat. [64].

Ja, nicht bloß dann, wenn die Absicht nicht auf die aus irgend einem Grunde vorgenommene Schädigung als solche ging, und dann, wenn sie in Bezug auf die aus der Handlung hervorgehende und die Person des Lädirten treffende Schädigung eine indifferente war; sondern auch dann, wenn sie sich auf einen positiv guten Zweck richtete, vermag sie nichtsdestoweniger den Thatbestand der Vermögensbeschädigung nicht auszuschließen, sei es nun, daß sie dem Berechtigten durch den Eingriff in sein Vermögen einen directen Dienst leisten wollte, wie z. B. durch das Fällen von augenscheinlich seinem Grundstücke schädlichen Bäumen [65], sei es, daß sie einen solchen indirect im Auge hatte, wie z. B. den, einen begabten, aber wegen zu günstiger Vermögenslage seine Gaben nicht nutzenden Menschen durch Zerstörung seines Vermögens zum Einschlagen nützlicherer Wege zu bringen. Denn auch in diesen Fällen liegt immer ein höchst unbefugtes und willkürliches Eingreifen in fremdes Vermögen, ein „Zwingen" des fremden Willens vor, gegen welches einen Jeden kräftigst zu schützen, der Staat die Pflicht hat. Nur der Berechtigte selbst

[62] Goltdammer, Archiv, VIII, S. 844. Der Angeklagte ist wegen Vermögensbeschädigung bestraft, weil er verschiedene der Gefängniß-Anstalt gehörige Bettstücke zerschnitten hatte, um sich daraus ein Seil zu fertigen.

[63] Oppenhoff, a. a. O., S. 169, N. 4, S. 512, N. 3.

[64] Vgl. Stenglein, Commentar, S. 518, N. 6.

[65] Nach der bereits mehrfach angeführten Entscheidung des höchsten bairischen Gerichtshofes (s. Zeitschrift für Gesetzgebung und Rechtspflege des Königreichs Baiern, 12. Band, 4. Heft, S. 361) wurde in der Untersuchung gegen einen Pfarrer, welcher in dem zum vereinigten protestantischen Kirchenvermögen gehörigen und ihm zur Nutznießung überwiesenen Pfarrhausgarten einen Lindenbaum eigenmächtig hatte umhauen lassen, ausgesprochen, daß es nicht darauf ankomme, ob der Pfarrer nicht sowohl eine Beschädigung als vielmehr eine Verbesserung des Pfarrhausgartens beabsichtigte. Vgl. oben, S. 85. Anders würde natürlich wieder nach den nur beim Vorhandensein gewisser Dolus-Modificationen strafenden Gesetzen zu entscheiden gewesen sein.

hat darüber zu entscheiden, wie er mit seinem Vermögen walten will, und der unberufen eingreifende Dritte kann nicht einmal beurtheilen, ob sein Eingriff wirklich dem Interesse des Lädirten dient.

Nicht erst nachgewiesen zu werden braucht, daß es ferner keinerlei Unterschied begründen kann, ob der Thäter die Schädigung zu eigner Lust und zur Erreichung eigner Interessen oder ob er sie zu dem Zwecke vorgenommen hat, um z. B. Andren zu gefallen; ebenso wie beim Diebstahle Nichts darauf ankommt, ob der Dieb die gestohlene Sache im eignen Nutzen verwendet, oder ob er sie verschenkt 2c.

Daß ferner die Absicht nicht auf Herbeiführung eines Vermögensnachtheils im Sinne von pecuniärem Schaden zu gehen, daß die Handlung nicht mit dem Bewußtsein vorgenommen zu sein braucht, sie werde einen pecuniären Schaden herbeiführen, ergiebt sich aus Dem, was bereits oben über den Vermögenswerth des Objects und den durch die schädigende Handlung herbeigeführten Vermögensschaden gesagt worden ist.[66]

Auch ob der Absicht der eingetretene Erfolg entsprochen hat oder nicht, ist, — und auch nach denjenigen Gesetzbüchern, welche bestimmte Dolus-Modificationen aufstellen, wenn eine solche vorliegt, — für die Beurtheilung des Ganzen gleichgültig. Wenn also auch der Zweck, zu welchem die Schädigung vorgenommen wurde, nicht erreicht, der dem Lädirten zugedachte Verdruß diesem nicht bereitet, der als das schließliche Resultat bezweckte Schaden nicht eingetreten ist, wenn z. B. die Bäume, welche boshafter Weise umgehauen sind, zufällig am andern Tage von ihrem Eigenthümer selbst umgehauen werden sollten; so wird dadurch die Vermögensbeschädigung nicht ausgeschlossen. Ist das doch auch bei dem Delicte des Diebstahls nicht deshalb der Fall, weil der Bestohlene die gestohlene Sache zufällig bald zu derelinquiren entschlossen war. Und auch wenn der Thäter einen an sich guten Zweck verfolgte und diesen wirklich erreichte, würde nicht anders zu entscheiden sein, — was zu Härten und Ungerechtigkeiten nicht leicht führen kann, weil nicht nur, wenn Absicht und Erfolg wirklich, d. h. auch von dem Berechtigten anerkannt, gute waren, vom Letzteren ein Strafantrag nicht gestellt werden,

[66] S. oben S. 59 ff., 84 ff. A. M. Oppenhoff, Temme, Wallmann (S. 422, 2); dagegen s. an den oben angeführten Stellen.

sondern auch davon, daß von einem solchen die Bestrafung des Delicts nicht in jeder Strafgesetzgebung abhängig gemacht wird, abgesehen, ein mit Grund vermutheter Consens und damit Mangel der Rechtswidrigkeit[67] angenommen werden wird.

Ist der Zweck des Thäters die Begehung eines andren Verbrechens, so wird auch dadurch das Delict der Vermögensbeschädigung nicht ausgeschlossen[68], es sei denn, daß die Vermögensbeschädigung bereits als nothwendiger Bestandtheil in dem andern Delicte mit enthalten ist.[69] Wenn das Letztere nicht der Fall ist, so concurriren zwei Delicte. Es ist aber das Letztere der Fall bei dem Diebstahl mit Einbruch, in welchem die Vermögensbeschädigung vollständig enthalten ist[70], natürlich nur die Vermögensbeschädigung, vermittelst welcher der Einbruch bewerkstelligt ist und welche zu seiner Bewerkstelligung nöthig war. Wollte man diese aber noch neben dem Einbruchs-Diebstahle strafen, so würde consequent namentlich auch Der zugleich als Dieb und Vermögensbeschädiger bestraft werden müssen, der die gestohlene Sache verzehrt, verändert 2c. Darüber hinausgehende Beschädigungen würden eine Vermögensbeschädigung darstellen und zu einer Concurrenz von diesem Delicte und dem Einbruchsdiebstahle führen. Eine gleichzeitige Bestrafung wegen Vermögensbeschädigung und Diebstahls mit Einbruch kann deshalb nur dann Statt finden, wenn es von dem zur Anwendung kommenden Strafgesetzbuche ausdrücklich bestimmt wird.[71]

---

[67] S. oben, S. 47.

[68] Vgl. den vorigen §, S. 96 ff. Ebenso Thilo, Strafgesetzbuch für das Großherzogthum Baden, S. 447. S. auch Neue Jahrbücher für sächsisches Strafrecht, VII, S. 323 ff.

[69] Goltdammer, Archiv, VIII, S. 558 f., VII, S. 232 f.

[70] Vgl. die § 10, Note 17 angeführte Stelle bei Rottmann und in den Blättern für Rechtsanwendung. Goltdammer, Archiv, VI, S. 845 ff., I, S. 54, VII, S. 233, VIII, S. 558, Annalen des sächsischen Oberappellationsgerichts, VI, S. 91 ff. S. auch noch weiter unten im Text. S. aber auch Goltdammer, a. a. O., VIII, S. 559.

[71] Dies geschieht vom östreichischen Strafgesetzbuche (§ 318, 3. Absatz, vgl. Herbst, Handb., II, S. 81) in Bezug auf die als Uebertretung strafbare Beschädigung von Brücken, Schleusen 2c. Ob es auf einem richtigen legislatorischen Grundsatze beruht, steht dahin. Aber auch daraus, daß das östreichische Strafgesetzbuch diese Bestimmung hier trifft, bei allen übrigen von ihm als Vermögensbeschädigung gestraften Fällen nicht, geht hervor, daß es bei den letzteren eine solche Verbrechen- und Strafen-Concurrenz nicht will.

Bei entstehendem Zweifel darüber, welches Strafgesetz übertreten und welches Delict begangen ist, ist natürlicher Weise nach der Absicht selbst und nicht nach etwaigen mehr oder weniger zufälligen und den Ausschlag nicht geben könnenden äußeren Merkmalen zu entscheiden. So wird namentlich aus einem Ansichnehmen und Hinwegtragen der fremden Sache, wenn daraus ja auch in der Regel auf eine Ausschließung der Vermögensbeschädigung und statt ihrer auf einen Diebstahl geschlossen werden muß, ein solcher Schluß doch nicht immer und unbedingt sich folgern lassen. Im Zweifel ist die Absicht zu untersuchen. Ging diese auf Aneignung der fortgetragenen Sache, so kann von einer Vermögensbeschädigung nicht die Rede sein. Geschah die vorläufige Forttragung der Sache aber lediglich in der — so etwa besser und sicherer zu realisirenden — Absicht der Zerstörung oder Beschädigung der Sache, so ist damit im Gegentheil der Diebstahl auszuschließen, und es liegt eine (bzw. nur versuchte) Vermögensbeschädigung vor, — so daß das äußere Merkmal des Forttragens der Sache allein nicht zur Entscheidung dienen kann.[72] Das Forttragen ist hier ja nur eine Modalität der Ausführung der Vermögensbeschädigung, ja sogar nur des Anfanges, des ersten Actes derselben; und der Unterschied zwischen Diebstahl und Vermögensbeschädigung beruht nicht auf der äußeren Art und Weise der rechtswidrigen Verfügung über fremdes Vermögen, sondern auf der Absicht, aus welcher diese Verfügung hervorgegangen ist.[73] Selbstverständlich ist dabei, daß der Thäter, nachdem das eine, eigentlich und ursprünglich von ihm beabsichtigte Delict bereits vollendet ist, dasselbe nicht durch nachherige Aenderung seiner Absicht noch nachträglich zu einem andren machen kann. Wer sich also die fremde Sache in diebischer Absicht angeeignet hat, nachher aber, nachdem Dies geschehen und mithin der Diebstahl vollendet ist, etwa um dem gegen ihn sich lenkenden Verdacht aus dem Wege zu gehen, die Sache zerstört; — bleibt nichtsdestoweniger Dieb. Wer dagegen die Sache, um sie zu zerstören, mit sich in seine Behausung genommen hat, sie nun aber, also ehe sein Delict der

---

[72] Vgl. Weiß, sächsisches Criminalgesetzbuch, III, S. 18 ff., Klien, Revision der Grundsätze über das Verbrechen des Diebstahls, S. 303.

[73] Weiß, an der eben angeführten Stelle.

Vermögensbeschädigung vollendet ist, bei näherer Betrachtung sich anzueignen beschließt, wird nun zum Diebe.[74]

Wenn endlich in diesen letzten Ausführungen hervorgehoben ist, daß auch durch das Motiv des Eigennutzes die Vermögensbeschädigung nicht ausgeschlossen werde, und ebensowohl vorher solche Strafgesetzbücher genannt sind, welche, bestimmte Dolus-Modificationen fordernd, unter diesen auch den Eigennutz anführen, so muß Dieses auffällig und früher Ausgeführtem widersprechend erscheinen. Ist doch oben[75] der Mangel der eigennützigen Absicht als Characteristikon der Vermögensbeschädigung geschildert und nun wird eben diese Absicht als sehr wohl verträglich mit dem Thatbestande des Delicts hingestellt.

Der scheinbare Widerspruch löst sich so: direct-eigennützige Eingriffe in fremdes Vermögen, wie z. B. solche, welche den Thatbestand des Diebstahls ausmachen, gehören nicht unter die Vermögensbeschädigung; — — ganz und rein eigennutzlose Vermögensbeschädigungen, um sich an dem Beschädigten zu rächen, sich an dem Unfuge zu ergötzen rc., nicht unter den Diebstahl noch unter ein sonstiges auf dem animus lucri faciendi beruhendes Vermögensdelict. Darüber ist kein Zweifel. Zwischen diesen beiden zweifellos klar liegenden Falleskategorien stehen aber in seltenem Vorkommen einzelne besonders geartete Fälle in der Mitte, von denen es nicht so ohne Weiteres klar ist, ob sie unter die Vermögensbeschädigung oder unter die eigennützigen Vermögensverbrechen gehören. Es sind hier Fälle gemeint, wo die Vermögensbeschädigung nur das Mittel zur Erreichung eines andren, und zwar eigennützigen Zweckes ist, wo der Thäter aus der Beschädigung der Sache, welche er nicht etwa wie der Dieb direct an sich nimmt, Folgen erwartet, welche ihm einen Vermögensvortheil bereiten. Man denke z. B. an Fälle wie den, wo Jemand die, gewerbliche oder sonstige, Einrichtung[76] oder die Waa-

[74] Weiß drückt dies nur theilweis richtig aus, indem er sagt, daß nur diejenige Absicht, welche zur Zeit der Verübung des Verbrechens Statt fand, nicht aber die Absicht, welche später an die Stelle der früheren trat, die Natur des Verbrechens bestimme. Die spätere Absicht ändert die Natur des Verbrechens dann noch, wenn das Delict der früheren noch nicht zur Vollendung gekommen ist.

[75] S. 44, 45.

[76] S. Köstlin, a. a. O., S. 180. Temme, Lehrbuch des schweizerischen Strafrechts, S. 643, N. 3: Zerstören einer fremden benachbarten Mühle, um die Mahlgäste in die eigne zu ziehen. Jagemann-Brauersches Criminallexikon, S. 555. Thilo, Strafgesetzbuch für das Großherzogthum Baden, S. 446.

ren[77] eines Concurrenten schädigt, um sich dadurch die Kundschaft und pecuniären Gewinn zu verschaffen; oder wo der Glaser am Ort die Fensterscheiben zertrümmert, um an den Reparaturen zu verdienen, — Frühwald[78] nennt als Beispiel den Fall, wo der einzige Schneider eines Orts einem Einwohner den Rock zerreißt, damit dieser sich bei ihm einen neuen machen lassen muß.[79] Man gedenke sodann der Fälle, wo der Lädent die Beschädigung in der Hoffnung vornimmt, daß der Eigenthümer ihm die beschädigte Sache schenken[80] oder ihm billiger verkaufen werde[81], — insbesondere des in Oesterreich praktisch gewordenen Falles, wo der Abdecker ein Pferd heimlich tödtete, um demnächst dessen Cadaver offerirt zu erhalten.[82]

Diese letztgenannten Fälle könnte man deshalb von der Vermögensbeschädigung auszuschließen geneigt sein, weil hier die eigennützige Absicht direct auf die beschädigte Sache zu gehen, der Thäter die beschädigte Sache durch seinen Angriff auf dieselbe sich direct widerrechtlich aneignen

[77] Krug, Commentar, II, S. 269. Natürlich kann auch durch das Mittel der Verbreitung nachtheiliger Gerüchte eine solche eigennützige Schädigung begangen werden, wenn das Gesetz dieses Mittel als ein zur Begehung des Delicts der Vermögensbeschädigung taugliches anerkennt, vgl. oben S. 58, 59. So würde z. B. nach sächsischem Strafrecht der an eben dieser Stelle erwähnte Fall, wo die Wäscherin durch Verbreitung des Gerüchts, sie wasche Cholera-Wäsche, geschädigt wird, auch dann hierher gehören, wenn das Gerücht aus eigennütziger Absicht, um sich die ihr abspenstig gemachte Kundschaft selbst zuzuwenden, verbreitet war.

[78] Handbuch des östreichischen Strafgesetzes, I, S. 109, III.

[79] Vgl. Herbst, Handbuch des allgemeinen östreichischen Strafrechts, I, S. 191.

[80] Herbst, an der eben angeführten Stelle.

[81] S. Neue Jahrbücher für sächsisches Strafrecht, VI, (1851), S. 450 ff. In dem hier mitgetheilten Falle waren zu verauctionirende Pferde am Tage vor der Auction von Jemandem, der auf sie bieten wollte, vernagelt (durch Einschlagen von Nägeln in die Hufe lahm gemacht) worden, um „sie billiger zu kriegen und nicht so hoch hinaufgetrieben" zu sehen. Der Thäter wurde in erster Instanz wegen Vermögensbeschädigung verurtheilt: diese Entscheidung wurde zwar vom Oberappellationsgerichte aufgehoben, jedoch nur deshalb, weil die vom sächsischen Strafgesetzbuche geforderte Dolus-Modification Bosheit nicht angenommen wurde. Das Urtheil des Oberappellationsgerichtes lautete deshalb nur auf Betrug.

[82] Vgl. Frühwald, a. a. O. Ausführlich besprochen ist dieser Fall nach Maßgabe des östreichischen Strafrechts von Nippel in der Zeitschrift „Der Jurist", herausgegeben von Maithstein, 4. Band, Wien 1840, S. 414 ff. In erster Instanz wurde auf Betrug, in zweiter aber auf Vermögensbeschädigung erkannt, und auch das erstinstanzliche Urtheil stützte sich wiederum nur darauf, daß die Handlung des Nachrichters keine boshafte im Sinne des östreichischen Strafgesetzbuches sei.

zu wollen scheint.[83] Wenn man indessen diese Fälle in Bezug auf Absicht und Zweck genauer prüft und sie mit den wirklich direct eigennützigen Vermögensverbrechen, dem Diebstahle 2c. vergleicht, so ergiebt sich, daß sie diesen letzteren nicht ferner stehen, als es die zuerst genannten Fälle der zerstörten Gewerbseinrichtung des Concurrenten 2c. thun. Auch die Absicht desjenigen, welcher die beschädigte Sache geschenkt zu erhalten hofft, richtet sich nur auf die Beschädigung dieser Sache, und selbst sein Zweck geht nicht direct auf die Erwerbung dieser, sondern der durch die Beschädigung zu einer andren gewordenen Sache und wird nicht durch directes Ergreifen der Sache (wie beim Diebstahl 2c.) herbeigeführt, sondern als die Folge einer allein direct ausgeführten Vermögensbeschädigung erhofft, gewünscht, bzw. indirect durch Hingabe des Beschädigten erreicht. Eine direct eigennützige Absicht liegt deshalb auch hier nicht vor, sondern nur die Absicht der Vermögensbeschädigung, deren Motiv Eigennutz ist. Es bleibt demnach auch hier bei dem Grundsatze, daß die That nach der ihr zum Grunde liegenden Absicht zu beurtheilen ist und nicht nach dem Motive, auf welchem wieder diese Absicht beruhte.

Deshalb sind auch die zuletzt erwähnten Fälle nach dem gegenwärtigen Stande unsrer Strafgesetzgebung unter die Vermögensbeschädigung zu stellen und würden selbst dann dahin gestellt werden müssen, wenn sie, je nach den einzelnen concreten Umständen, zugleich den Thatbestand eines andren Delicts, z. B. des Betruges[84] ausmachen und zu einer Verbrechensconcurrenz führen sollten.

Inwiefern die gesammten hier in Rede stehenden, zwischen den ganz entschiedenen und scharf ausgeprägten in der Mitte liegenden Fälle etwa zu selbstständigen Delicten, zu besondren Fällen des „strafbaren Eigennutzes" oder dergl. auszubilden seien, ist eine Frage für sich. So viel wird aber auch de lege ferenda nicht verkannt werden können, daß, — auch wenn man nicht besondre Umstände, wie daß die Beschädigung im

---

[83] S. Note 75.

[84] Vgl. Noten 81 und 82. Gegen die Annahme eines Betruges in solchen Fällen spricht von vornherein Manches, vgl. Nippel, a. a. O. Ob und wann ein solcher dennoch angenommen werden kann, gehört in die Lehre vom Betruge und wird dort besprochen werden. Ganz zweifellos muß in solchen Fällen eine Vermögensbeschädigung angenommen werden, wenn das zur Anwendung kommende Strafgesetzbuch den Eigennutz als eines der strafbaren Motive ausdrücklich nennt.

Affekt, im Zorn und Streit mit dem glücklichen Concurrenten ꝛc. geschehen sei, annimmt, — diese Fälle nicht mit den gewöhnlichen und am Bestimmtesten ausgeprägten Verbrechen gegen das Vermögen, dem Diebstahle, der Unterschlagung ꝛc. auf eine Linie gestellt werden können. Schon das allgemeine Rechtsgefühl wird Denjenigen, welcher sich eines der eben beispielsweise angeführten Fälle der Vermögensbeschädigung schuldig macht, ohne Frage weit eher auf eine Stufe mit dem ganz uneigennützigen Vermögensbeschädiger als auf eine mit dem Diebe und Unterschläger zu stellen geneigt sein. Und in der That ist man von einem Solchen vollständig zu sagen berechtigt, der Dolus und die Schlechtigkeit und die That des Vermögensbeschädigers sei ihm zuzutrauen; man hat aber nicht das Recht, von ihm zu behaupten, auch der Dolus und die Schlechtigkeit und die That des Diebes dürften ihm ohne Weiteres imputirt werden. Ein Solcher geht nicht so weit, direct und unmittelbar und mit äußerstem Grade unerlaubter Rücksichtslosigkeit seinen eignen Willen in den dem Andern widerrechtlich entzogenen Vermögenstheil zu legen, (wie das der Dieb, der Unterschläger thut); er gebraucht und genießt das dem Andren Entzogene nicht gewaltsam (wie der Dieb ꝛc.). Er steht vielmehr dem Diebe ꝛc. wenn auch nicht so fern wie der ohne jeglichen eigennützigen Hintergedanken das fremde Vermögen Schädigende, so doch unendlich ferner als dem letzteren, indem er, ganz wie der eigennutzlose Vermögensbeschädiger, durch seine Handlung den berechtigten Willen des Andern nur aufhebt, weiter zwingend und sich wie der Dieb sicheren und directen Vermögensvortheil verschaffend schon deshalb nicht auftritt, weil es vollständig ungewiß ist, ob der von ihm gehegte Wunsch, zu dessen Realisirung er durch seine Handlung den leisen und entfernten Anstoß zu geben versucht, wirklich realisirt wird, — und er doch ein Mehreres, Rücksichtsloseres und Verbrecherischeres, diese Realisirung zu erzwingen, nicht thut. Wer weiß, ob der durch Einwerfen seiner Fenster Beschädigte sie wirklich bei Dem, der sie eingeworfen hat, repariren läßt, der Letztere also den gewünschten Vortheil hat?, ob dem Concurrenten durch die ihm zugefügte Beschädigung wirklich in seiner Production und Kundschaft Nachtheil erwächst und, wenn ja, gerade dem Lädenten durch Zulaufen der Kundschaft ꝛc. Vortheil? Wenn es aber auch der Fall ist, so bleibt Das doch immer nichtsdestoweniger wahr, daß dies Letztere immer nur eine mehr oder weniger zufällige und keineswegs nothwendige Folge und jedenfalls nicht wie der erste Act des Ganzen ein directes Zwingen des fremden Willens war.[85] Indem dem Berechtigten die Sache zerstört wird, wird sein Wille gezwungen, darüber hinaus nicht mehr. Zu dem darüber hinausgehenden Zwingen des fremden Willens, vor dem der Dieb ꝛc. als dem sichereren und directeren Mittel nicht zurückschreckt, entschließt der durch Vermögensbeschädigung Vortheil Erstrebende sich trotzdem nicht.

Wenn dagegen des Thäters eigennützige Absicht wirklich direct und unmittelbar auf die angegriffene Sache ging, so würde die Vermögensbeschädigung unbedingt ausgeschlossen sein[86] und vielmehr ein Diebstahl oder dergl. vorliegen.[87] Deshalb ist oben, S. 45, gesagt worden, daß nur die direct eigennützige Absicht das Delict ausschließe.

Daß es nach denjenigen Gesetzbüchern, welche für die Bestrafung der Vermögensbeschädigung bestimmte Dolus-Modificationen fordern und unter diesen den Eigennutz nicht nennen, quaestio facti bleibt, ob die eigennützige Vermögensbeschädigung als solche bestraft werden kann, jenachdem gleichzeitig Bosheit, Muthwillen ꝛc. vorliegt oder nicht, folgt aus dem bereits Ausgeführten von selbst.[88] Diejenigen der zur Zeit geltenden Strafgesetzbücher aber, welche weder die absichtliche Vermögensbeschädigung schlechthin strafen noch die eigennützige unter den strafbaren anführen und also die letztere nicht immer und unbedingt strafen, sind[89] das hannoversche, sächsische, thüringische und östreichische.

§ 12. Strafbarkeit und Strafe.

I. Die Strafbarkeit im Allgemeinen und Art und Maß der Strafe.

Es gilt der oben[1] bereits ausgesprochene Satz von der buntesten Verschiedenheit, welche sich anstatt einer wirklichen Gemeinsamkeit in den

[85] Vergleiche den folgenden § im Anfang.

[86] Vgl. Temme, Lehrbuch des schweizerischen Strafrechts, S. 643, Jagemann-Brauer'sches Criminallexikon, S. 555.

[87] Köstlin, Abhandl., S. 180.

[88] Vgl. S. 123, 124 u. N. 81, 82. Annalen des sächs. Oberappellationsgerichts, VI, S. 92 unten, Nippel, a. a. O., S. 421.

[89] S. oben S. 116.

[1] S. 21, 22.

einzelnen deutschen Strafgesetzbüchern findet, namentlich auch in Bezug auf die Gründe, welche für Höhe oder Niedrigkeit der auf die Vermögensbeschädigung gesetzten Strafen bestimmend gewesen sind, in Bezug auf Art, Maß, Abstufung und Zumessung der Strafe selbst, auf hinzugefügte Strafzusätze und Nebenstrafen, auf die Hervorhebung und Qualification einzelner Arten des Delicts, auf Straf- Schärfungs-, Erhöhungs-, Milderungs- und Minderungs-Gründe.

Auch auf die Frage, ob und inwieweit die Bestrafung des Delicts der Privatwillkür zu überlassen und vom Antrage des Verletzten abhängig zu machen sei, wird von den verschiedenen Gesetzbüchern eine verschiedene Antwort ertheilt.[2]

Ehe aber dieses Alles im Einzelnen nachzuweisen ist, muß die Frage nach dem für die Strafbarkeit des Delicts überhaupt maßgebenden allgemeinen Principe beantwortet werden. Es fragt sich, wie die Strafbarkeit der Vermögensbeschädigung im Verhältniß und Vergleich zu den übrigen, den eigennützigen Verbrechen gegen das Vermögen, insbesondere dem Diebstahl zu beurtheilen ist.

In Bezug auf diese Frage ist nun namentlich von Grolman[3] behauptet worden, daß die Strafbarkeit der Vermögensbeschädigung im Allgemeinen durchaus nicht eine geringere sei als die der auf Eigennutz beruhenden Verbrechen gegen das Vermögen. Bei den Vermögensbeschädigungen aus „Rachlust und kalter Bosheit" müßten sogar „beträchtlich größere Strafen als bei den gewinnsüchtigen Eigenthumsbeeinträchtigungen eintreten". Diese Grolmansche Auffassung wird von manchen Früheren in einer Weise citirt, in der eine Billigung derselben zu liegen

---

[2] § 13.

[3] Grundsätze der Criminalrechtswissenschaft, 3. Aufl., § 211. Nicht anders beurtheilt das in Bezug auf die Strafbarkeit obwaltende Verhältniß zwischen Diebstahl und Vermögensbeschädigung oder doch boshafter, rachsüchtiger, eigennütziger Vermögensbeschädigung der Commentator des badischen Strafgesetzbuches, — Thilo, indem er S. 446 sagt: „Die Beschädigung fremder Sachen aus Bosheit, Rachsucht oder Eigennutz steht mit dem Verbrechen des Diebstahls beiläufig auf gleicher Stufe der Strafwürdigkeit. Beide Verbrechen sind nämlich in gleich nachtheiliger Weise auf eine rechtswidrige Beeinträchtigung fremden Eigenthums gerichtet, und die Willensstimmung, in der sie verübt wurde, verräth bei dem einen wie bei dem andern Verbrechen gewöhnlich den gleichen Grad von Schädlichkeit." S dagegen das im Texte Ausgeführte.

scheint[4], und auch Mittermaier[5] stellt sich im Wesentlichen ausdrücklich auf denselben Standpunkt, indem er sagt: „ob die Beschädigung ebenso strafwürdig ist, als die Entwendung, dürfte allgemein weder bejaht noch verneint werden können. Dem Erfolge nach ist sie für den Beschädigten völlig gleich. Dem Umfange der Gefahr nach kann sie oft strafbarer sein, als der Diebstahl. Der Triebfeder nach ist zwar der Eigennutz bei dem Diebstahle gefährlicher, aber oft ist die Rachsucht und Bosheit bei der Beschädigung ein Beweis weit größerer Verdorbenheit des Thäters.“

Aber bereits Tittmann[6] hat Grolman's Meinung genügend widerlegt, und von Berner[7] ist die Richtigkeit gerade der entgegengesetzten Anschauung so schlagend nachgewiesen, daß seine ganze Ausführung hier eine Stelle finden muß. Er sagt: „in Wahrheit ist die Sachbeschädigung sowohl aus dem rechtlichen, als aus dem politischen, als aus dem moralischen Gesichtspunkte minder strafbar. 1. Aus dem rechtlichen Gesichtspunkte: denn für diesen kommt es nicht zunächst auf die Triebfeder, sondern auf die Natur der Absicht an. Die Absicht aber ist bei der Entwendung in höherem Grade verbrecherisch, als bei der Beschädigung. Der Sachbeschädiger hebt den Willen des Andren in der Sache nur auf. Der Dieb aber hebt diesen Willen nicht bloß auf, sondern legt nun ruhig den seinen hinein; sein Gewissen erträgt es, seinem eignen Willen in der fremden Sache eine Existenz zu geben, — nicht bloß den Berechtigten um sein Gut zu bringen, sondern dieses fremde Gut auch wie sein eignes zu brauchen und zu genießen. 2. Aus dem politischen Gesichtspunkte: der Diebstahl begründet eine weit größere öffentliche Gefahr. Das Stehlen steckt an und breitet sich aus; nicht so die Sachbeschädigung.[8] Das Stehlen wird zur Gewohnheit, die Sachbeschädigung nicht. 3. Aus dem moralischen Gesichtspunkte, sofern der rechtliche denselben nicht schon in sich schließt: der Dieb erregt eine Verachtung, die den Sachbeschädiger niemals in demselben Grade treffen kann. Wer fremdes Eigen-

[4] Z. B. von Henke, Lehrb., § 257.

[5] Zu Feuerbach, § 310, Note III.

[6] Handbuch, III, §§ 527, 528.

[7] Lehrb., 3. Aufl., S. 304, 305.

[8] Vgl. Tittmann, § 528. Hierdurch erledigt sich auch die nur hierauf gestützte Grolmansche Meinung.

thum beschädigt, sei es auch aus Rache, kann immer noch einem ehrlichen Menschen gerade in's Gesicht blicken; nicht so der Dieb, der Betrüger, der Fälscher, der Unterschläger; und es sollte daher die bloße Sachbeschädigung, selbst wenn sie aus Bosheit verübt wird, niemals mit dem Verluste der Ehrenrechte gestraft werden. — Sonach muß die Strafe Desjenigen, der 100 Thlr. stiehlt, weit beträchtlicher sein, als die Strafe Desjenigen, der eine Sache im Werthe von 100 Thlr. zerstört."

Durch diese Ausführung Berners dürfte, auch wenn sie sich in Einzelheiten modificiren läßt, die ganze Frage als erledigt zu betrachten sein.

Es wird nie und unter keinen Umständen der Unterschied sich tilgen lassen, welcher zwischen denjenigen Eingriffen in fremdes Vermögen, durch welche man sich an fremdem Eigenthum direct widerrechtlich bereichern will, zwischen den eigennützigen Vermögensverbrechen und allen andren besteht.[9] Nie und unter keinen Umständen wird die Idee von etwas besonders Ehrlosem und Gemeinem sich von den ersteren trennen, ihr besonders entehrender Character sich von ihnen ablösen lassen.

Um dieses sie von allen andern Vermögensverbrechen unterscheidenden Characters und um dieses grundverschiedenen Wesens Willen muß deshalb die Vermögensbeschädigung nach einem ganz andren Principe bestraft, muß für die Beurtheilung ihrer Strafbarkeit von ganz andren Grundsätzen ausgegangen werden[10], und kann man sie durchaus nicht auf eine Linie mit Diebstahl, Unterschlagung 2c. stellen.[11]

Selbstverständlich soll nicht gefordert werden, daß die kleinste Entwendung strenger bestraft werden müsse als die ärgste Vermögensbeschädigung. Es kann vielmehr auch hier nur von einer verhältnißmäßig verschiedenen Beurtheilung die Rede sein, und die Höhe des angerichteten Schadens wie die sonstigen Umstände, unter denen die That begangen, dürfen nicht außer Betracht gelassen werden. Wer deshalb 100 Thlr.

---

[9] Vgl. hierzu Krug, Commentar, IV (Abhandlungen), S. 228 ff.

[10] Vgl. Tittmann, §. 527.

[11] Diese Grundsätze sind auch meist von den neuern Gesetzbüchern befolgt worden, indem sie namentlich (und insbesondere wieder bei der aus weniger strafbaren Motiven hervorgegangenen Vermögensbeschädigung) die Strafmaxima nicht so hoch aufsteigen lassen wie beim Diebstahl.

stiehlt[12], und zwar, wird hinzugesetzt werden müssen, ohne besondre weder erschwerende noch mildernde Umstände stiehlt, ist strafbarer als Derjenige, welcher, ebenfalls ohne besondre erschwerende oder mildernde Umstände, im Wege der Vermögensbeschädigung in Andrer Vermögensrechte zum selben Betrage von 100 Thlr. eingreift. Wenn man also z. B. den Fall, daß Jemand, sonst nicht zu Verbrechen geneigt und ganz unbescholten, durch Mangel und gleichzeitige besonders verführerische Versuchung getrieben, 100 Thlr. stiehlt, mit dem vergleicht, wo Jemand, ohne eigennützige Absicht, aber aus ganz besonders niederträchtiger Bosheit eine Sache im Werthe von 100 Thlr. zerstört; — so kommen für die vergleichungsweise höhere Strafbarkeit des letzteren Falles allerdings die hier besonders erschwerenden, die dort besonders mildernden Umstände in Betracht, — für die höhere Strafbarkeit des ersteren aber der besonders entehrende Character dieser Handlung, der ihr trotz aller zur Seite stehenden Milderungsgründe immer bleibt, während er der zweiten sich nicht aufprägen läßt, mag sie auch aus boshaftem, muthwilligem oder welchem Motive sonst[13], mag sie auch, wie Mittermaier[14] sagt, aus „weit größerer Verdorbenheit" des Thäters hervorgegangen sein.

Was die in den einzelnen Gesetzbüchern der Vermögensbeschädigung gedrohten und ungemein variirenden Straf-Arten und Maße anbetrifft, so sind die geringfügigsten Fälle häufig der eigentlich criminellen Bestrafung entzogen und dem Polizeistrafgesetzbuche überwiesen[15]; von denjenigen aber, welche dem Criminalgesetzbuche unterstellt sind, pflegen die geringfügigsten mit Geldstrafe, die schwereren mit Freiheitsstrafe bedroht zu sein. Und wenn in Bezug auf die nach, bestimmtem oder unbestimmtem, Minimum und Maximum festgesetzte Höhe der Geldstrafe, die größeste Verschiedenheit Statt findet; so ist dasselbe in womöglich noch höherem Grade der Fall in Bezug auf die gedrohten Freiheitsstrafen. In letzterer Hinsicht finden wir allerdings in fast sämmtlichen Strafgesetzbüchern die Gefängnißstrafe, aber in den einen als einzige Freiheits-

---

[12] Vgl. das Ende der mitgetheilten Bernerschen Ausführung.

[13] Am Meisten nähern sich natürlich dem Diebstahle rc. die aus dem Motive des Eigennutzes hervorgegangenen Fälle der Vermögensbeschädigung.

[14] S. Note 5.

[15] Vgl. die angehängte Tabelle.

strafe (a. bair., a. oldenb., braunschw.), in den andren, den meisten, als eine Freiheitsstrafe für gewisse leichtere Fälle (hannov., a. sächs. und s.-alt., hess., bad., nass., thür., preuß., wo wenigstens für den Landfriedensbruch eine andre Freiheits-, Zuchtshausstrafe gedroht wird, n. sächs.), — oder auch umgekehrt für die schwereren Fälle (bad., welches für die leichteren Amtsgefängniß, n. bair., welches für dieselben Arrest droht). Im östreichischen Strafgesetzbuche ist die geringere Freiheitsstrafe Arrest, die schwerere schwerer Kerker.

Außer diesen finden sich aber auch die sämmtlichen andren Freiheitsstrafen, welche die Gesetzgebung überhaupt kennt, bei diesem Delicte, in mehreren Gesetzen mehrere für die verschiedenen Abstufungen der Fälle: so Arbeitshaus (würtemb., hannov., a. sächs. und s.-altenb., bad., thüring., sächs.), Correctionshaus (hess., nass.), Kreisgefängniß (würtemb., bad.), Zuchthaus (a. sächs. und s.-alt., hess., nass., thüring., lüb.), Kerker (östreich.).

Daneben findet sich ferner die körperliche Züchtigung als Surrogat oder alternativ für gewisse Personen und Umstände und eine Reihe von Schärfungen der Freiheitsstrafen, unter diesen ebenfalls die körperliche Züchtigung.

Diese Strafe der körperlichen Züchtigung fand sich nicht nur in dem alten bairischen und dem diesen folgenden früheren oldenburgschen Strafgesetzbuche, (in beiden bei der einfachen muthwilligen und bei der qualificirten Beschädigung nach Beschaffenheit der Person und Umstände gedroht), sondern sie findet sich, nachdem sie in Baiern schon 1848 abgeschafft war[16], noch in Würtemberg[17], Oestreich[18] und Sachsen.[19]

Als fernere Schärfungen der Freiheitsstrafen bei diesem Delict wird in dem sächsischen (a. u. n.) und s.-altenburgschen Gesetze der

[16] Art. 6 des bairischen Gesetzes vom 12. Mai 1848, einige Abänderungen des Strafgesetzes v. J. 1813 betr.

[17] Als Strafschärfung und als Surrogatstrafe, Gesetz v 17. Juni 1853, Art. 10.

[18] Ebenfalls als Strafschärfung und als Surrogatstrafe.

[19] Als Surrogatstrafe bei Vagabunden, Bettlern und Rückfälligen, Art. 24 und 336. Vgl. auch das s.-altenburgsche Strfgb., Art. 8, 12, 22, 23 und das hannoversche, Art. 24, jedoch auch das hannoversche Gesetz v. 22. November 1850, § 5.

Zusatz der Beschränkung der Kost auf Wasser und Brod und des harten Lagers im n. bair. der erstgenannte und der des Dunkelarrestes besonders hervorgehoben. Das preuß. Strafgesetzbuch hat bei einem Theil der qualificirten Fälle facultativ zeitige Untersagung der Ausübung der bürgerlichen Ehrenrechte, das n. sächs. bei allen qualificirten Fällen, jedoch ebenfalls nur facultativ, hartes Lager auf 30 Tage und Entziehung warmer Kost auf 60 Tage. Das n. bair. Strafgesetzbuch bestimmt außerdem bei der Beschädigung oder Zerstörung von Gegenständen, welche zu öffentlichem Gebrauch oder zu öffentlichem Zwecke dienen, daß im Strafurtheile die Wiederherstellung auf Kosten der Verurtheilten ausgesprochen werden kann.[20]

Das Straf-Minimum, welches sich in den deutschen Gesetzen findet, ist in den einfachen Fällen Geldstrafe (hannov., a. sächs. und s.-altenb. mit Ausnahme des Baumfrevels, hess., nass., bad., thüring., preuß., n. sächs., n. bair.) oder Gefängniß, entweder mit unbegränztem Minimum, bzw. Minimum von 1 Tage (a. sächs. und s.-altenb. beim Baumfrevel, braunschw., östreich., lüb.) oder von 8 Tagen (a. bair., a. oldenb., würtemb.); in den qualificirten Fällen theilweis auch Geldstrafe (hannov. [Muthwillen], hess. und nass., [wenn nicht über 10 fl.], bad., thür., sächs.) oder Gefängniß mit geringem (a. bair., a. oldenb., würtemb., preuß.[21]) oder unbegränztem (braunschw., a. sächs. und s.-altenb., n. bair., lüb.) Minimum.

Das Maximum variirt in den einfachen Fällen zwischen Arrest bis zu 42 Tagen, verbunden mit Geldstrafe, (n. bair.), Gefängniß bis zu 6 Monaten (a. bair., a. oldenb.), 2 Jahren (preuß.), 3 Jahren (braunschw.); Arbeitshaus bis zu 2 Jahren (a. sächs. u. s.-altenb. beim Baumfrevel), 3 Jahren (hannov.), und 6 Jahren (a. sächs. und s.-altenb. in den übrigen Fällen, würtemb., bad., thür., sächs.), endlich Zuchthaus bis zu 4 Jahren (hess. und nass.) und zu

[20] Daß auch dieser Zusatz nur facultativ gefaßt ist, erklärt sich daraus, daß der Richter nicht durch das Gesetz gezwungen werden sollte, Anordnungen zu erlassen, welche offenbar erfolglos sein würden; während zugleich die civilrechtlichen Entschädigungsansprüche durch jene Fassung des Gesetzes natürlich in keiner Weise beschränkt werden, vgl. Stenglein, Commentar, II, S. 522, Weis, Strfgb., S. 254.

[21] Würt. 8 Tage; a. bair., a. old., preuß. 14 Tage

5 Jahren (lüb.); — in den qualificirten Fällen zwischen Gefängniß bis zu 9 Monaten (a. bair., a. oldenb.), 3 Jahren (braunschw.), 5 Jahren, verbunden mit zeitiger Untersagung der Ausübung der bürgerlichen Ehrenrechte, (preuß.), 5 Jahren, verbunden mit (bis 1000 fl.) Geldstrafe (n. bair.); Arbeitshaus bis zu 3 Jahren (hannov.), 7 Jahren (bad., würt.), 6 Jahren, verbunden mit Schärfung (n. sächs.); Zuchthaus bis zu 4 Jahren (hess. und nass.), 5 Jahren (lüb.), bis zu 6 Jahren (a. sächs. und s.-altenb., thüring.)[22]

Die Strafe des Delicts der Vermögensbeschädigung schwankt also je nach den einzelnen Gesetzbüchern und Fällen zwischen der geringsten Geldstrafe und mehrjähriger Zuchthausstrafe, die der einfachen Fälle speciell zwischen der geringsten Geldstrafe und sechsjährigem Arbeitshaus und vierjährigem Zuchthaus, die der qualificirten zwischen geringer Geldstrafe und sechsjährigem Zuchthaus, — vom Landfriedensbruch abgesehen.

In Bezug auf das Strafminimum gehen, wie man sieht, die einzelnen Gesetze nicht so überaus weit auseinander (Geldstrafe in nicht zu sehr variirenden Summen oder Gefängnißstrafe mit nicht zu weit auseinandergehenden Maximalsätzen). Die weitaus größere Mehrzahl der gegenwärtig geltenden Strafgesetzbücher[23] droht als Strafminimum Geldbuße.[24]

---

[22] Beim Landfriedensbruche hat auch das preußische Strafgesetzbuch Zuchthausstrafe, und zwar bis zu 15 Jahren. Die Strafen des östreichischen Strafgesetzbuches steigen sogar bis zu lebenslänglichem Kerker, ja bis zur Todesstrafe auf, seine Bestimmungen verlieren sich dann aber vollständig in das Bereich der gemeingefährlichen Verbrechen, vgl. Köstlin, Abhandl., S 184. (Todesstrafe ist für den Fall gedroht, daß die Beschädigung den Tod eines Menschen zur Folge hatte und diese Folge von dem Thäter vorhergesehen werden konnte.)

[23] Noch überall keine Geldstrafe kennen bei diesem Delict, auch nicht in den leichteren Fällen, die alten Gesetzbücher von Baiern und Oldenburg und die von Würtemberg, Braunschweig, Oestreich, Lübeck. Dabei ist in Bezug auf das würtembergsche, braunschweigsche und lübecksche Strafrecht dann allerdings zu bedenken, daß in den geringfügigsten Fällen deshalb, weil sie unter das Polizeistrafgesetzbuch fallen, dennoch bloße Geldstrafe eintreten kann.

[24] So (theils in den leichteren nicht qualificirten, theils in allen nicht qualificirten, theils auch in den leichteren qualificirten Fällen) das hannoversche, s.-altenburgsche, hessische, badische, nassauische, thüringische, preußische, sächsische, neue bairische Strafgesetzbuch

Desto mehr weichen sie in Bezug auf das Strafmaximum von einander ab.

Daß von den meisten der deutschen Strafgesetzgebungen dem Richter die Möglichkeit gegeben wird, in den geringsten Fällen auf bloße Geldstrafe erkennen zu können, daß also in diesen Fällen die Freiheitsstrafe nicht absolut gedroht wird, muß lobend anerkannt, es muß unbedingt gefordert werden. Für die weniger geringfügigen Fälle ist die Freiheitsstrafe die angemessene Strafart. Sie kann bei der großen Mannigfaltigkeit der Fälle bis zu einem ziemlich hohen (facultativen) Maximum hinaufgehen, — sie muß es in Anbetracht der sehr bedeutenden Strafbarkeit, welche die Schändlichkeit des Motivs oder die Höhe des angerichteten Schadens oder gar beide zusammentreffend darstellen können.[25] Nur hat die Legislation sich bei diesem Delicte vielleicht mehr noch als sonst vor absoluten Strafdrohungen zu hüten; sie hat hier vielleicht mehr noch als sonst für die Ueberlassung eines genügenden Spielraums an den Richter zu sorgen, hier, wo die einzelne Falles-Individualität von der geringfügigsten, fast nur scheinbar zu strafenden Ungesetzlichkeit bis zum subjectiv und objectiv sehr erheblichen und erheblichsten Angriff gegen die Vermögensrechte aufsteigen, wo der zu strafende Willen zwischen nur wenig mehr als erlaubt scherzendem oder bloß unbedachtem Uebermuth und raffinirter Bosheit und Niedertracht, der angerichtete Schaden zwischen dem geringsten und dem höchsten Betrage, die möglich sind, schwanken kann; hier, wo zudem die subjective und die objective Seite des Verbrechens leichter und häufiger als irgendwo sonst contrastiren können, wo durch nur wenig energischen und an und für sich nicht sehr strafbaren dolus ein objectiv sehr bedeutender oder doch dem Verletzten ein sehr empfindlicher Schaden angerichtet werden kann, oder umgekehrt ein objectiv nur sehr geringer bei äußerst strafbar hervortretender subjectiver Seite des Delicts, — weshalb auch die unwandelbaren Abstufungen der angedrohten Strafe nach der Höhe des angerichteten

[25] Viel zu niedrig sind deshalb die Maximalsätze des alten bairischen und alten oldenburgschen Strafgesetzbuches, was auch Köstlin, S. 183 unten, hervorhebt, vgl. jedoch Art. 245 und 435 im alten bairischen, Art. 250 und 464 im alten oldenburgschen Strafgesetzbuche; und auch die Gesetze von Braunschweig und Hannover bleiben bei einem zu niedrigen Maximum stehen

Schadens nicht gut geheißen werden konnten.[26] Und eben deshalb ist es zugleich als ein Vorzug der sämmtlichen, bei diesem Delicte überhaupt Geldstrafe setzenden Strafgesetzbücher zu bezeichnen, daß sie dieselbe nicht für gewisse Fälle absolut drohen, sondern dem Richter in allen Fällen die Möglichkeit lassen, auf Freiheitsstrafe erkennen zu können.

Selbst die Zulässigkeit der Zuchthausstrafe läßt sich in einzelnen, und zwar in solchen Fällen vertheidigen, welche in jeder Beziehung besonders strafbar sind und das Rechtsgefühl ganz besonders beleidigen. Denn solche Strafe (namentlich im Vergleich mit der als die gewöhnliche auf andre Delicte gesetzten) heischende Fälle sind unter besondren Umständen denkbar und möglich. Aber wegen der großen Seltenheit solcher Fälle muß Das unbedingt gefordert werden, daß die Zuchthausstrafe auch den schwersten Nüancirungen der Vermögensbeschädigung nie absolut gedroht werde.[27]

Ebenso muß man auch trotz des oben über die Strafbarkeit der Vermögensbeschädigung im Allgemeinen Gesagten über die zeitige Untersagung der Ausübung der bürgerlichen Ehrenrechte urtheilen, welche ausdrücklich das preußische Strafgesetzbuch als strafschärfenden Zusatz enthält.

---

[26] Vgl. oben, S. 64 und gleich weiter unten im Text.

[27] Diese Forderung ist mit alleiniger Ausnahme des östreichischen Strafgesetzbuches, welches die Strafe des schweren Kerkers absolut droht, von der deutschen Strafgesetzgebung anerkannt, indem die sämmtlichen Gesetzbücher, welche bei diesem Delict überhaupt Zuchthausstrafe haben, (das alte sächsische und s.-altenburgsche bei der aus Bosheit verübten qualificirten Vermögensbeschädigung, das hessische und nassauische bei „ausgezeichneter Bosheit", das thüringische bei „Rache oder Bosheit" in den qualificirten Fällen, das lübecksche) sie auch in den schwersten Fällen nur facultativ drohen, („der Richter ist ermächtigt" ɔc.). Nach dem würtembergschen Strafgesetzbuche (Art. 385, N. 4) tritt in manchen Fällen entehrendes Kreisgefängniß und Arbeitshaus ein: man hielt in den Fällen, wo durch überlegte Bosheit, also durch einen besonders hohen Grad subjectiver Strafbarkeit zugleich ein bedeutender Schaden angerichtet ist, eine entehrende Strafe nicht für unangemessen, vgl. Hufnagel, Commentar, II, S 681, und so würde z. B. der im 4. Bande von Bischoffs merkwürdigen Criminalfällen mitgetheilte, oben, S. 6, N. 2 erwähnte Fall (Erstechen von Pferden aus Rache, weil der Thäter sie nicht um den gebotenen Preis verkauft erhalten hatte,) unter Art. 385, N. 4 des würtembergschen Strafgesetzbuches fallen, Hufnagel, an der eben angeführten Stelle in der Note. S. auch Art. 23 des hessischen und Art. 21 des nassauischen Strafgesetzbuches (vgl. die angehängte Tabelle). Man sollte aber auch diese Freiheitsstrafen wegen der damit verbundenen Ehrenfolgen nicht absolut drohen.

Berner stellt allerdings, wohl nicht ohne speciellen Hinblick gerade auf das preußische Strafrecht, in der oben wörtlich angeführten Stelle die Forderung auf, daß die bloße Vermögensbeschädigung, selbst wenn sie aus Bosheit verübt wird, niemals mit dem Verlust der Ehrenrechte bestraft werden dürfe.

Indessen so richtig im Allgemeinen und als Regel festzuhalten diese Forderung auch ist, so lassen sich doch Fälle denken, für welche trotz des hervorgehobenen Unterschiedes zwischen der Vermögensbeschädigung und den übrigen Verbrechen gegen das Vermögen doch ausnahmsweis dem Richter wenigstens die Möglichkeit gegeben werden muß, auch auf jene Ehrenstrafen erkennen zu können.

Das preußische Strafgesetzbuch enthält den in Rede stehenden Zusatz nicht bei besonders hohen Schadensbeträgen, sondern vielmehr bei Beschädigungen solcher Gegenstände, welche durch eine besondre Pietät geschützt werden sollen oder deren Beschädigung eine besonders große und gefährliche Impietät erkennen läßt. Es enthält ihn nicht nur nicht bei der einfachen Vermögensbeschädigung, sondern auch nicht bei der Schädigung von Gebäuden, Schiffen, Brücken, Dämmen, gebauten Straßen, Eisenbahnen oder sonstigen Bauwerken, wo es doch sonst, abgesehen vom Landfriedensbruch, die höchsten Strafmaße hat; vielmehr nur bei Gegenständen der Verehrung einer im Staate bestehenden Religionsgesellschaft oder von Sachen, die dem Gottesdienste gewidmet sind, oder an Grabmälern, öffentlichen Denkmälern, Gegenständen der Kunst, der Wissenschaft oder des Gewerbes, welche in öffentlichen Sammlungen aufbewahrt werden oder öffentlich aufgestellt sind, oder an Gegenständen, welche zum öffentlichen Nutzen oder zur Verschönerung öffentlicher Wege oder Anlagen dienen, — wo doch sonst geringere Strafe gedroht wird[28], als bei den kurz vorher genannten Fällen.[29]

Es liegt nahe, weshalb gerade in den Fällen, wo die preußische Gesetzgebung sie wirklich droht, die zeitige Untersagung der bürgerlichen Ehrenrechte, (soweit ein Gesetz eine solche überhaupt kennt), am Ehesten angemessen erscheint. Entschieden dagegen würde man sich allerdings erklären müssen, wenn auch nur in diesen Fällen die in Rede stehende Strafschärfung absolut angedroht wäre. Das ist aber im preußischen

[28] Gefängniß nicht unter 14 Tagen.

[29] Gefängniß nicht unter 2 Monaten.

Strafgesetzbuche nicht der Fall, sondern es heißt nur: „auch kann auf zeitige Untersagung der Ausübung der bürgerlichen Ehrenrechte“ erkannt werden.

In Anbetracht nun des ganz maßlosen Vandalismus und der äußersten Rohheit, welche unter Umständen in einer Beschädigung der genannten Gegenstände liegen, und eben so groß und größer sein können als die in manchen andren Fällen bei manchen andren Verbrechen angenommenen, erscheint es nicht unangemessen und Nichts weniger als ungerecht, den Richter in den Stand zu setzen, da, wo Jenes wirklich der Fall ist, es auch genügend und in der richtigen Weise und nicht minder als bei andren Delicten treffen zu können.[30]

Auch in dem einen Falle, wo das würtembergsche Strafgesetzbuch eine ähnliche Bestimmung enthält (beim Beschädigen von Gegenständen religiöser Verehrung, Gräbern oder Grabstätten in gewinnsüchtiger Absicht soll neben der Freiheitsstrafe Verlust der bürgerlichen Ehre und der Dienst-Rechte eintreten), läßt sich Nichts einwenden, obgleich diese Strafschärfung hier absolut gedroht wird. Denn diese Strafbestimmung ist hier noch weniger aus dem reinen und unvermischten Standpunkte der Vermögensbeschädigung getroffen. Wäre das Letztere der Fall, so müßte man ihr entschieden entgegen treten.

Die übrigen Zusätze anlangend, welche sich, wie referirt, in einigen Strafgesetzbüchern finden, so ist gegen das neue bairische Strafgesetzbuch, nach welchem bei gewissen Beschädigungen die Wiederherstellung auf Kosten des Verurtheilten im Strafurtheile erfolgen soll, Nichts einzuwenden; (auch nicht gegen die Stellung unter Polizeiaufsicht, welche das preußische Strafgesetzbuch beim Landfriedensbruch hat).

Ueber die in Schmälerung der Kost und des Lagers bestehenden Strafzusätze gilt im Allgemeinen namentlich insofern Dasselbe, was über

[30] Uebrigens hat das lübecksche Strafgesetzbuch jene die Untersagung der Ausübung der bürgerlichen Ehrenrechte enthaltende Bestimmung des preußischen Strafgesetzbuches nicht aufgenommen (§ 239), während das oldenburgsche (Art. 258, § 2, Art. 259) sie auch noch auf die Beschädigung oder Tödtung von fremdem Vieh auf der Weide und von „angeschafften oder angefahrenen Schlengen-, Höfter- oder Steindeichs-Materialien“ ausdehnt, — eine gewiß zu weit gehende und nicht zu billigende Ausdehnung. Natürlicher Weise gilt das im Texte über diese Ehrenstrafe Gesagte auch von denjenigen Gesetzbüchern, welche eine Strafe drohen, die Ehrennachtheile zur Folge hat, s. Note 27.

die Strafe der körperlichen Züchtigung zu sagen ist, als, wenn man diese verschärfenden Zusätze überhaupt zulassen will, ihnen besondre Bedenken gerade bei der Vermögensbeschädigung nicht entgegenstehen.

Ob endlich die körperliche Züchtigung eine angemessene Strafe dieses Delictes ist, hängt lediglich von der Beantwortung ab, die man auf die Frage nach der Zulässigkeit oder Unzulässigkeit der Prügelstrafe überhaupt ertheilt. Denn wer für gewisse Personen und unter gewissen Umständen die Prügelstrafe überhaupt zuläßt, der wird gerade bei diesem Delicte keinerlei Bedenken haben, bei ihm vielmehr am Allereheſten jene Strafart für zweckmäßig halten. Denn dieses Delict wird, namentlich in seinen leichteren Nüancirungen, oft von jugendlichen Delinquenten begangen; es wird nicht selten aus bubenhafter Rohheit, aus empörendem Uebermuth und Vandalismus oder sonst unter Umständen begangen, welche Dem, der nicht ganz fest gegen die die Prügelstrafe empfehlenden Versuchungen gestählt ist, gerade hier in an und für sich gerechter Entrüstung und Empörung, wenn vielleicht auch nur ganz ausnahmsweis, die Prügelstrafe zulässig und angemessen erscheinen lassen. Wer aber (mit dem Verfasser) so unerschütterlich fest von der unbedingten und ausnahmslosen Verwerflichkeit der Prügelstrafe überzeugt ist, daß er sich in keinem Falle und unter keinen Umständen zu ihrer Gestattung hinreißen lassen kann, der wird auch bei dem hier in Rede stehenden Delicte trotz überwallenden Zornes im einzelnen Falle die Strafe der körperlichen Züchtigung entschieden verwerfen.

II. Abstufung und Zumessung der Strafe.

Maß und Höhe, und zwar nicht nur in Bezug auf die Zumessung, sondern nach dem positiven Inhalte unsrer Strafgesetzbücher vielfach auch auf die Abstufung der Strafe hängt vorzugsweis von den folgenden Gesichtspunkten ab:

1. von dem subjectiven des Motivs zur That,
2. von der Größe des Schadens, welcher
    a. angerichtet ist oder
    b. angerichtet werden konnte[31] oder auch sollte[32],

[31] Vgl. das hannoversche Strafgesetzbuch, Art. 338.

[32] Vgl. das östreichische Strafgesetzbuch, § 85 a

3. von der Beschaffenheit oder der Lage des Gegenstandes, welcher Object des Delicts gewesen ist.

Außerdem werden von besondrer Wichtigkeit und auch wohl besonders hervorgehoben der Rückfall [33] und die Frag [34], ob Ersatz für die zugefügte Schädigung geleistet ist, oder nicht.

Die Beurtheilung dieser sämmtlichen Gesichtspunkte geschieht in den einzelnen Strafgesetzbüchern in einer durchaus verschiedenen Weise, namentlich auch insofern, als die einen von dem ersten Gesichtspunkte einen Strafabstufungs-, von dem andren nur einen Strafzumessungs-Grund hernehmen, die andren aber gerade umgekehrt verfahren, und das für Straf-Abstufung und Zumessung leitende Princip ganz verschieden beurtheilt wird.[35]

Das Motiv zur That, also ob dieselbe aus Bosheit, bzw. Rachsucht, Eigennutz ꝛc. oder aus bloßem Muthwillen begangen ist[36], dieser subjective Gesichtspunkt erscheint als Strafabstufungsgrund in dem alten bairischen und alten oldenburgschen sowie in dem badenschen und auch in dem östreich. Gesetzbuche.[37] Im n. sächs., braunschw. und im preußischen Strafgesetzbuche ist das Motiv zur That dagegen nur Strafzumessungsgrund, sei es, daß Dies, wie in dem zuerst genannten ausdrücklich bestimmt, sei es, daß es, wie nach den beiden zuletzt genannten, lediglich aus allgemeinen Grundsätzen abzuleiten ist, indem eine ausdrückliche Erwähnung der Motive gar nicht erfolgt.

Diese einfache Zweitheilung ist jedoch durchaus nicht genügend, die sämmtlichen Abweichungen und Verschiedenheiten, welche sich in den einzelnen deutschen Strafgesetzbüchern in dieser Beziehung finden, erschöpfend

---

[33] Hannov. Strfgb., Art. 337, letzter Absatz. Vgl. Note 37. Bad. Strfgb., § 575.

[34] Darüber s. den folgenden §.

[35] Diese Verschiedenheiten sind übersichtlich zusammengestellt in der angefügten Tabelle.

[36] Ueber die Bedeutung dieser Motive ist bereits oben, S 120 ff., gehandelt, desgleichen darüber, daß dieselben nach manchen Gesetzbüchern noch mehr als Strafabstufungsgründe, nämlich Bedingungen und Voraussetzungen des Delicts sind, S. 116.

[37] Von dem badenschen Gesetzbuche wird wegen muthwillig begangener Vermögensbeschädigung (wenn der durch dieselbe verursachte Schaden 10 fl. nicht übersteigt), nur dann gestraft, wenn der Thäter, zum zweiten Male rückfällig, bereits zwei Mal polizeilich bestraft ist. Ueber das östreichische Strafgesetzbuch vgl. oben, S. 119, N. 34

zu bezeichnen. Der Abweichungen und Verschiedenheiten werden dadurch mehr, daß in andren Gesetzbüchern bei einigen Arten und Graden der Vermögensbeschädigung von dem Motive zur That ein Strafabstufungs-, bei andren Arten und Graden nur ein Strafzumessungs-Grund hergenommen wird.

Im würtembergschen Strafgesetzbuche erscheint das Motiv der „überlegten Bosheit" als Strafabstufungsgrund nur bei der höchsten Art der einfachen Vermögensbeschädigung, während bei den andren Arten der einfachen und bei den qualificirten das Motiv gar nicht erwähnt wird, also nur als Strafabstufungsgrund in Betracht kommt.

Gerade umgekehrt erscheint in andren Gesetzbüchern (im hannoverschen, im a. sächs. und sachs.-altenb., im hess. und nass., im thür. und n. bair.) das Motiv bei den einfachen Schädigungen nur als Strafzumessungs-, bei den qualificirten oder einem Theile der qualificirten als Strafabstufungs-Grund.

So werden vom hannoverschen Strafgesetzbuche (Art. 336, 339) die Motive im Allgemeinen nur als Strafzumessungsgrund, bei den qualificirten Fällen (Art. 337) jedoch auch als, facultativer, Strafabstufungsgrund genannt, indem hier, wenn die Beschädigung nur aus Muthwillen geschehen war, der Richter statt der sonst gedrohten Freiheitsstrafe auf Geldstrafe erkennen kann.

Im alten sächsischen und sachsen-altenburgschen Gesetzbuche giebt das Motiv bei der einfachen Vermögensbeschädigung nur einen Strafzumessungs-, bei der qualificirten aber einen, und zwar nicht bloß facultativen Strafabstufungsgrund ab: der muthwilligen Beschädigung wird Gefängniß oder Arbeitshaus, der boshaften Arbeitshaus oder Zuchthaus gedroht.

Im hessischen und nassauischen Strafgesetzbuche bildet bei den qualificirten Fällen das Motiv insofern einen Strafabstufungsgrund, als einmal die aus Rache wegen Amtshandlungen begangenen Vermögensbeschädigungen immer zu den qualificirten Fällen zu zählen und damit der höheren Strafe zu unterstellen sind; und als sodann bei qualificirten Vermögensbeschädigungen, welche aus „ausgezeichneter Bosheit" hervorgegangen sind, anstatt auf Correcttionshausstrafe auf Zuchthausstrafe erkannt werden kann. In allen übrigen Fällen ist das Motiv nur Strafzumessungsgrund.

Im thüringischen Strafgesetzbuche tritt die Verschiedenheit des Motives regelmäßig ebenfalls nur als Strafzumessungsgrund auf, als ein, (und zwar wiederum nur facultativer), Strafabstufungsgrund jedoch bei einem Theile der qualificirten Vermögensbeschädigungen: hier, nämlich in den Fällen, wo gottesdienstliche Gebäude, zum öffentlichen Gebrauche dienende Bauwerke, Wasser-Uferbaue, öffentliche Denkmäler, öffentliche Sammlungen für Wissenschaft und Kunst, Friedhöfe, Gräber, Grabstätten oder Feuerlöschgeräthschaften beschädigt worden sind, wo fremdes Vieh beschädigt oder getödtet und wo Grundeigenthum durch eine verursachte Ueberschwemmung beschädigt worden ist, — soll der Richter auf Zuchthaus anstatt auf Arbeitshaus erkennen dürfen, wenn das Verbrechen aus Rache oder Bosheit verübt wurde. Sonst wird das Motiv zur That auch im thüringischen Strafgesetzbuche nicht ausdrücklich erwähnt.

Ebenso macht das neue bairische Strafgesetzbuch das Motiv, welches es sonst ebenfalls gar nicht nennt, zu einem Strafabstufungsgrunde nur bei einem bestimmten, und zwar noch viel kleineren Theile der qualificirten Vermögensbeschädigungen, nämlich (Art. 343, Nr. 5), wenn die Beschädigung oder Zerstörung am Eigenthum eines Beamten oder öffentlichen Dieners, einer Militärperson oder einer andren mit einer öffentlichen Function ständig oder vorübergehend betrauten Person aus Rache[38] wegen einer Berufsausübung dieser Personen oder am Eigenthum eines Zeugen oder Sachverständigen aus Rache wegen seiner Aussagen verübt wurde.

Es kann nun allerdings nicht zweifelhaft sein, daß gerade bei diesem Delict das Motiv zur That von Einfluß auf die Bestrafung des Thäters, in manchen Fällen vom allergrößesten Einfluß sein muß. Namentlich drängt sich in dieser Beziehung der auch von den Gesetzen vorzugsweis beobachtete Unterschied auf zwischen der aus Muthwillen, Leichtsinn, Uebereilung, jugendlichem Uebermuth und der aus eigentlicher Bosheit, überlegter Lust an fremdem Schmerz, Rachsucht, Eigennutz geschehenen Vermögensbeschädigung. Der Unterschied, welcher zwischen dem thörichten jungen Menschen, der gelegentlich eine Straßenlaterne zerschlägt oder

[38] Vgl. auch das badische Stfgb., §. 571, Nr. 11. Besonders hervorgehoben wird das Motiv der Rache wegen Amtshandlungen außer vom neuen bairischen noch vom hessischen und nassauischen und vom badenschen Strafgesetzbuche.

einen Baum einknickt, und Demjenigen besteht, der in überlegter Bosheit dem Andren wohlberechneten, besonders empfindlichen, besonders hohen Schaden zufügt, indem er ihm z. B. sein ganzes Vermögen zerstört oder dem Blinden den führenden Hund tödtet[39] 2c., — dieser Unterschied braucht nicht erst gesucht zu werden, und es versteht sich ganz von selbst, daß er in Anschlag zu bringen ist, wenn es gilt, dem Thäter die gerechte Strafe zuzumessen.

Was aber nichtsdestoweniger fraglich bleibt, ist, ob von der Bosheit oder dem Muthwillen, ob von dem Motive zur That überhaupt ein Grund für die abstracte Abstufung der Strafe herzunehmen sei.

In Bezug hierauf ist zunächst zu bemerken, daß man trotz des eben Angedeuteten darauf aufmerksam gemacht hat[40], daß sich nicht sagen lasse, daß Bosheit unbedingt und immer ein strafbareres Motiv sei als Muthwillen. Vielmehr könne gerade bei Beschädigungen aus Rachsucht das etwaige Unrecht, wodurch diese Rachsucht erregt worden, in Betracht kommen.

An dieser Ansicht ist ohne Zweifel so viel richtig, daß man sich allerdings wohl Fälle wie die eben angedeuteten denken kann, Fälle, in denen die überlegte und boshafte Beschädigung nur die an Selbsthülfe streifende Revanche des Thäters für ein ihm von Seiten des jetzt Beschädigten selbst zugefügtes Unrecht darstellt, und dergl., Fälle, in denen aus besondren Gründen die Strafbarkeit des in Bosheit und Rachsucht bestehenden Motivs an die des bloßen Muthwillens sehr nahe angränzt. Andrerseits kann die Strafbarkeit des — etwa einen besondren Vandalismus bekundenden oder einen besonders großen Schaden verursachenden oder im wiederholten Rückfall begriffenen und einen Hang zu derlei Vermögensverbrechen verrathenden — Muthwillens sehr nahe an die eigentliche Bosheit heranreichen.

Schon Dieses aber macht es unräthlich, die Berücksichtigung des Motives nicht etwa bloß im einzelnen Falle dem Richter für die Bemes-

---

[39] Vgl. Tittmann, Handbuch, III, S. 443, Note n.

[40] Es ist Das von Krug geschehen, Commentar, II, S. 269, Nr. 4, und ihm scheint Köstlin, Abhandl., S. 183, N. 10 sich anschließen zu wollen. Vgl. auch den Deputations-Bericht der 2. sächsischen Kammer, Landt.-Act. z. III. Abth., 1. Samml. S. 156 ff., Hartitzsch, Criminalgesetzbuch f. d. Königr. Sachsen, S. 439 ff. und die Motive zum würtembergschen Strafgesetzbuche, Hufnagel, Commentar, II, S. 679, 680.

sung der Strafe zu überlassen, sondern nach der Verschiedenheit der Motive die Strafdrohung von vornherein und allgemein abzustufen.

Hält man im Uebrigen aber auch, wie man in der That muß, daran fest, daß im Allgemeinen die Bosheit immer ein strafbareres Motiv ist als der Muthwillen[41] und daß nur durch das Hinzutreten ganz besondrer Gründe in einzelnen Fällen die Strafbarkeit der Bosheit und die des Muthwillens sehr nahe an einander gränzen können; — so können doch die Motive der Bosheit und des Muthwillen selbst sich so nahe kommen, daß sie kaum zu unterscheiden sind[42] und daß zwar nicht die Frage: ist Bosheit oder Muthwillen strenger zu bestrafen?, wohl aber die: liegt im vorliegenden Falle Bosheit oder Muthwillen vor und welche Strafbestimmung ist deshalb zur Anwendung zu bringen? zu Schwierigkeiten führen kann. Aus diesem Grunde, also deshalb, weil Motive, welche möglicher Weise so nahe an einander gränzen und in einander überlaufen, sich nicht eignen, als Gründe für die Abstufung der Strafe zu dienen, muß man sich vollends gegen diejenigen Gesetze erklären, welche die Motive zur That als Strafabstufungsgründe setzen.[43]

---

[41] So auch alle Verfasser von Systemen, welche diese Frage berühren. Vgl. Grolman, Grundsätze, 3. Aufl., § 211, Feuerbach, Lehrbuch, S. 502, Tittmann, Handbuch, III, § 528, Salchow, Darstellung der Lehre von Strafen und Verbrechen, II, § 286, Dabelow, Lehrbuch, S. 218, Henke, Lehrb., § 257. Bei der Berathung des badischen Strafgesetzbuches dachte man daran, sämmtliche muthwilligen Vermögensbeschädigungen gar nicht in das Strafgesetzbuch aufzunehmen, sondern lediglich der polizeilichen Bestrafung zu überlassen, vgl. Thilo, Strafgesetzbuch für das Großherzogthum Baden, S. 449. Wie die Bosheit ein strafbareres Motiv als der Muthwillen, so ist dann die aus einem Hange zu derlei Muthwilligkeiten hervorgegangene Vermögensbeschädigung wieder strafbarer als die einer bloßen vorübergehenden Anwandlung von Muthwillen entsprungene, vgl. (Schletter), das neue Criminalgesetzbuch Sachsens, S. 194, Hartitzsch, a. a. O., S. 440, 441, Hufnagel, würtembergsches Strafgesetzbuch, S. 408 und Commentar, S. 680.

[42] Vgl. oben, S. 128; Allgemeine Gerichtszeitung für das Königreich Sachsen, 1861, S. 273, Neue Jahrbücher für sächsisches Strafrecht, VII, S. 325.

[43] Auch Hufnagel, (würtemb. Strfgbch., S. 408 und Commentar, II, S. 680) spricht aus, daß darauf, ob Bosheit oder Muthwillen und wieder, ob eine bloße Anwandlung von Muthwillen oder Hang dazu das Motiv zur That gewesen, innerhalb des Strafrahmens Rücksicht zu nehmen, auch daß Bosheit immer strenger zu bestrafen, daß aber keine Strafgradationen nach dem Motive aufzustellen seien. Vgl. auch Goltdammer, Materialien zum preuß. Strfgb., II, S. 626, 627.

Dazu tritt dann noch, daß in ein und demselben Falle die subjective und die objective Strafbarkeit ganz verschieden, die subjective eine sehr geringe (nur muthwillige) und zugleich die objective wegen des Betrages des angerichteten Schadens eine sehr hohe sein[44] und daß ungerechte Straferkenntnisse herbeigeführt werden können, wenn der Richter genöthigt ist, zunächst lediglich nach dem subjectiven Momente das strengere oder mildere Strafgesetz zur Anwendung zu bringen und nur, soweit dieses es zuläßt, nebenbei das objective zu berücksichtigen. Nur wenn dem Richter freie Hand gelassen wird, diejenige Berücksichtigung des objectiven und des subjectiven Momentes gleichmäßig walten zu lassen, welche der einzelne Fall erheischt, kann er auch in jedem einzelnen Falle die seiner individuellen Lage genau entsprechende und damit ganz gerechte Strafe erkennen.

Auch lassen sich alle möglichen Motive, namentlich in ihren verschiedenen Nüancirungen gar nicht im Voraus aufzählen; und was gegen die Abhängigmachung der Strafbarkeit dieses Delicts überhaupt von dem Vorhandensein gewisser Dolus-Modificationen gesagt worden ist[45], das spricht auch gegen die ausschließlich nach dem Motive zur That sich richtende Abstufung der Strafe in abstracto.

Wo möglich noch entschiedener muß man sich dann gegen diejenigen (ebenfalls angeführten) Gesetze erklären, welche bei einem Theile der Vermögensbeschädigungen die Strafe nach dem Motive zur That abstufen, bei dem andern Theile nicht, indem hier zu den angeführten Bedenken noch die der Halbheit und Inconsequenz treten.

Aehnlich wie mit dem Motive zur That verhält es sich in den neuen Strafgesetzbüchern mit dem objectiven Momente der Höhe des angerichteten Schadens. Von Einfluß auf die Strafe ist auch dieses Moment selbstverständlich nach allen Gesetzbüchern, auch wenn es, wie im preußischen, nicht ausdrücklich erwähnt wird und seine Berücksichtigung bei der Strafzumessung nur aus den allgemeinen Grundsätzen zu entnehmen ist.

Auch nach dem sächsischen, dem alten wie dem neuen, (und dem

---

[44] Vgl. den in Note 40 angeführten Deputationsbericht der 2. sächsischen Kammer und die Stelle bei Hartitzsch.

[45] S. oben S. 128, 129.

sachsen-altenburgschen) Gesetzbuche kommt die Höhe des Schadensbetrages nur für die Strafzumessung in Betracht. Es wird nur bestimmt, daß der Richter „unter Berücksichtigung des angerichteten Schadens" die Strafe zu bemessen habe.

In sämmtlichen andren Strafgesetzbüchern erscheint dagegen die Höhe des angerichteten Schadens als Strafabstufungsgrund, sei es, daß von eben dieser Höhe es abhängig gemacht wird, ob die Vermögensbeschädigung überhaupt im engeren Sinne criminalrechtlich zu strafen ist, und die unter der festgesetzten Höhe bleibenden Schädigungen in das Polizeistrafgesetzbuch verwiesen werden, ein weiterer Einfluß auf die Strafabstufung der Höhe des angerichteten Schadens aber nicht eingeräumt wird[46]; sei es, daß umgekehrt zwar die eigentlich criminelle Bestrafung von einer bestimmten Schadensbetragshöhe nicht abhängig gemacht wird, daß aber je nach der Höhe des angerichteten Schadens Maß und Art der Strafe sich richtet und danach verschieden strafbare Classen der Vermögensbeschädigung abgestuft werden[47], sei es, daß beides zusammen geschieht.[48] Wenn aber auch nicht immer die alleinige oder hauptsächliche, ist die Höhe des angerichteten Schadens doch nach allen diesen Gesetzbüchern ein wichtiges und durchgreifendes Moment für die Straf-Androhung und Abstufung.

---

[46] Nur Dies geschieht allein vom alten bairischen und alten oldenburgschen Strafgesetzbuche. Die kritische Höhe des Schadensbetrages beläuft sich nach jenem auf 50 fl., nach diesem auf 30 Thlr.

[47] So nach dem hessischen und nassauischen, thüringischen und neuen bairischen Strafgesetzbuche. Das badensche Strafgesetzbuch gehört in Bezug auf die boshaften Vermögensbeschädigungen hierher, in Bezug auf die muthwilligen zu den in der vorigen Note genannten Gesetzen, indem bei den muthwilligen Beschädigungen die Höhe des Schadensbetrages (10 fl.) nur insofern wichtig ist, als davon die Entscheidung der Frage abhängt, ob die Beschädigung unter das Criminalgesetzbuch gezogen werden muß; während alle boshaften, rachsüchtigen, eigennützigen Vermögensbeschädigungen zu jedem Betrage unter das Strafgesetzbuch fallen, bei ihnen aber die Strafe nach der Größe des angerichteten Schadens abgestuft ist

[48] So nach den Strafgesetzbüchern von Würtemberg, Braunschweig, Hannover und Lübeck. Die für die Frage, ob das Strafgesetzbuch oder das Polizeistrafgesetzbuch zur Anwendung kommt, den Ausschlag gebende Höhe des angerichteten Schadens beläuft sich nach dem würtembergschen Strafgesetzbuche auf 10 fl., nach dem braunschweigschen auf 5, in den qualificirten Fällen auf 2 Thlr., nach dem hannoverschen auf 10 Thlr und nach dem lübeckschen auf 30 Mrk

Nur in einzelnen ausdrücklich hervorgehobenen Punkten wird die Bedeutung der Höhe des angerichteten Schadens ausnahmsweis beschränkt. So kommt nach dem braunschweigschen Strafgesetzbuche auf die Schadensbetragshöhe bei der fahrlässigen Vermögensbeschädigung in den Fällen Nichts an, wo in der Handlung zugleich die Uebertretung eines andren Strafgesetzes liegt und durch sie Personen in Lebensgefahr gebracht oder auch ohne Das Personen in Gefahr gebracht sind; nach dem hannoverschen auf den wirklich eingetretenen Schaden Nichts, wenn durch die Beschädigung ein bedeutender Nachtheil für das gemeine Wesen oder das Leben und die Gesundheit der Menschen herbeigeführt werden konnte (und der Thäter wegen der Gemeingefährlichkeit seiner Handlung oder wegen des wirklich eingetretenen Nachtheils nicht schon einer härteren Bestrafung unterliegt); nach dem badischen bei der muthwilligen Beschädigung in dem Falle Nichts, wenn der Thäter bereits zwei Mal polizeilich bestraft worden ist, während, ist er Dies nicht, auch bei der muthwilligen Beschädigung, die Bestrafung lediglich nach der Höhe des angerichteten Schadens sich richtet, indem dann nur die einen Betrag von 10 fl. nicht übersteigenden Schädigungen unter das Strafgesetzbuch fallen.[49]

Nach dem östreichischen Strafgesetzbuche werden diejenigen Vermögensbeschädigungen, welche als Verbrechen betrachtet werden, dann ohne Rücksicht auf den angerichteten Schaden criminell bestraft, wenn aus der Handlung eine Gefahr für das Leben, die Gesundheit, körperliche Sicherheit von Menschen oder in größerer Ausdehnung für fremdes Eigenthum entstehen kann; oder wenn die Beschädigung gegen gewisse mit besonderem Schutze versehene Gegenstände, wie Eisenbahnen, Wasserwerke, Brücken und dergl., sich richtete.[50] Ebenso kommt nach dem neuen bairischen Strafgesetzbuche auf die Höhe des angerichteten Schadens für die Strafabstufung Nichts an, einmal bei den fahrlässigen, sodann bei den qualificirten Beschädigungen; und nach dem hessischen und nassauischen Gesetze ist der Einfluß des Schadensbetrags nur facultativ.

Dagegen bildet im würtembergschen Strafgesetzbuche, auch wenn man auf den ersten Blick Anderes anzunehmen geneigt sein könnte, die

[49] Vgl. Note 47 a. E.

[50] § 85 c. Vgl. Frühwald, Handbuch des östreichischen Strafgesetzes, S. 109.

Höhe des angerichteten Schadens das ausnahmslose Hauptmoment für die Abstufung der Strafe. Denn wenn in diesem Gesetzbuche auch die qualificirten Schädigungen nicht so durchgehends und ausdrücklich nach der Höhe des Schadensbetrages abgestuft sind wie die einfachen, so ergiebt sich doch aus dem mit den Worten „in den leichteren Fällen" beginnenden Absatze des Art. 386, daß die Strafe nach bestimmter Schadensbetragshöhe abgestuft sein soll.

Wenn aber auch die oben referirten theil- und ausnahmsweisen Einschränkungen der Bedeutung der Schadensbetragshöhe vorkommen, so bleibt nichtsdestoweniger doch als Regel der Satz bestehen, daß nach dem positiven Recht der bei Weitem meisten deutschen Strafgesetzbücher die Strafe allein oder hauptsächlich abgestuft wird nach dem objectiven Gesichtspunkte der Höhe des angerichteten Schadens. Es fragt sich, ob hierin ein richtiger legislatorischer Grundsatz zu erkennen ist, oder ob nicht vielmehr die diese Schadensbetragshöhe nur als Strafzumessungsgrund zulassende Minderheit der deutschen Strafgesetzbücher richtiger verfährt.

In der That ist das Letztere der Fall. Dafür spricht schon der allgemeine Grundsatz, daß alle nach dem Werthe der Verletzung gemachten plötzlichen und abschneidenden Strafabstufungen so viel wie irgend möglich zu vermeiden sind.

Außerdem ist aber das schon oben gegen die Abstufung der Strafe nach dem subjectiven Gesichtspunkte des Motives zur That Gesagte nicht außer Acht zu lassen. Wenn, wie nöthig, beide, das objective und das subjective Moment gehörig berücksichtigt werden und die Strafe bestimmen sollen, so ist in Anbetracht der unbestreitbaren Thatsache, daß gerade bei dem Delicte der Vermögensbeschädigung in ein und demselben Falle das eine sehr hohe, das andre sehr niedrige Strafbarkeit fordern kann, die in abstracto vorgeschriebene Abstufung der Strafe nur nach dem einen unbedingt zu verwerfen. Daß die Höhe des angerichteten Schadens auf die Strafe von Einfluß sein muß, versteht sich ja ganz von selbst. Der dem Richter einzuräumende Spielraum und die auf die Schadensbetragshöhe bei der richterlichen Strafzumessung zu nehmende Rücksicht sichert diesen Einfluß aber durchaus genügend, und auch der Grad der Bosheit 2c. muß von Einfluß sein. Und eben deshalb wäre es nicht richtig, nach dem Einen oder dem Andern, nach dem objectiven oder subjectiven Momente über das richterliche Ermessen hinaus bestimmte und scharf abgegränzte Abstufungen zu machen. Auch die nothwendige Mitberücksichtigung der Fälle, in denen es sich um (möglicher Weise sehr boshafte) Schädigung eines Affectionswerthes handelt, macht es nothwendig, dem Richter für die Zumessung der Strafe einen weiten Spielraum zu lassen, — und macht es unthunlich, die Strafe nach dem Geldwerthe des angerichteten Schadens abzustufen.

Man hat es auch vielfach in den ständischen Ausschüssen rc. empfunden und ausgesprochen, daß Abstufungen der Strafe nach dem Geldwerthe bedenklich sind und zu Ungerechtigkeiten führen können.[51] Man hat richtig ausgeführt, daß der Werth des Schadensbetrages zwar bei der Bestimmung der Strafe mit berücksichtigt werden muß, doch aber bei diesem Verbrechen nicht unter allen Umständen von solcher Wichtigkeit ist, um gerade hiernach eine besondere Strafabstufung eintreten zu lassen.[52] Wenn aber z. B. die Deputation der zweiten sächsischen Kammer[53] gegen den die gewöhnlichen Abstufungen nach der Schadensbetragshöhe bereits aufgebenden Entwurf zum Strafgesetzbuche von 1838 geltend machte, daß solche Abstufungen nöthig seien, damit nicht die Berücksichtigung des subjectiven Momentes zu sehr in den Vordergrund träte und es nicht dahin käme, daß die Verletzung einer aus geringster Bosheit verletzten 1000 Thlr. werthen Maschine mit dem Strafminimum und das Erschießen eines Paares sehr seltener Tauben aus größter Bosheit mit dem Strafmaximum belegt werde[54]; — so ist dieser Einwand in seinem negativen Theile, d. h. soweit er der Strafabstufung nach dem Motive zur That entgegen tritt, zwar vollständig richtig, nicht aber, soweit er daraus positiv die Forderung von Strafabstufungen nach dem objectiven Momente, dem Betrage des angerichteten Schadens herleitet. Denn es muß vielmehr mit ganz demselben Rechte gefordert werden, daß die Gesetzgebung es unmöglich macht, daß die Verletzung einer 1000 Thlr. werthen Maschine mit dem Strafmaximum belegt wird, obgleich die Verletzung nur aus

---

[51] Vgl. Günther, a. a. O, S. 151.

[52] Vgl. Günther, a. a. O, (Schletter), a a. O, S 194, Hartitzsch, Criminalgesetzbuch für das Königreich Sachsen, S. 439.

[53] Landt.-Act. z. III. Abth., 1. Samml:, S. 156 ff, Hartitzsch, a. a. O., S 439 ff.

[54] Vgl. oben S. 59 ff., 64; (Schletter), das neue Criminalgesetzbuch Sachsens, S. 194, Günther, die neuen Criminalgesetze für das Königreich Sachsen, S. 151

geringer Bosheit oder Muthwilligkeit vorgenommen ist, das Erschießen eines Paares sehr seltener (und ihrem Eigenthümer etwa sehr lieber) Tauben mit dem Strafminimum, obgleich die größeste Bosheit vorgelegen, nur weil die Tauben keinen sehr beträchtlichen Geldwerth haben.[55]

Man muß deshalb als den richtigeren denjenigen Weg bezeichnen, welchen die von der Größe des angerichteten Schadens nur einen Strafzumessungsgrund hernehmende Minorität der deutschen Strafgesetzbücher eingeschlagen hat.

Wenn gleichwohl von der überwiegenden Majorität der entgegengesetzte Weg verfolgt ist, so weichen die zu dieser Majorität gehörigen Gesetze im Einzelnen nichtsdestoweniger vollständig und in jeder Beziehung von einander ab. Sowohl in Bezug auf die Anzahl der gemachten Stufen und der damit aufgestellten Classen von mehr oder weniger strafbaren Vermögensbeschädigungen, als auch in Bezug auf die Normirung der Höhe des angerichteten Schadens, durch welche die Strafe bestimmt wird, waltet die allergrößeste Verschiedenheit. Das kann auch gar nicht anders erwartet werden, da absolute Anhaltspunkte für ein in diesem Sinne aufzustellendes Princip eben nicht existiren, vielmehr Alles von mehr zufälligen Auffassungen abhängt.

Desgleichen ergeben sich aus einer Vergleichung der einzelnen von der Schadensbetragshöhe einen Strafabstufungsgrund hernehmenden Strafgesetzbücher noch insofern erhebliche Verschiedenheiten, als einmal die Strafe nicht immer nach dem objectiven Momente, dem Schadensbetrage allein, sondern nach einigen Strafgesetzbüchern zugleich nach dem subjectiven, dem Motive des Thäters, abgestuft wird und sich daraus wenigstens äußerlich hervortretende Classen und Unterclassen der einzelnen Vermögensbeschädigungen ergeben; und als sodann die Strafabstufungen nach dem Schadensbetrage oft einerseits für die fahrlässigen, andrerseits für die qualificirten dolosen Fälle nicht gesetzt sind, sondern nur für die einfachen dolosen Fälle.[56]

---

[55] Uebrigens sind die von der Deputation der zweiten sächsischen Kammer gegen das Fallenlassen der Abstufung nach der Schadensbetragshöhe geäußerten Bedenken immerhin sehr lehrreich und prüfenswerth. Vgl. auch die Motive zum würtembergschen Strafgesetzbuche, Hufnagel, Commentar, II, S. 679, 680 und namentlich auch die dort angeführten Meinungsäußerungen Wächters in der würtembergschen Kammer

[56] Vgl. oben S 160 und unten. Das Ganze ist in der am Schlusse beigefügten

Für die Berechnung der Größe des angerichteten Schadens sind natürlich die gewöhnlichen Grundsätze maßgebend, namentlich auch dann, wenn es sich um eine Theilnahme Mehrerer an dem Verbrechen handelt. Hier ist insbesondere der allgemeine Grundsatz festzuhalten, daß man eine Handlung Mehrerer nicht materiell theilen kann und daß deshalb wie beim Diebstahle so auch bei der Vermögensbeschädigung jeder Theilnehmer nach Maßgabe des ganzen Schadensbetrages zu bestrafen ist.[57] Ebenso gelten auch in Bezug auf den concursus delictorum bei der Vermögensbeschädigung die gewöhnlichen Grundsätze, — falls nicht etwa besondre gesetzliche Bestimmungen zur Anwendung zu bringen sind.[58] Ob ein Schaden „bedeutend" sei, ist, wenn ein Gesetz von diesem allgemeinen Erfordernisse die Bestimmung der Strafe abhängig macht, im einzelnen Falle nach den Umständen zu entscheiden[59], natürlich ohne die etwa vom Gesetz gemachten Abstufungen zu übersehen.

Was sodann diejenigen Gegenstände anbetrifft, deren Beschädigungen von den einzelnen Strafgesetzbüchern als besonders strafbar hervorgehoben werden und als qualificirte erscheinen im Gegensatze zu den nicht an solchen Gegenständen begangenen einfachen Beschädigungen[60], so sind diese Gegenstände überaus mannigfach und zudem wieder in jedem Gesetzbuche anders gewählt und zusammengestellt als im andren. Dabei hat man sich nicht immer von Vermischungen mit ganz andren Gesichts-

---

Tabelle übersichtlich zusammengestellt, auf welche hier um so eher verwiesen werden darf, als anders als tabellarisch die hierher gehörigen Einzelheiten wenigstens übersichtlich und anschaulich sich gar nicht zusammenstellen lassen und schon deshalb eine andre Zusammenstellung eben dieser Einzelheiten kaum von Werth sein dürfte. Vgl. Häberlin, IV, S. 321

[57] Vgl. Hufnagel, Commentar, II, S. 681.

[58] Im lübeckschen Strafgesetzbuche, § 238, findet sich der Satz; „mehrere gleichzeitig zur Aburtheilung kommende Vermögensbeschädigungen werden ihrem Betrage nach zusammengerechnet."

[59] Vgl. Schlüter, Allgemeines Criminalgesetzbuch für das Königreich Hannover, zum Art. 338 des hannoverschen Criminalgesetzbuches.

[60] Mit Ausnahme des badischen Strafgesetzbuches, nach welchen die Beschädigungen jener Gegenstände nur für die Strafzumessung in Betracht kommen, werden in allen Strafgesetzbüchern Strafabstufungsgründe davon hergeleitet. Vgl. über das Ganze, die von der Höhe des angerichteten Schades und der aus der Schädigung hervorgegangenen Gefahr hergenommenen Qualificationen 2c. ebenfalls unten die Tabelle und S. 171. Uebrigens ist auch die Ausnahme des bad. Strfgb mehr äußerlicher Natur, vgl. § 572 und Köstlin, Abhandl., S. 181.

punkten freigehalten und namentlich scheinbar oder wirklich in die gemeingefährlichen und in die sogenannten Religionsverbrechen eingegriffen. Auch haben die häufig die verschiedenartigsten Gegenstände umfassenden Aufzählungen in den einzelnen Gesetzbüchern wohl zu nicht immer unbedenklichen und verschiedene Interpretationen und Controversen zulassenden Bezeichnungen geführt.[61]

Hervorgehoben werden aber zunächst solche Gegenstände, welche einer besondren religiösen Verehrung genießen, und zwar je nach den einzelnen Strafgesetzbüchern in folgender Weise: Gegenstände religiöser Verehrung (würtemb.) oder dem Gottesdienste gewidmete Gegenstände (braunschw.), dem Gottesdienste oder der öffentlichen Andacht gewidmete Gegenstände (bad.), Gegenstände der Verehrung einer im Staate bestehenden Religionsgesellschaft[62] oder Sachen, die dem Gottesdienste gewidmet sind (preuß.), Gegenstände der Verehrung einer der im Staate anerkannten Religionsgesellschaften (bair.), Kirchen oder gottesdienstliche Gebäude (hannov.), Kirchen oder Bethäuser (a. sächs. u. s.-altenb.), gottesdienstliche Gebäude (thüring.); außerdem Friedhöfe (a. sächs. und s.-altenb., hess. und nass., bad., thüring.), Gräber (würt., thüring., a. sächs. und s.-altenb., bad., östr.[63]), Grabstätten (a. sächs. und s.-altenb., würtemb., thüring., östr.[64]), Denkmäler auf Grabstätten (hannov.), Grabmäler[65] (a. sächs. und

---

[61] Vgl. z. B. im thüringischen Strafgesetzbuche Art. 217 mit Art. 284.

[62] Dieser Ausdruck ist weiter als der gleich folgende „Sachen, die dem Gottesdienste gewidmet sind", und umfaßt diesen letzteren mit, so daß er allein ausgereicht haben würde und auch vom neuen bairischen Strafgesetzbuche allein gebraucht wird. Zu den „Gegenständen der Verehrung einer im Staate bestehenden Religionsgesellschaft" gehören aber nicht nur die dem Gottesdienste gewidmeten Sachen, sondern auch Reliquien, Bilder ꝛc, vgl. Stenglein, Commentar, II, S. 519; Goltdammer, Materialien, II, S. 268, 629, wo namentlich auch richtig hervorgehoben wird, daß vom Gesetze „dem Gottesdienste gewidmete" Sachen schlechthin und nicht etwa nur „geweihte" Gegenstände gefordert werden, so daß die Bestimmung also auch dann anwendbar ist, wenn es sich nicht um die katholische Kirche und damit um eine eigentliche Consecration der in Rede stehenden Gegenstände handelt. S. auch Oppenhoff, Commentar, S. 511, Nr. 2, 3, 4, 5, 7.

[63] Vgl. Frühwald, Handb. d. östr. Strafgesetzes, I, S. 264.

[64] Vgl. Allgemeine österreichische Gerichtszeitung, Jahrgang 1857, S. 187.

[65] Darunter sind unzweifelhaft auch Grabhügel zu verstehen, vgl. Stenglein, Commentar, II, S. 519, Oppenhoff, Commentar, S. 511, Nr. 6. S. auch Oppenhoff ebendas. Nr. 8.

s.-altenb., hess. und nass., bad., preuß., bair.). Das neue sächsische Strafgesetzbuch nennt an einer Stelle (Art. 277, I) zum Gottesdienste bestimmte Gebäude oder Locale zur Zeit des Gottesdienstes oder daselbst aufbewahrte Gegenstände, an einer andren Stelle (Art. 336) Kirchen und Bethäuser.

Von einzelnen Gesetzbüchern werden sodann auch die landesherrlichen Gebäude hervorgehoben, vom braunschweigschen herzogliche Schlösser und deren Zubehörungen; vom hessischen großherzogliche (vom nassauischen herzogliche) Gebäude.

Daran schließen sich solche Gegenstände, welchen im Interesse der Kunst oder Wissenschaft oder auch der Gewerbe ein besonders kräftiger Schutz zu Theil werden soll; oder deren Erhaltung im öffentlichen Nutzen oder Interesse liegt; oder aus deren Beschädigung Gefahren entstehen können; oder deren Beschädigung entweder besonders leicht zu bewerkstelligen ist oder besonders niederträchtig erscheint und dergl., sowie namentlich solche, die dem öffentlichen Schutze und der öffentlichen Pietät anvertraut sind. Diese Classificirungen, welche die Theorie machen kann, werden übrigens von den Gesetzen selbst nicht oder doch nur vereinzelt und in nicht durchgeführter Weise aufgestellt, die verschiedenen Gegenstände vielmehr bunt durch einander aufgezählt. Auch ist nicht zu verkennen, daß manche dieser Gegenstände sich unter mehrere Gesichtspunkte und Classen bringen lassen, so daß sich bestimmt und scharf abgegränzte Classen in der That nicht leicht bilden lassen.[66]

Die Gegenstände selbst sind die folgenden: öffentliche Sammlungen für Kunst und Wissenschaft (würtemb., braunschw., thüring., a. sächs. und s.-altenb.), Bibliotheken und andre Sammlungen für Künste und Wissenschaften (hannov.), Gegenstände, welche zu öffentlichen Kunst- oder wissenschaftlichen Sammlungen gehören (hess., nass.), Gegenstände, welche in öffentlichen Sammlungen für Kunst oder Wissenschaft oder Gewerbe aufbewahrt werden (bad.), Gegenstände der Kunst, der Wissenschaft oder des Gewerbes, welche in öffentlichen Sammlungen aufbewahrt werden oder öffentlich aufgestellt sind (preuß.), öffentliche Sammlungen für Kunst, Wissenschaft oder Ge-

[66] Vgl. Köstlin, Abhandl., S 181

werbe (sächs.), Kunstwerke, welche sich in öffentlichen Sammlungen befinden (bair.).[67]

Ferner: Dämme, Wasserschüttungen, Wassermühlen, Verlathe oder Höhlen, die ein Privatmann mit oberlicher Bewilligung zur Entwässerung seiner Grundstücke oder zu deren Sicherung gegen zustürzendes Wasser und dessen Ableitung angelegt hat (a. oldenb.); Schleusen, Schlengen oder andre Wasserbauten (n. oldenb.), desgl. angeschaffte oder angefahrene Schlengen-, Höfter- oder Steindeichsmaterialien (ebenfalls n. oldenb.); Sachen, deren Erhaltung wegen ihrer Bestimmung zum allgemeinen Nutzen von Wichtigkeit ist, z. B. öffentliche Wege, Brücken, Kanäle, Wasserleitungen (würtemb., hannov.); öffentliche Wasserleitungen (bair., nass.); Wasserwerke, Brücken, Schleusen, Dämme, Beschläge oder Geländer, oder was immer für Bauwerke, wodurch die Ufer der Flüsse und Bäche befestiget oder Abschüsse an Straßen und Wegen oder Brücken bewahrt sind (östr.); gebaute Straßen (preuß.), Eisenbahnen (braunschw., sachsen-altenb., preußisches), Staatstelegraphen (östr.); Eisenbahnen und die dazu gehörigen Anlagen, Beförderungsmittel, Maschinen, Geräthschaften und andre zum Betriebe derselben dienenden Gegenstände, Dampfschiffe, Dampfmaschinen, Dampfkessel und alle unter besonders gefährlichen Verhältnissen vorgenommene Beschädigungen überhaupt (östr.); Warnungszeichen (östr.); Gegenstände, welche zum öffentlichen Nutzen oder zur Verschönerung öffentlicher Wege oder Anlagen dienen (preuß.[68]); Gegenstände, deren Verletzung mit allgemeiner Gefahr verbunden ist, wie Schleusen, Dämme, Uferbaue, Feuerspritzen (würtemb.), Kunststraßen (braunschw.), Brücken (braunschw., hannov., hess., nass.), öffentliche Wege (hannov.),

---

[67] Man sieht, daß fast von allen Gesetzen öffentliche Sammlungen zc. verlangt werden (nur das hannoversche Strafgesetzbuch macht eine Ausnahme), und daß von manchen (bad., preuß., sächs.) der der Wissenschaft und Kunst gewährte besondre Schutz auch auf die Gewerbe ausgedehnt wird. Sowohl die ausdehnende Bestimmung des hannoverschen als auch die der drei zuletzt genannten Strafgesetzbücher kann in einzelnen Fällen zu Schwierigkeiten und Härten führen.

[68] Vgl. Goltdammer, Materialien, II, S. 629, Nr. 5 Es genügt natürlich, daß die Gegenstände zur Verschönerung zc. bestimmt sind, und es ist nicht erforderlich, daß sie wirklich verschönern, vgl. Oppenhoff, Commentar, S. 511, Nr. 10; s. auch daselbst S 512, Nr 11

Deiche (hannov., heff., naff.), Dämme (hannov., heff., naff., preuß.), Schleusen (hannov., heff., naff.), Kanäle (hannov., heff., naff.), Brunnen (hannov.), Magazine (hannov.), öffentliche Brunnen (heff., naff.), Wasserleitungen (heff.), öffentliche Brücken, Brunnen, Wasserleitungen, Schleusen, Wehre, Uferbefestigungen oder andre öffentliche Wasserbauten, Gränzsteine, obrigkeitlich errichtete Zeichen des Umfanges oder Maßes einer Wasserberechtigung (bad.); zur Landesvermessung dienende Abzeichen (bair.), Gränzzeichen (hannov.), Meilenzeichen (hannov.), Blitzableiter (bair.), öffentliche Beleuchtungsanstalten (bad.), Laternen (östr.), öffentliche Feuergeräthschaften (sächs.), Feuerlöschgeräthschaften[69] schlechthin (braunschw., hannov., heff., bad., naff., thür., bair.), Gasleitungsvorrichtungen (bair.[70]), Maschinen und Vorrichtungen zum Bergbau und Hüttenwesen (hannov.), Vorrichtungen in Bergwerken (östr.), Schiffe (preuß.), öffentlich ausgestellte Denkmäler (würt.[71]), öffentliche Denkmäler (braunschw., hannov.[72], s.-altenb., heff., bad., naff., thüring., preuß., sächs., bair.), zum öffentlichen Gebrauch dienende Bauwerke und Anlagen (braunschw.), zum öffentlichen Gebrauch dienende Bauwerke aller Art, (altes sächsisches und sachsen-altenburgisches, neues sächs., thüring.), öffentliche Gebäude (naff.), Gebäude schlechthin und sonstiges Bauwerk (preuß.[73]);

---

[69] Der Ausdruck „Feuerlöschgeräthschaften" umfaßt nicht bloß die direct zum Löschen dienenden Spritzen, sondern alle Geräthe, welche sonst bei Bränden benutzt werden, vgl. Stenglein, Commentar, II, S. 520, Weis, Strafgesetzbuch, S. 252.

[70] Hierunter sind nicht Laternen, Kandelaber rc. zu verstehen, sondern nur Röhrenleitungen, Gasometer, Gasuhren, kurz solche Vorrichtungen, durch welche die Gasleitung als solche beschädigt wird, s. Stenglein, Commentar, II, S. 520, Weis, Strafgesetzbuch, S. 252. Vgl. oben § 8 Note 11.

[71] Nach Hufnagel, Commentar, II, S. 693 ist wegen der Beschädigung öffentlich ausgestellter Denkmäler in das würtembergsche Strafgesetzbuch deshalb eine eigne Strafbestimmung aufgenommen worden, weil jene Beschädigung sich nicht so leicht wie die andrer Sachen zu Geld anschlagen läßt. Daraus entsteht in gewissen Fällen ein Zweifel in Bezug auf die Frage, ob ex officio oder nur auf Antrag einzuschreiten ist, (vgl. das im folgenden § über diesen Punkt Gesagte); und das Ganze ist ein Beitrag zu den oben gegen die Abstufung der Strafe nach der Schadensbetragshöhe geäußerten Bedenken.

[72] Hier schränkt also auch das hannoversche Strafgesetzbuch die Auszeichnung auf öffentliche Denkmäler ein. Vgl. Note 67.

[73] Namentlich auch diese Classen qualificirter Vermögensbeschädigungen müssen in manchen Fällen Härten nach sich ziehen. Vgl. übrigens Oppenhoff, Commentar,

Bäume an Heerstraßen und andren öffentlichen Wegen (hannov.), Bäume auf oder neben Chausseen oder öffentlichen Wegen oder auf öffentlichen Plätzen (hess.), Pflanzungen oder andre Gegenstände in öffentlichen Anlagen (bad.), Baum- oder Zierpflanzen an öffentlichen Wegen oder in öffentlichen Anlagen (bair.).

Sodann: Fruchtbäume (a. bair., a. old., thür.), Pflanzen (a. bair., a. old.), Früchte (a. bair., a. old.), Feld- oder Gartenfrüchte (thüring.), Obstbäume (würt.[74], hess., bad.), Weinstöcke (würt., bad., sächs.), Hopfenstöcke (würtemb., bad.), Waldbäume (würt.), Bäume im Garten sowie sonstige Anlagen (hess.), Reben (hess.), Zierbäume (thüring.), Frucht- oder andre Bäume (sächs.), Hopfenanlagen (sächs.), Sträucher oder Hopfenpflanzungen oder bei diesen Gegenständen angebrachte Pfähle oder sonstige Befestigungs- oder Sicherheits-Mittel (sächs.), zum Landbau oder zur Viehzucht gehörende Thiere (a. bair., a. old.), Vieh auf der Weide oder im Pferche (hess., nass., thüring., sächs.), Hausthiere (bad.), Vieh im Triebe (thüring., sächs.), Bienenstöcke (thüring., sächs.), fremdes Vieh schlechthin (thüring.), Pflüge (a. bair., a. old.), andre Werkzeuge des Landbaues (a. bair., a. old.), zur Sicherung des Landbaues dienende Privatanstalten (a. bair., a. old.), Einfriedungen von Aeckern, Wäldern, Gärten (a. bair., a. old.), im Freien aufgestellte Maschinen (hess., nass.), Ackergeräthschaften auf dem Felde (bair.), geärndtete Früchte aus Gruben auf dem Felde oder offenen Schobern (nass.), landwirthschaftliche Geräthschaften im Freien thüring., sächs.), Hof-, Garten- oder andre Befriedigungen (thüring.), Holz im Freien[75] (thüring.), gewonnene Bergbauproducte und Fossilien (thüring.), Bleichstücke (thüring., sächs.), Wasser- und Uferbaue (thüring.), Reisegepäck in Posthäusern, Eisenbahnhöfen oder

S. 512, Nr. 4, S. 513, Nr. 5. Die preußische Praxis schwankt hier: einerseits hat sie bloße Mühlenwehre unter die „Bauwerke" gerechnet, andrerseits angenommen, daß nur solche Sachen zu den Bauwerken gezählt werden könnten, welche ihrem Werthe oder ihrer Bestimmung nach von erheblicher Bedeutung seien. Die letztere Auffassung ist für die de lege ferenda zu stellende Frage, welche Vermögensbeschädigungen als qualificirte zu betrachten seien, gewiß sehr berücksichtigenswerth, läßt sich aber nach der dem § 283 des preußischen Strafgesetzbuches einmal gegebenen Fassung als richtige Interpretation des dermaligen positiven preußischen Strafrechts nicht anerkennen.

[74] Vgl. dazu oben § 10 Note 6.

[75] Dessau und Köthen: gefälltes Holz im Freien.

auf Landungsplätzen (sächs.), nutzbare Mineralien vom Gewinnungsbaue weg oder überhaupt Gegenstände, welche ohne besondre Verwahrung der öffentlichen Sicherheit anvertraut zu werden pflegen (sächs.), aufgehäuftes Getreide, Holz, Heu und ähnliche Vorräthe, welche nicht verwahrt sind (a. bair., a. old.), Sachen, die ihrer Natur oder Bestimmung nach nicht besonders verwahrt werden können, wie im Freien stehende landwirthschaftliche Geräthschaften oder Gewerbe-Einrichtungen, Früchte auf dem Felde, Einfriedigungen von Grundstücken, öffentlich ausgelegte Leinwand und dergl. (würtemb.), Ackergeräthschaften und Fabrikate oder andre Sachen, welche nicht besonders verwahrt werden können (hess.), Feld- oder Gartenfrüchte oder andre Gegenstände im Freien, welche im Vertrauen auf die öffentliche Sicherheit nicht besonders verwahrt zu werden pflegen (bad.), Fabrikate oder andre Sachen, welche nicht besonders verwahrt werden können (nass.), Gegenstände, welche ohne besondre Verwahrung der öffentlichen Sicherheit anvertraut werden (thüring.).

Außer diesen aufgezählten Gegenständen werden auch noch andre Fälle als qualificirte Vermögensbeschädigungen von einzelnen Gesetzen hervorgehoben, so der Fall, wenn, (auch abgesehen vom Landfriedensbruche) die Beschädigung von mehreren Personen in Verbindung ausgeführt wird[76]; oder wenn mittelst Einsteigens oder Einbrechens in Gebäude[77], mit Waffen[78], unter Anwendung von Gewalt gegen Personen[79] das Delict begangen wird. Ebenso wird, jedoch auch nur von einzelnen Gesetzbüchern, die Beschädigung von Grundstücken durch Ueberschwemmung oder Brand[80] hervorgehoben, desgleichen der Fall, daß durch die Beschädigung eine Hungersnoth herbeigeführt wird[81] oder dieselbe über-

---

[76] Hessisches (und nassauisches) Strafgesetzbuch, Art. 425, N 4 (Art. 421, N. 3), bairisches Strfgb., Art 343, N. 4.

[77] Hessisches (und nassauisches) Strafgesetzbuch, Art. 425, N. 1, badisches Strfgb., § 571, N. 12.

[78] Hessisches (und nassauisches) Strafgesetzbuch, Art. 425, N 1, badisches Strfgb., §. 571, N. 12

[79] Hessisches (und nassauisches) Strafgesetzbuch, Art 425, N. 5 (421, N. 4)

[80] A. oldenburgsches Strfgb, Art 395, badensches Strfgb., § 571, Nr. 13, thüringisches Strfgb., Art. 283.

[81] A. bairisches (und a. oldenburgsches) Strafgesetzbuch, Art 245 (250)

haupt unter besonders gefährlichen Verhältnissen verübt worden ist.[82] Auch findet es sich, daß nicht alle, sondern nur bestimmte Arten der Beschädigung gewisser Gegenstände hervorgehoben werden.[83] Ebenso kommt bei der Beschädigung von Bäumen, Sträuchern, Holzpflanzungen, Weinstöcken, Hopfenanlagen und dabei angebrachten Pfählen, also dem Baumfrevel die Besonderheit vor, daß der Denunciant eine Belohnung erhält[84]; wie überhaupt der Baumfrevel von einzelnen Gesetzen nicht bloß einfach unter den qualificirten Fällen mit aufgezählt, sondern in eigener Strafbestimmung als besonderes Delict behandelt wird.[85]

Auch abgesehen von den qualificirten Objecten als solchen finden sich in Bezug auf dieselben noch manche andre Verschiedenheiten und Eigenthümlichkeiten in den einzelnen Strafgesetzbüchern. So enthält z. B. das preußische Gesetz für die von ihm als qualificirt hervorgehobenen Gegenstände zweierlei Strafdrohungen (Art. 282 und Art. 283), nach dem a. sächs. und s.-altenb. (Art. 289, 290, 291), würtemb. (Art. 386, 387, 390, 391), thüring. (Art. 282, 283) und lüb. (§ 239, 240) erscheint nur ein mehr oder weniger kleiner Theil eben dieser Gegenstände als wirklich qualificirt, von den andren wird nur ein Erschwerungsgrund hergenommen. Nach dem n. sächs. Strfgbch. (Art. 336) cessirt bei diesen Gegenständen nur die Abhängigkeit der Bestrafung vom Privatantrage und können geringfügigere schärfende Zusätze hinzutreten; während die durch Verbreitung nachtheiliger Gerüchte bewirkte Vermögensbeschädigung als privilegirt erscheint (Art. 338).

Daß nach der Schadensbetragshöhe bei der Schädigung eines qualificirten Gegenstandes die Strafe nicht in allen Gesetzbüchern abgestuft wird, ist bereits gesagt worden. Dies geschieht im Gegentheil nur von wenigen. Es genügt eben nach der Auffassung der meisten Strafgesetzbücher für die höhere Stufe der Strafe, für die Qualification, daß über-

[82] Vgl. das östreichsche Strafgesetzbuch, § 85.

[83] Vgl. das oben S. 92 über das alte bairische und alte oldenburgsche Strafgesetzbuch Gesagte.

[84] Thüring. Strfgb., Art. 217, a. sächs. und s.-altenb. Strfgb., Art. 292, n. sächs. Strfgb., Art. 337.

[85] Im alten sächsischen (und sachsen-altenburgschen Strafgesetzbuche), Art. 291. Vgl. Weiß, Criminalgesetzbuch für das Königreich Sachsen, III, S. 401, 402.

haupt dieser Gegenstand angegriffen war, sollte er auch nur zu einem geringen Betrage geschädigt sein. Dasselbe gilt in Bezug auf die Berücksichtigung der Motive zur That.[86]

Demnach enthalten die einzelnen deutschen Strafgesetzbücher eine höchst buntscheckige Musterkarte von Qualificationen, — eine Musterkarte, in welcher sich die mannigfachsten und heterogensten Fälle finden, theils solche, die in fast allen Strafgesetzbüchern wiederkehren, theils solche, die sich nur in wenigeren, theils auch solche, die sich nur in dem einen oder andern finden.[87]. Nicht selten ist die Aufzählung oder Benennung der qualificirten Gegenstände gerade da, wo sie am Genauesten und Bestimmtesten zu sein scheint, besonders ungenau und unbestimmt.

Häufig kann man sich den erheblichsten Zweifeln nicht verschließen, wie die einzelnen Gegenstandsbezeichnungen zu interpretiren seien.[88] Es tauchen Controversen auf wie die, ob auch die nebensächlichen Theile eines zusammengesetzten Gegenstandes unter die Qualification zu ziehen seien, und andre.[89] Vielfach sucht man vergeblich nach einem Grunde, warum in dem einzelnen Gesetze dieser Gegenstand als qualificirt genannt ist und zugleich jener nicht[90] 2c.

Dem die einzelnen deutschen Strafgesetzbücher in dieser Beziehung vergleichenden Blicke bietet sich deshalb kein befriedigendes Bild. Während man namentlich oft die Consequenz und das leitende Princip des Gesetzgebers vermißt, empfängt man zugleich häufig den Eindruck, als ob auch hier derjenige Gesetzgeber sich für den besten gehalten habe, welcher die meisten und entlegensten Specialitäten hervorgehoben hat. Diese Bestrebung, welche sich ja bekanntlich vielfach in der modernen deutschen Strafgesetzgebung findet[91], möglichst viele specielle Fälle durch möglichst viele Specialvorschriften zu treffen, ist gewiß kein richtiger legislatorischer Grundsatz. Der Gesetzgeber kann, wie ja allgemein anerkannt ist, trotz aller Specialvorschriften es nicht dahin bringen, alle oder auch nur

[86] S. über Beides die am Schluß angefügte Tabelle.

[87] Vgl. oben S. 165 ff.

[88] Vgl. Hufnagel, Commentar, II, S. 690, Strfgb, S. 410.

[89] S. den Schluß dieses §.

[90] Vgl. Hufnagel, Commentar, II, S. 686

[91] Vgl. Schwarze, das Verbrechen des ausgezeichneten Diebstahls, in der Vorrede.

annähernd alle im Schoße der Möglichkeit schlummernden Falles-Nüancirungen zu treffen; — und träfe er sie im Voraus in abstracto, so könnt' er's nur auf Kosten der Gerechtigkeit: es würde manche Härte, manche Ungerechtigkeit mit unterlaufen. Während also solche Specialitäten-Häufungen doch nicht das angestrebte Ziel erreichen, haben sie zugleich den positiven Nachtheil, daß sie das Gesetz vielmehr geradezu ungenügender und unvollkommener erscheinen lassen, als es ohne solche Specialitäten-Häufungen der Fall sein würde; daß sie zu Härten und Ungerechtigkeiten führen, indem sie hier zu viel specielle Fälle, dort, unconsequenter und ungerechtfertigter Weise fortlassend, zu wenig aufstellen; und daß sie außerdem sonst gar nicht auftauchende Controversen herbeiführen. Denn je mehr Specialvorschriften, desto mehr Bedenken und Controversen! Je speciellere und casuistischere Vorschriften dem Richter aufgebürdet werden, desto mehr Anlaß zu Zweifeln wird ihm gerade anstatt des beabsichtigten Gegentheils gegeben, und desto ungleicher und damit ungerechter muß die Rechtssprechung sich gestalten.[92]

So kann auch in jenem Aufzählen vieler einzelnen Gegenstände, deren Beschädigung qualificirt strafbar sein soll, kein Vorzug der heutigen Strafgesetzgebung erkannt werden. Es empfiehlt sich vielmehr im Gegentheil die möglichste Einschränkung dieser Aufzählungen und Qualificationen, und es ist angemessener, dem Richter unter Einräumung eines weiten Strafrahmens die Ausmessung der Strafe zu überlassen, so daß also der Umstand, daß das Object des Delicts einer der bisher von unsern Gesetzen besonders hervorgehobenen Gegenstände ist, nicht ohne Weiteres Grund zu einer Abstufung der Strafe in abstracto giebt. So würden Härten und Ungerechtigkeiten in den einzelnen Fällen am Sichersten vermieden werden, ohne daß man andrerseits zu fürchten nöthig hätte, daß wirklich strafbarere Fälle nicht von der gerechten schwereren Strafe getroffen werden würden. In letzterer Beziehung würde eine etwaige allgemeine Andeutung vollständig genügen, daß Angriffe auf Gegenstände, welche eine religiöse Verehrung genießen, Vandalismus, an Sammlungen der Kunst und Wissenschaft und an der Oeffentlichkeit wichtigen Dingen verübt, und Beschädigungen von Gegenständen, welche

[92] Vgl nur Oppenhoff, Commentar zum preuß. Strafgesetzbuche, S. 510 ff.

der öffentlichen Treue anvertraut sind, dem Gesetzgeber besonders strafbar erscheinen. Manches wird auch, ohne daß weitläufige Specialvorschriften nöthig sind, schon vorgesehen durch die Anerkennung des Grundsatzes, daß nicht nur der Schaden, der angerichtet ist, sondern auch der durch Verübung der That angerichtet werden konnte, für die Bestrafung in Betracht zu ziehen sei.

Bei der Aufstellung und Aufzählung der genannten qualificirten Gegenstände findet sich in den Strafgesetzbüchern namentlich noch die Eigenthümlichkeit, daß die sonst (in den einfachen Fällen) von den Gesetzen gestellten Forderungen der Fremdheit der angegriffenen Sache und der Rechtswidrigkeit der Handlung[93] nicht ausdrücklich wiederholt werden. So heißt es namentlich im § 281 des preußischen Strafgesetzbuches: „wer vorsätzlich und rechtswidrig fremde Sachen beschädigt," während der einen Theil der qualificirten Gegenstände behandelnde § 282 nur sagt: „wer vorsätzlich Gegenstände — beschädigt" ꝛc. und der die übrigen Qualificationen hervorhebende § 283 wenigstens das Erforderniß der Rechtswidrigkeit nicht ausdrücklich wiederholt. Hieraus hat die preußische Praxis den Schluß gezogen und verschiedenen Entscheidungen zum Grunde gelegt[94], daß die Erfordernisse der Fremdheit der Sache und der Rechtswidrigkeit, wenn es sich um die Schädigung der als qualificirt hervorgehobenen Gegenstände handle, ausnahmsweis nicht vorhanden zu sein brauchten. Ein Erkenntniß des preußischen Obertribunals schloß dann weiter, daß auch das Bewußtsein der Rechtswidrigkeit nicht erforderlich sei.

Für die ganze Auffassung läßt sich anführen, daß die als qualificirte hervorgehobenen Gegenstände von so besondrer und dem Gemeinwohl wichtiger Qualität seien, daß ihre Schädigungen in jedem Falle, auch wenn sie von dem Eigenthümer des Gegenstandes oder ohne Rechtswidrigkeit, z. B. um eine erlaubte Selbsthülfe vorzunehmen, begangen wären, nach der Meinung des Gesetzgebers hätten mit Strafe belegt werden sollen. Indessen man kann diese, eine Ausnahme von oben vorgetragenen Fundamentalsätzen der Lehre von der Vermögensbeschädigung statuirende, Auffassung trotz des auf den ersten Blick sie zu rechtfertigen schei-

[93] Vgl. oben S 45 ff

[94] Vgl. Oppenhoff, Commentar, S 510, 511, Nr 1

nenden Wortlautes der Gesetze nicht für richtig halten. Speciell für das preußische Strafrecht, jedoch theilweis mit Gründen, welche auf alle sich ebenso oder ähnlich äußernden Strafgesetzbücher passen, widerlegt Oppenhoff jene Meinung der preußischen Praxis vollständig schlagend so: „der ganze" (die angeführten §§ 281—283 mit umfassende) „Titel 26 hat es offenbar nur mit der Beschädigung fremder Vermögensstücke zu thun, insbesondere stellen sich die in § 282[95] vorgesehenen Handlungen nur als schwerere Fälle des in § 281 vorgesehenen Vergehens dar. Wenn der § das Merkmal: daß die Sachen fremde und daß die Handlung eine rechtswidrige sein müsse, nicht besonders wiederholt, während doch der Vorsätzlichkeit ausdrücklich Erwähnung geschieht, — so erklärt sich das dadurch, daß die meisten der aufgezählten Gegenstände fast nie im Privateigenthum zu stehen pflegen, daß dieselben also für den sie Zerstörenden regelmäßig fremde Sachen und die Handlung ebendeshalb auch eine rechtswidrige sein muß. Eine Abweichung von der allgemeinen Begriffsbestimmung des § 281 lag deshalb gewiß nicht in der Absicht des Gesetzgebers, sie würde auch, wenn sie bezweckt gewesen wäre, klarer ausgesprochen worden sein, und wenigstens in den Motiven und Commissions-Berichten einen Ausdruck gefunden haben."

Diese Auffassung stellt sich noch zweifelloser als die richtige heraus, wenn man die Motive und die Entstehungsgeschichte des § 282 des preußischen Strafgesetzbuches mit in's Auge faßt.[96]

---

[95] Der § 282 des preußischen Strafgesetzbuches hebt als qualificirt hervor: Gegenstände der Verehrung einer im Staate bestehenden Religionsgesellschaft, Sachen, die dem Gottesdienste gewidmet sind, Grabmäler, öffentliche Denkmäler, Gegenstände der Kunst, der Wissenschaft oder des Gewerbes, welche in öffentlichen Sammlungen aufbewahrt werden oder aufgestellt sind, Gegenstände, welche zum öffentlichen Nutzen oder zur Verschönerung öffentlicher Wege oder Anlagen dienen; der § 283. Gebäude, Schiffe, Brücken, Dämme, gebaute Straßen, Eisenbahnen oder sonstige Bauwerke, welche fremdes Eigenthum sind.

[96] Es ist namentlich auch zu berücksichtigen, daß die meisten der hierher gehörengen Erkenntnisse der preußischen Gerichte sich auf Gegenstände beziehen, welche zur Verschönerung öffentlicher Wege dienen „Die Gegenstände, welche zum öffentlichen Nutzen oder zur Verschönerung öffentlicher Wege oder Anlagen dienen", sind aber überall erst durch die preußische zweite Kammer nachträglich unter die Qualificationen des § 282 aufgenommen. In dem ursprünglichen Entwurfe fehlten sie. Deshalb bemerkt auch Oppenhoff a. a. O. ganz richtig, daß gerade die Besonderheit dieser Fälle „bei der Auslegung des § 282 am Wenigsten in's Gewicht fallen dürfen". Vgl. auch Goltdammer, Materialien, II, S. 629, 5 und Archiv, II, S. 565.

Deshalb bleibt es auch denjenigen Gesetzbüchern gegenüber, welche die qualificirten Gegenstände ohne die genannte ausdrückliche Wiederholung zusammen stellen, lediglich bei den oben für das Delict der Vermögensbeschädigung ein für alle Male aufgestellten unabänderlichen Regeln, daß die Handlung eine rechtswidrige und die beschädigte Sache eine fremde sein muß. Ein Vergleich auch nur des Wortlautes dieser Gesetze macht Das unzweifelhaft.[97]

§ 13. Die Abhängigkeit der Bestrafung von der Privatwillkür des Geschädigten und der Ersatzleistung des Schädigers.

In mehreren deutschen Gesetzgebungen ist die Vermögensbeschädigung Antragsverbrechen, richterliches Einschreiten und Bestrafung also von der Privatwillkür, d. i. von der Anzeige oder Klage, bzw. Nichtzurücknahme der Klage oder Anzeige, des Verletzten (Privaten oder, wenn es sich um öffentliches Vermögen handelt, der betreffenden Behörde[1]) abhängig, in den einen allgemein, in den andern nur bei einer bestimmten, mehr oder weniger großen, Anzahl von Fallesclassen, so daß die Abhängigkeit der Strafverfolgung von dem Antrage des Verletzten entweder die Regel oder die Ausnahme bildet und daß diese Abhängigkeit entweder in den qualificirten Fällen oder schon in den nichtqualificirten höheren Betrages oder bei der Beschädigung von öffentlichem, Nicht-Privat-Eigenthum cessirt. Nach noch andren Gesetzen aber wird ohne Ausnahme immer von Amts wegen eingeschritten.

Eine Uebereinstimmung findet auch in diesem Punkte in den deutschen Strafgesetzbüchern in keiner Weise Statt.

Ueberall gar nicht von dem Privatantrage machen, immer ex officio einschreitend, die Strafverfolgung abhängig das a. bair. und a. ol-

---

[97] A. bair., Art. 385, a. old., Art. 394, württ., Art. 386, 387, hannov., Art. 337, hess., Art. 425, nass., Art. 421, bad, § 571, thür, Art. 282—284, sächs., Art. 336, 337, bair, Art. 343.

[1] Vgl. das badische Strafgesetzbuch, § 577: „Polizeibehörde oder diejenige Behörde, welcher die Aufsicht über den beschädigten Gegenstand zusteht.“

denburgsche, das hannoversche, das alte sächsische[2] und sachsen-altenburgische, das preußische und das östreichische Strafgesetzbuch.

Andrerseits strafen immer nur auf Antrag oder so gut wie immer die Gesetzbücher Braunschweigs und Badens, das Braunschweigs, § 244[3], ohne Ausnahme immer; das Badens, § 577, mit einziger Ausnahme des Falles, wo mit der Beschädigung eine dem Thäter bekannte Gefahr für Leben oder Gesundheit Andrer verbunden war.

Inmitten beider Gruppen stehen, der letzten Gruppe sich mehr nähernd, das würtembergsche, neue sächsische und neue bairische, und, näher an der ersten Gruppe, das hessische, nassauische und thüringische Strafgesetzbuch.

Die drei letztgenannten überlassen dem Privatantrage des Verletzten die Entscheidung über die Strafverfolgung nur in den Fällen der nicht qualificirten Vermögensbeschädigung geringsten Betrages, das hessische, Art. 5 des Gesetzes vom 23. Februar 1849[4], und das nassauische, Art. 423, wenn der angerichtete Schaden nicht über 50 fl., — das thüringische gar nur, wenn er nicht über 2 Thlr. beträgt.

Das neue sächsische Strafgesetzbuch straft dagegen, Art. 335 und

[2]) Jedoch wurde schon in den Ständen (von der Deputation der 2. Kammer) eine Beschränkung des richterlichen Einschreitens ex officio in den leichteren Fällen beantragt, vgl. Hartitzsch, Criminalgesetzbuch f. d. Königr. Sachsen, S. 441.

[3] Wenn der § 244 des braunschweigschen Strafgesetzbuches die im Text angegebene Bestimmung für die „einfache Vermögensbeschädigung" enthält, so ist damit nicht die einfache Vermögensbeschädigung im Gegensatz zur qualificirten gemeint, es sind nicht etwa die qualificirten Fälle von der Bestimmung ausgeschlossen; sondern es sind alle Fälle ohne Ausnahme gemeint, indem das braunschweigsche Strafgesetzbuch die Vermögensbeschädigung überhaupt (vgl. das Rubrum des § 211) „einfache Beschädigung" nennt, im Gegensatz zu andern Vermögensverbrechen. Dabei wäre im § 244 dann wohl besser auch der § 212 ausdrücklich erwähnt, welcher ebenfalls unter die Bestimmung des § 244 zu ziehen ist, indem sonst der schwerere Fall milder behandelt würde als der leichtere, vgl. Hufnagel, Commentar zu Art. 390.

[4] Ursprünglich machte das hessische Strafgesetzbuch auch in einigen Fällen der qualificirten Vermögensbeschädigung die Strafverfolgung vom Antrage des Verletzten abhängig, vgl. Bopp, Handbuch der Criminalgesetzgebung f. d. Großherzogthum Hessen, S. 224, 225, Stenglein, Sammlung d. deutschen Strfgb., 2. Band, S. 179

338, die nicht qualificirte Vermögensbeschädigung in allen Fällen, ohne Rücksicht auf die Höhe des Schadensbetrages, nur auf Antrag, auch die durch Verbreitung nachtheiliger Gerüchte begangene, die qualificirte immer ex officio.

Etwas weiter geht scheinbar das neue bairische Strafgesetzbuch, Art. 346, indem es außer bei allen nicht qualificirten Fällen auch noch bei einem, dem durch die Höhe des Schadens qualificirten (über 50 fl.), den Antrag des Verletzten für die Strafverfolgung verlangt[5]; wirklich das würtembergsche, welches, Art. 393, nicht nur in allen einfachen Fällen, auch beim höchsten Schadensbetrage und wenn mit überlegter Bosheit gehandelt ist, sondern außerdem auch in einer Kategorie der ausgezeichneten Fälle, nämlich bei der Schädigung von Obstbäumen, Wein- und Hopfenstöcken nur auf Antrag des Verletzten straft.[6]

Das bairische Gesetzbuch enthält aber zugleich wieder eine Einschränkung des der Privatwillkür gewährten Einflusses, indem es die Bestrafung an die Bedingung des Strafantrages nur knüpft, — sofern die Beschädigung an Privateigenthum begangen wird.[7]

Nach den über die Antragsverbrechen und die Gerechtigkeit ihrer Zulassung anerkannten Grundsätzen wird man sich auf die Seite derjeni-

---

[5] Nur scheinbar ist dieses Weitergehen, indem es lediglich auf der äußerlichen, formellen Fassung des Gesetzes beruht. Factisch bestimmt das neue bairische Gesetzbuch nur, daß alle nichtqualificirten Vermögensbeschädigungen, gleichviel, wie hoch der angerichtete Schaden, nur auf Antrag gestraft werden sollen; — factisch geht es also durchaus nicht weiter als das neue sächsische Strafgesetzbuch.

[6] Auch wenn der Betrag des angerichteten Schadens bei der Beschädigung von Obstbäumen, Wein- und Hopfenstöcken 30 fl übersteigt. Denn bleibt er darunter, so gehört nach dem würtembergschen Strafgesetzbuche diese Kategorie gar nicht zur ausgezeichneten, sondern nur zur einfachen Vermögensbeschädigung Ueber das würtembergsche Strfgsbch. vgl. noch Hufnagel im Commentar und Strfgb.

[7] Die gleiche Einschränkung auf die Beschädigung der Privatanträge findet sich, obgleich Köstlin (Abhandl., S. 185) sie behauptet, in den übrigen, die Vermögensbeschädigung als beschränktes Antragsverbrechen behandelnden, Gesetzbüchern nicht Dieselben sprechen diese Einschränkung weder ausdrücklich aus, noch läßt sie sich daraus ableiten, daß von diesen Gesetzbüchern einzelne, wenige oder viele, Gegenstände des öffentlichen Vermögens zu denen gestellt werden, in deren Schädigung eine qualificirte Vermögensbeschädigung besteht. Denn sie nennen eben in dieser letzteren Beziehung durchaus nicht alles öffentliche Vermögen: vgl. würt Gsb., Art. 386, n sächsisches, Art 336, hessisches, Art. 425, nassauisches, Art. 421, thüringisches, Art. 283.

gen Gesetzbücher stellen müssen, welche die criminelle Bestrafung der Vermögensbeschädigung von dem Antrage des Verletzten abhängig machen. Denn alle die Gründe, welche dafür sprechen, das Letztere überhaupt in gewissen Fällen zu thun, und alle die Voraussetzungen, auf denen der Begriff und die Zulassung der Antragsverbrechen überhaupt beruht, treffen, wenn jemals, vollständig zu bei dem Delicte der Vermögensbeschädigung. Dahin ging ja auch, wie erwähnt, die Auffassung der Römer, und die Motive zum sächsischen Strafgesetzbuche[8] sagen sehr richtig: „die Beschädigung fremden Eigenthums ohne gewinnsüchtige Absicht schien, wenn irgend ein Verbrechen, zu denjenigen zu gehören, wo der Antrag des Verletzten abgewartet werden kann, da es sich hier um ein rein sachliches Interesse, das Gegenstand des Verzichts ist, handelt, und dergleichen Beschädigungen meist aus persönlichen Motiven hervorgehen, mithin den Thäter noch nicht als ein gemeingefährliches Subject characterisiren, wie dies bei den auf Gewinnsucht beruhenden Eigenthumsverletzungen mehr oder weniger der Fall ist."

Auch die früheren Entwürfe des preußischen Strafgesetzbuches, – welches selbst, wie referirt, die Vermögensbeschädigung nicht unter die Antragsverbrechen stellt, — wollten die Bestrafung des Delicts von dem Antrage des Verletzten abhängig gemacht wissen, theils überhaupt, theils sollte das Delict unter denjenigen Personen, unter denen auch Entwendungen und Unterschlagungen nicht gestraft werden (§ 228 des preuß. Strafgesetzbuches), straflos sein.[9]

Ganz besonders für die hier vertheidigte Ansicht spricht aber diese von jenen preußischen Entwürfen herangezogene Vergleichung der Vermögensbeschädigung mit andern Delicten. Es nimmt sich, — abgesehen von solchen schwereren Delicten, welche aus theilweis andren Gründen nur auf Antrag gestraft werden, — eigenthümlich aus und ist gewiß nicht gerecht und der ganzen Theorie der Antragsverbrechen nicht entsprechend,

[8] Vgl. Krug, Commentar, II, S. 268 unten.

[9] Vgl. Goltdammer, Materialien, S. 628, N. 5. Der ständische Ausschuß stand auf Seiten dieser Entwürfe. Weshalb sie trotzdem nicht in das Strafgesetzbuch übergegangen sind, ist nirgends genügend motivirt Die Erklärung, daß nach der Natur des jetzigen Verfahrens eine Verfolgung nur auf Antrag eintreten werde (Comm.-Bericht der ersten Kammer Ständ Aussch. IV, S. 390) ist durchaus ungenügend und würde eher zu der entgegengesetzten Schlußfolgerung führen.

wenn die Bestrafung des Diebstahls, der Unterschlagung, der Körperverletzung 2c. wenn auch nur in gewissen Fällen dem Antrage des Verletzten überlassen, die von vornherein weniger strafbar erscheinende Vermögensbeschädigung aber immer von Amts wegen gestraft wird. Die angeführten Gesetzbücher, welche dieses Letztere thun, schlagen deshalb sicherlich nicht den richtigen Weg ein.

Dieses Alles trifft nun aber nur für die einfache Vermögensbeschädigung unbedingt zu, nicht so unbedingt für alle Fälle der qualificirten; und man könnte deshalb geneigt sein, den Mittelweg derjenigen Gesetzbücher für den richtigen zu halten, welche die einfache Vermögensbeschädigung nur auf Antrag des Verletzten, die qualificirte aber ex officio strafen. So heißt es auch in den Motiven des sächsischen Strafgesetzbuches[10], daß in den qualificirten Fällen die Sache sich anders verhalte, und daß die qualificirten Vermögensbeschädigungen ex officio zur Untersuchung zu ziehen seien.

Wenn man nun aber das Gemisch dieser qualificirten Fälle der neuen Gesetzbücher näher betrachtet, so ergiebt sich zunächst, daß sich eine große Anzahl von ihnen nur ganz äußerlich und zufällig von den einfachen unterscheidet und durchaus nicht aus innerlichen und nothwendigen Gründen von diesen abgehoben und ihnen gegenüber qualificirt ist, so z. B. Bäume und viele andere als qualificirt hervorgehobene Gegenstände und die Schädigungen, welche wegen eines höheren Schadensbetrages zu den qualificirten gestellt worden sind. Es ist nicht abzusehen, weshalb in Bezug auf die Frage, ob nur auf Antrag oder von Amtswegen ein Strafverfahren einzutreten habe, ein andrer Grundsatz entscheiden soll, wenn es sich um geknickte Bäume, als wenn es sich um eingeworfene Fenster handelt, — weshalb bei zwei in jeder Beziehung ganz gleichen Fällen, von denen der eine einen Schaden von 50 fl., der andre einen solchen von 50 fl. und einigen Kreuzern zur Folge gehabt hat, weshalb gar, wenn etwa der letztere dieser beiden zuletzt verglichenen Fälle in einer viel weniger boshaften oder sonst weniger strafbaren Weise begangen ist, dennoch jene Frage in dem einen Falle anders beantwortet werden sollte als in dem andern.

---

[10] S oben Note 8

Zu den qualificirten gestellte Fälle dieser Art würden also zunächst den einfachen ganz gleich zu beurtheilen sein, so daß man die Auffassung derjenigen Gesetzbücher, welche die qualificirten Fälle sammt und sonders von Amts wegen strafen, keinenfalls billigen kann.

Es bleiben die aus weniger äußerlichen Gründen qualificirten Fälle übrig, namentlich diejenigen, in denen nicht Privat-, sondern öffentliches Vermögen und ganz besonders diejenigen, in denen ein Gegenstand religiöser Verehrung[11] das Object der Schädigung bildet; und indem von einer grundsätzlichen Verschiedenheit der Behandlung dieser Fälle im Gegensatz zu den einfachen sich in der That eher reden läßt als von der der übrigen qualificirten, so begreift es sich, daß auch das neueste deutsche Strafgesetzbuch, das bairische, noch den Weg eingeschlagen hat, die Beschädigungen von Privat-Vermögen bis auf einzelne Ausnahmen nur auf Antrag, die von öffentlichem Vermögen immer ex officio zu strafen.[12]

Indessen es scheint doch auch nicht richtig zu sein, die Verfolgung der kleinsten Schädigung öffentlichen Vermögens von Amts wegen vorzuschreiben, während vielleicht die größte an Privat-Vermögen begangene, weil kein Antrag gestellt ist, straflos bleibt. Außerdem lassen sich, auch wenn zuzugeben ist, daß ohne Frage in den meisten der hierher gehörigen Fälle eine öffentliche Bestrafung durchaus am Platze ist, auch solche Fälle denken, in denen man die Bestrafung der Schädigung öffentlichen Vermögens wenigstens eben so gut von einem dahin abzielenden Antrage abhängig machen kann und muß wie die privaten Vermögens. Wenn es nun keinen andern Ausweg gäbe, als entweder die Bestrafung der sämmtlichen Beschädigungen öffentlichen Vermögens vom Privatantrage abhängig zu machen, oder aber sie sämmtlich von Amts wegen zu bestrafen, so ließe sich allerdings noch sehr wohl darüber streiten, ob nicht das letztere das Richtige wäre. Von einem reinen Privatantrage (in dem Sinne wie bei der des privaten Vermögen) hängt ja aber die Strafverfolgung hier nicht ab. Das zum Stellen des Antrags berechtigte Subject ist hier eine öffentliche Behörde, und bei der in einander greifenden Behörden-Organisation unseres Staatslebens kann man bei richtiger allgemeiner Instruction der Behörden und Anweisung im einzelnen Falle ohne Mühe den richtigen,

---

[11] Vgl. Thilo, Strfgb f. Baden, S. 448.

[12] Art. 343, 2–5, Art 346. S oben S. 178.

weil nach keiner Seite hin verletzenden Ausweg dahin einschlagen, daß man die Strafverfolgung der Initiative der betreffenden Behörde überläßt, — also auch die Beschädigung öffentlichen Vermögens lediglich zu einem Antrags-Verbrechen macht. Dadurch ermöglicht man es, daß in einzelnen unbedeutenden Fällen, wenn auch nur ausnahmsweis, die Schädigung öffentlichen Vermögens nicht gestraft wird, und vermeidet es, daß die Bestrafung auch solcher Fälle bei eventuellem Straflosbleiben bedeutender Schädigungen von Privatvermögen zu Ungerechtigkeiten führt.

Hiernach scheint die braunschweigsche Strafgesetzgebung, indem sie die Vermögensbeschädigung ganz allgemein und in allen Fällen ein Antrags-Verbrechen sein läßt, den richtigsten Weg eingeschlagen zu haben; wobei nicht verkannt werden soll, daß die einzige Ausnahme, welche das sonst von ganz gleicher Auffassung ausgehende badische Strafgesetzbuch macht, an und für sich nicht als unberechtigt erscheint.[13] Es bleibt nur fraglich, ob der vom badischen Strafgesetzbuche in's Auge gefaßte Fall richtig unter die Vermögensbeschädigung gestellt wird, — wie überhaupt das oben Ausgeführte auf die in das Gebiet der gemeingefährlichen Verbrechen übertretenden Fälle keine Anwendung leidet.

Daß aber, wenn überhaupt ein Delict, das der reinen Vermögensbeschädigung, welches so häufig das öffentliche Interesse gar nicht, sondern nur den geschädigten Privaten berührt, sich im Allgemeinen zum Antragsverbrechen qualificirt, hat sich nicht nur aus dem Vorstehenden bereits ergeben, sondern folgt auch aus der Natur dieses Delicts und der der Antragsverbrechen und deren Begriffe so ganz von selbst, daß es hier nicht erst ausführlicher nachgewiesen werden darf.

Insoweit die Bestrafung der Vermögensbeschädigung gesetzlich von dem Antrage des Verletzten abhängig gemacht wird, kann man mit einem andren Ausdrucke auch sagen, daß die Privatverzeihung oder die „volle Zufriedenstellung" des Beschädigten Straflosigkeit der Vermögensbeschädigung herbeiführe. Es läßt sich deshalb auch nicht als eine „eigenthümliche Bestimmung"[14] des badischen Strafgesetzbuches bezeichnen, wenn dieses[15] vollständige Straflosigkeit in dem Falle eintreten läßt, wo „der

[13] S. 177.
[14] Köstlin, Abhandl., S. 184.
[15] § 576.

Schuldige den Beschädigten vollkommen zufrieden gestellt hat", — mit einziger (von seinem Standpunkte ganz consequenter) Ausnahme des Falles, wo mit der Beschädigung eine dem Thäter bekannte Gefahr für Leben oder Gesundheit Andrer verbunden war, des Falles also, welcher nach dem badischen Strafgesetzbuche immer von Amts wegen bestraft wird. Dadurch, daß der Beschädigte keinen Strafantrag stellt oder den gestellten zurücknimmt, wird eben nichts Anderes bezeichnet, als daß er, weil vollkommen zufrieden gestellt, keinerlei Bestrafung seines Lädenten mehr verlangt, und so führt diese Zufriedenstellung nach denjenigen Gesetzbüchern, welche die Bestrafung der Vermögensbeschädigung von dem Antrage des Verletzten abhängig machen und soweit sie Dies thun, Straflosigkeit herbei. Nur ist bloße, wenn auch noch so vollständige Ersatzleistung für den angerichteten Schaden noch nicht ohne Weiteres Zufriedenstellung des Beschädigten. Es ist vielmehr sehr wohl denkbar, daß durch den Ersatz des vernichteten Werthes die Statt gehabte Rechtsverletzung noch durchaus nicht ausgeglichen wird. Auch wenn der Werth, welchen das geschädigte Object für den Angegriffenen hatte, für letzteren nicht gerade unersetzbar war, kann dennoch eine Verletzung seiner durch die Thatsache der Verletzung, den widerrechtlichen Eingriff in seine Rechtssphäre, die Vexation 2c. trotz Ersetzung des Werthes noch übrig, der Lädent eben dieses Eingriffes wegen noch strafbar bleiben[16], — und daß Beides der Fall ist, beweist eben der Straf-Antrag des Verletzten, den dieser, wiederum trotz der geschehenen Ersatzleistung, stellt.

Sehr richtig bemerkt deshalb Thilo[17] in Bezug auf die angeführte Bestimmung des badischen Strafgesetzbuches: „Straflosigkeit findet Statt, wenn der Schuldige den Beschädigten vor oder nach obrigkeitlichem Einschreiten vollkommen zufrieden gestellt hat; bloße Ersatzleistung jedoch aus eignem Antriebe wirkt nur Herabsetzung der Strafe. In Bezug auf Zufriedenstellung kommt es also auf freien Antrieb des Thäters nicht an, und ebenso gleichgültig ist es in dieser Beziehung, ob die obrigkeitliche Anzeige schon geschehen war, oder nicht, weil, wenn Einer zufrieden gestellt, damit genug geschehen ist. Eine bloße Ersatzleistung ohne Befriedigung des Beschädigten ist dagegen kein hinreichender Grund,

[16] Vgl. oben, S. 61 ff., 84, 85.
[17] Strfgb. f. d. Großh. Baden, S. 449.

eine gänzliche Straflosigkeit eintreten zu lassen. Denn auch angenommen, es liege nur Muthwillen und keine Bosheit zu Grunde, so ergiebt sich doch, wo eine wirkliche Beschädigung in der Sache liegt, daß der Thäter ein Verbrechen verüben wollte, und keineswegs bloß die Absicht hatte, über die Sache gegen Ersatzleistung zu verfügen. Es ist aber auch bei keinem Verbrechen im Strafgesetzbuche der Grundsatz angenommen worden, daß eine solche Ersatzleistung nach vollendetem Verbrechen als Straflosigkeitsgrund gelte, sondern es wurde überall nur Strafmilderung darauf gegründet. Abgesehen von der Zufriedenstellung, die im Zusammenhang mit dem Erforderniß der Anzeige steht, kann die bloße Ersatzleistung an und für sich keine größere Folge hier haben als bei dem Betruge, der Unterschlagung und dem Diebstahl. Man kann sogar noch sagen, daß bei dem Diebstahl in der Regel noch leichter ein vollständiger Ersatz zu leisten ist, weil es sich hier nur um Geld und Geldeswerth handelt, als bei Beschädigungen, wo Gegenstände zerstört worden sein können, die sich nicht auf gleiche Weise durch einen andern Gegenstand oder bloß durch eine Summe Geldes vollständig ersetzen lassen."

Eben deshalb kann auch in denjenigen Gesetzen, welche die Bestrafung der Vermögensbeschädigung nicht vom Antrage des Verletzten abhängig machen, die Ersatzleistung nie als Strafausschließungsgrund erscheinen. Denn es würde ein Widerspruch sein, die bloße Ersatzleistung als Ausschließungsgrund anzuerkennen, während die volle Zufriedenstellung als ein solcher nicht anerkannt wird. Und andrerseits ist es nicht etwa ein eigenthümlicher Zufall, sondern vielmehr sehr nahe liegend und begreiflich, weil auf einem innern Zusammenhange der Auffassung des Gesetzgebers beruhend, daß gerade dasjenige Strafgesetzbuch, welches noch ausnahmsloser und allgemeiner als das badische die Bestrafung des Delicts von dem Antrage des Verletzten abhängig macht, also das braunschweigsche das einzige ist, welches die Ersatzleistung in gewissen Fällen zu einem völligen Strafaufhebungsgrunde macht. Nur übersieht das braunschweigsche Gesetz, aber in erklärlicher Folge seiner ganzen Grundauffassung in diesem Punkte, den Unterschied zwischen der bloßen Ersatzleistung und der wirklich vollen Zufriedenstellung des Beschädigten, — obgleich es[18] nur in den Fällen die vollständige Ersatzleistung

[18] § 243.

einen Strafaufhebungsgrund sein läßt, in welchen es allein nach dem Werthe des Gegenstandes des Verbrechens die Strafe gesetzlich bestimmt [19], in allen andren Fällen nur einen erheblichen Strafminderungsgrund.

In allen andern Strafgesetzbüchern ist die Ersatzleistung nur Straf-Milderungs- oder Minderungsgrund, also auch in denjenigen, welche die Bestrafung von dem Antrage des Verletzten abhängig machen, nie Strafaufhebungsgrund, wenn sie nicht eine völlige Zufriedenstellung des Beschädigten enthält und demgemäß ein Strafantrag vom Letzteren nicht gestellt oder nicht aufrecht erhalten ist. Daß dieser von der Mehrzahl der Strafgesetzbücher eingeschlagene Weg als der richtige zu bezeichnen ist, hat sich bereits aus dem eben Vorgetragenen [20] ergeben.

Des Näheren enthalten diese Gesetze aber die folgenden Bestimmungen. Gar nicht ausdrücklich erwähnt wird des Einflusses der Ersatzleistung auf die Strafbarkeit von dem alten bairischen und alten oldenburgschen, dem alten sächsischen und sachsen-altenburgschen, dem thüringischen, dem neuen sächsischen, dem lübeckschen Strafgesetzbuche. Daraus resultirt natürlich nicht, daß es für die Bestrafung ganz gleichgültig wäre, ob ein Schadensersatz Statt gefunden hat oder nicht; sondern nur, daß die geschehene Ersatzleistung nicht anders als bei der Zumessung der Strafe in Betracht kommen kann, indem ihre Berücksichtigung in letzterer Beziehung sowohl schon aus den allgemeinen Grundsätzen als aus den allgemeinen Bestimmungen auch derjenigen Strafgesetzbücher folgt, welche der Ersatzleistung bei der Vermögensbeschädigung nicht besonders erwähnen.[21] Zwischen diesen Gesetzbüchern

---

[19] Bei bloß theilweisem Ersatz ist dann nur nach Maßgabe des Werthes des nicht Ersetzten zu strafen und dabei die thätige Reue des Schuldigen als Milderungsgrund zu berücksichtigen.

[20] S. Note 16. Daß andrerseits die wirkliche Zufriedenstellung mit Recht als Strafaufhebungsgrund betrachtet wird, folgt wiederum von selbst aus dem, was in diesem § über die Abhängigkeit der Bestrafung dieses Delicts von dem Antrage des Verletzten gesagt worden ist.

[21] Vgl. z. B. das sächsische Strfgb., Art. 37, welches ganz allgemein die Berücksichtigung der besondren Beschaffenheit der zu bestrafenden Handlung und des Grades der dabei gezeigten Böswilligkeit bei der Strafzumessung vorschreibt. Das bereits (S. 85, N. 43) erwähnte Erkenntniß des sächsischen Oberappellationsgerichts (Allgem. Ger.-Zeit. f. d. Königr. Sachsen, 1864, S 141) spricht deshalb auch aus, daß die Entschädigung bei Statt gehabter Vermögensbeschädigung zwar weder Strafherab-

und denjenigen, welche die Ersatzleistung bei diesem Delicte ausdrücklich als Minderungsgrund bezeichnen, besteht deshalb kein thatsächlicher Unterschied.

Die Gesetzbücher Hannovers[22], Hessens[23] und Nassaus[24] erkennen die Ersatzleistung als Strafminderungsgrund an und schreiben dem Richter ihre Berücksichtigung bei der Strafzumessung vor; so auch das östreichische Strafgesetzbuch[25], obgleich nach seinem wörtlichen Ausdruck die Ersatzleistung als Strafmilderungsgrund bezeichnet wird.[26]

Das preußische Strafgesetzbuch[27] läßt nur bei der einfachen Vermögensbeschädigung mildernde Umstände zu; nach dem neuen bairischen[28] kann im Fall der Ersatzleistung die Strafe bis zur Hälfte des niedrigsten Maßes herabgesetzt werden, und zwar mit der ausdrücklichen Bestimmung, daß es der wirklich geschehenen Ersatzleistung gleich zu achten ist, wenn der Beschädigte den ihm vom Thäter wirklich dargebotenen Ersatz zurückgewiesen hat. Jedoch muß die Ersatzleistung geschehen sein, bevor der Lädent wegen der Handlung ergriffen, verfolgt oder bedrängt oder von Seite der Obrigkeit oder ihrer Diener zur Rede gestellt wurde.

Das würtembergsche Strafgesetzbuch[29] verweist ganz auf die Analogie des Diebstahls[30], über welchen es in dieser Beziehung die folgenden Bestimmungen enthält: im Falle des einfachen Diebstahls soll bei voller Ersatzleistung die Strafe auf die Hälfte herabgesetzt werden[31]; bei nur

---

setzungs- noch gar Strafausschließungs-, wohl aber Strafzumessungsgrund sei; vgl. auch Günther, die neuen Strafgesetze, S. 150, 151, (Schletter), a. a. O., S. 194, Hartitzsch, a. a. O., S. 439.

[22] Art. 339.

[23] Art. 426.

[24] Art. 422.

[25] §§ 46, 47, 264. Vgl. Frühwald, Handb. des östr. Strfgb., I, zu 264, k.

[26] Frühwald, a. a. O., zu § 47 unter II.

[27] § 281. Wird festgestellt, daß mildernde Umstände vorhanden sind, so ist auf Geldbuße zu erkennen, während sonst die Strafe der einfachen Vermögensbeschädigung in Gefängniß besteht.

[28] Art. 74.

[29] Art. 388 vgl. mit Art. 342.

[30] Vgl. auch die Gesetzbücher Braunschweigs (§ 243), Badens (§ 576 vgl. mit § 395) und Baierns (das neue, Art. 74).

[31] Vgl. Hufnagel, Strfgb., S. 411, Commentar, S. 691, 692.

theilweisem Ersatz ist die Strafe im entsprechenden Verhältniß zu mildern; beim ausgezeichneten Diebstahl ist im Fall vollständigen Ersatzes die Strafe zu ermäßigen, aber nie um mehr als ein Dritttheil herabzusetzen. Doch ist es auch nach dem würt. Gesetze erforderlich, daß der Ersatz bewirkt worden ist, bevor eine beschuldigende Anzeige geschehen oder eine amtliche Einschreitung Statt gefunden. Nach dem badischen Strafgesetzbuche endlich hat, — abgesehen von den beiden bereits hervorgehobenen besondren Fällen, also wenn weder einerseits eine volle Zufriedenstellung des Beschädigten Statt gefunden hat[32], noch andrerseits mit der Schädigung eine dem Thäter bekannte Gefahr für Leben oder Gesundheit Andrer verbunden war, — die Ersatzleistung die Wirkung, daß die Strafe, in den Fällen der Beschädigung aus Bosheit, Rachsucht oder Eigennutz, jedoch nicht unter ein Drittel des sonst verschuldeten Maßes, herabgesetzt wird[33], und zwar auch hier unter der Voraussetzung, daß der Thäter schon vor der bei der Obrigkeit geschehenen Anzeige Ersatz geleistet oder angeboten hat.

§ 14. Schlußbemerkung über die Abgränzung der Vermögensbeschädigung gegen andre Delicte.

Für eine richtige und genügende Abgränzung der Vermögensbeschädigung gegen andre, innerlich oder äußerlich verwandte, Delicte ist sowohl von der Gesetzgebung auch von der Doctrin bisher im Ganzen wenig geschehen. Es bleibt hier, wie sich bereits an mehreren Stellen der vorstehenden Ausführungen ergeben hat, noch Manches zu thun übrig, und zwar in einer zweifachen Richtung; einmal in der Richtung, daß der Begriff der Vermögensbeschädigung nicht ungehörig eingeengt, sondern vielmehr zu der ihm richtiger und nothwendiger Weise zukommenden Ausdehnung erweitert werde; sodann aber auch in der Richtung, daß die

---

[32] In diesem Falle ist es gleichgültig, ob die Zufriedenstellung vor oder nach erfolgtem obrigkeitlichen Einschreiten geschehen ist. Vgl. die oben im Texte angeführte Stelle bei Thilo.

[33] § 576.

Vermögensbeschädigung von der Vermischung mit ganz andren und unter ganz andre Gesichtspunkte gehörigen Delicten gereinigt, in dieser Beziehung also die Gränzen einschränkend berichtigt werden.

Daß es in Bezug auf die zuerst hervorgehobene Richtung namentlich darauf ankommt, daß das Delict von der hergebrachten Voraussetzung der „Körperlichkeit" nicht mehr abhängig gemacht [1] und von den daraus resultirenden engen Schranken befreit wird, ist oben bereits angedeutet worden. Es ist dort mit gebührender Anerkennung die Bestimmung des sächsischen Strafgesetzbuches hervorgehoben, nach welcher auch die durch Verbreitung nachtheiliger Gerüchte bewirkte Schädigung unter das Delict der Vermögensbeschädigung zu stellen ist; — während unsre sämmtlichen übrigen Strafgesetzbücher bisher noch an der unstatthaften und unlogischen Einschränkung auf das damnum corpori corpore datum festhalten. Aus gleichen Gründen aber würde namentlich auch die widerrechtliche Mittheilung fremder Handels- und Gewerbs-Geheimnisse sowie die widerrechtliche Verletzung von Geheimnissen überhaupt, durch welche Verletzung einerseits der Verletzende keinen directen Vermögensvortheil erstrebt, andrerseits aber der Verletzte einen Vermögensnachtheil erleidet, zu der Vermögensbeschädigung zu stellen sein; ebenso das Abhalten Andrer vom Bieten bei Versteigerungen, — und zwar auch dann, wenn die einen Vermögensnachtheil herbeiführende Abhaltung nicht vermittelst Angriffs auf eine fremde Sache bewirkt war, (in welchem Falle das Delict der Vermögensbeschädigung ja vollends unzweifelhaft vorliegen würde).[2]

Für die Abgränzung der Vermögensbeschädigung gegen die eigentlich eigennützigen Verbrechen gegen das Vermögen, den Diebstahl, die Unterschlagung, den Betrug muß immer die Entscheidung der Frage maßgebend bleiben, ob des Thäters Absicht eine direct-eigennützige war, ob seine Absicht darauf ging, sich oder Andren einen directen widerrechtlichen Vortheil zu verschaffen, oder nicht. Dasselbe gilt in Bezug auf die Fragen, ob Fälschung, auch Gränzfälschung, ob „Untreue", strafbarer Eigennutz, oder ob Vermögensbeschädigung anzunehmen sei. Ging, was allerdings immer die Regel sein wird, die Absicht auf direct-widerrechtliche

---

[1] S. oben S. 58, 59.

[2] S. oben S. 137.

Bereicherung, so wird die Vermögensbeschädigung als ausgeschlossen betrachtet werden müssen. Lag aber ausnahmsweis eine solche Absicht nicht vor, so würden umgekehrt die sämmtlichen genannten Delicte auszuschließen und Vermögensbeschädigung anzunehmen sein. Nur ist es nach unsren gegenwärtigen Strafgesetzgebungen, welche über die einzelnen in Frage kommenden Delicte selbst noch so viel Schwankendes und Unabgegränztes enthalten, theils sehr schwierig, theils auch unzulässig, in allen Fällen scharf und consequent zu entscheiden.

Wenn Köstlin[3] hier die folgenden Fälle zusammenstellt: Abläugnen eines depositum miserabile, den weiter ausgedehnten Fall der Carolina des dolosen Verderbens oder unbefugten Gebrauchens eines depositi, den Verrath der bei Jemand hinterlegten einen Rechtsstreit betreffenden Urkunden von diesem an den Gegner des Deponenten, Eröffnung von Seiten des Depositars der ihm anvertrauten letztwilligen Verfügung eines Andren ohne dessen Zustimmung bei seinen Lebzeiten, alle die in den neueren Gesetzbüchern als „Untreue" ꝛc. vorkommenden Delictsfälle, die unbefugte Mittheilung fremder Handels- oder Gewerbs-Geheimnisse, deren Kenntniß man vermöge seines Berufes erlangt hat, an Andre, Benachtheiligung durch dolose Verbreitung unwahrer Nachrichten, unbefugtes Eindringen in fremde Geheimnisse, insbesondere Erbrechen, Lesen, Abschreiben fremder Briefe, Urkunden, Acten, Handelsbücher ꝛc., Abhalten Andrer vom Bieten bei Versteigerungen, die unter öffentlicher Autorität vorgenommen werden, durch Gewalt, Drohung, arglistige Täuschung oder Zusicherung oder Gewährung eines Vortheils, Mitanbordnahme von Gegenständen, welche das Schiff in Gefahr der Confiscation oder Beschlagnahme bringen, von Seiten der Reisenden oder Schiffsleute ohne Vorwissen des Schiffers oder von Seiten des Schiffers ohne Vorwissen des Rheders, Entlaufen oder Sichverbergen eines Schiffsmannes mit der empfangenen Heuer, um sich dem übernommenen Dienste zu entziehen, Uebervortheilung durch Zuwiderhandeln gegen die bestehenden Taxordnungen; — so kann es nach dem Gesagten nicht schwer sein, zu entscheiden, welche dieser Fälle durchaus nicht und so wenig wie ähnliche mit eben so viel Recht hierher zu stellende unter

[3] Vgl. Abhandl., S. 185 ff.

die Vermögensbeschädigung, und ob, bzw. wann andre von ihnen unter dieselbe gehören.

Nach anderer Richtung wird eine scharfe Abgränzung der Vermögensbeschädigung namentlich wichtig und theilweis auch schwierig einmal gegen die gemeingefährlichen, sodann gegen die sog. Religionsverbrechen.

Eine scharfe Abgränzung und Trennung zwischen den gemeingefährlichen Verbrechen und den einfachen (in diesem Sinne einfachen) Vermögensbeschädigungen ist durchaus nothwendig[4] und auch in schärfer durchgeführter Weise nothwendig, als bisher in unsren Strafgesetzgebungen geschehen ist, obwohl manches Gute in dieser Beziehung sich bereits findet. Die eine Gemeingefahr enthaltenden Verbrechen einerseits und die im Gegensatz dazu einfachen Vermögensbeschädigungen andrerseits beruhen ja auf ganz verschiedenen Grundlagen und ganz verschiedenen Gründen der Strafbarkeit und sind nach ganz verschiedenen Gesichtspunkten zu beurtheilen. Jenachdem deshalb die Frage entschieden wird, ob in der bewirkten Schädigung eine Gefahr für Menschenleben oder eine Gemeingefahr für Vermögen gelegen, muß man zu ganz verschiedenen und sehr wichtigen Consequenzen kommen. Nicht nur, daß sich die Fragen, ob auch Fahrlässigkeit strafbar sei, ob Versuch oder Vollendung anzunehmen[5], anders beantworten lassen, wenn die Handlung eine Gemeingefahr enthielt, als wenn dies nicht der Fall war; sondern z. B. auch die Frage, ob der Eigenthümer der beschädigten Sache Subject des Delicts sein könne, muß verschieden beantwortet werden.[6] In Bezug auf die einfache (eine Gemeingefahr nicht herbeiführende) Vermögensbeschädigung kann die Frage, welche nach unserm positiven Strafrecht entschieden verneint werden muß, auch de lege ferenda nur in beschränkter Weise bejaht werden; in Bezug auf die gemeingefährlichen Beschädigungen ist sie dagegen zu bejahen. Wer sein mitten im Orte gelegenes eignes Haus ein-

---

[4] Vgl. Hufnagel, Commentar, II, S. 679, Stenglein, Comm, S. 517, Weis. Strfgb. f. Baiern, S. 250.

[5] Weis, a. a. O., C. O Müller, Verbrechen gegen die materielle Integrität der Eisenbahnen, 1846, S. 189 ff.

[6] Weis, a. a. O.

reißt, ist deshalb noch kein Vermögensbeschädiger; wer es aber verbrennt, ohne Frage ein Brandstifter.

Von demselben Gesichtspunkte ist bei der Beurtheilung von Fällen wie Verbreitung von Viehseuchen u. dgl. auszugehen, d. h. es muß der Gesichtspunkt der Gemeingefährlichkeit, falls eine solche vorhanden, als der Ausschlag gebende festgehalten und dann die einfache Vermögensbeschädigung ausgeschlossen werden. Dasselbe gilt von der Vergiftung von Vieh, Weiden, Brunnen, Wässern und sonstigem Ungesundmachen der letzteren, welche Fälle ja unter Umständen geradezu auf die Tödtung führen. Nur wenn in solchen Handlungen eine Gefahr für Personen oder eine Vermögensgemeingefahr nicht enthalten sein sollte, könnte die subsidiäre Vermögensbeschädigung eintreten. Daß aber eine solche Gefahr durch die Vergiftung des betreffenden Objects nicht herbeigeführt wird, ist wenigstens immerhin möglich.[7] Die boshafte Tödtung des dem Nachbar gehörigen Lieblingshundes kann z. B. sehr wohl durch Gift geschehen und doch nicht gemeingefährlicher sein, als wenn der Hund, dessen Cadaver etwa hinterdrein noch so verscharrt wird, daß ihn Niemand auffinden kann, erschlagen wäre. Es macht deshalb das angewandte Mittel des Giftes ebenso wie das des Feuers die Handlung durchaus nicht allein und ohne Weiteres zu einer gemeingefährlichen, (obwohl das in der Regel der Fall sein wird). Vielmehr kann möglicher Weise, auch wenn die Schädigung durch Gift oder durch Feuer bewirkt war, sehr wohl immer noch lediglich eine einfache Vermögensbeschädigung vorliegen: die Beschädigung oder Zerstörung des isolirt gelegenen und unbewohnten fremden Hauses oder einer sonstigen isolirt gelegenen fremden Sache durch Feuer ist deshalb richtiger unter die Vermögensbeschädigung als unter die Brandstiftung zu stellen; es liegt eben in der That keine Gemeingefahr und durchaus kein Grund vor, die Handlung nach den besondern und besonders strafbaren Grundsätzen zu beurtheilen, nach welchen die eben eine

[7] Herbst, Handbuch des allgemeinen östreichischen Strafrechts, II, S. 145 bemerkt in Bezug auf den oben S. 46 N. 5 erwähnten § 398 des östr. Strfgb., welcher der Verunreinigung von Brunnen u. dgl. durch Hineinwerfen von todtem Vieh ꝛc. Strafe droht: „die Absicht darf nur darauf gehen, die Benutzung des Brunnens ꝛc. unmöglich zu machen und dadurch Andren Nachtheil oder doch Unbequemlichkeiten zuzufügen. Denn hatte der Thäter die Absicht, Menschen am Leben oder der Gesundheit zu schaden, so würde er sich allerdings eines Verbrechens schuldig machen." S. auch Thilo, Strfgb. f. Baden, S. 450.

Gemeingefahr herbeiführenden verbrecherischen Handlungen beurtheilt werden. Ebenso lassen sich sehr wohl Zerstörungen oder Beschädigungen von Grundstücken oder andern Sachen durch das Element des Wassers so denken, daß durch die Benutzung dieses letzteren Mittels ein gemeingefährliches „Verursachen einer Ueberschwemmung" nicht herbeigeführt, der Einzelne aber geschädiget und eine einfache Vermögensbeschädigung anzunehmen ist.

Hierin liegt der wichtige Satz, daß bloß nach dem gebrauchten Mittel es nicht entschieden werden kann und darf, ob ein gemeingefährliches Verbrechen oder eine gewöhnliche Vermögensbeschädigung begangen ist.

Demnach könnte man geneigt sein, das für die Frage, ob eine individual-gefährliche Vermögensbeschädigung oder ein gemeingefährliches Verbrechen anzunehmen sei, entscheidende Moment in der Beschaffenheit der Sache zu suchen, welche Object des Delicts gewesen ist, in dem beschädigten Gegenstande selbst. Beschädigungen von Eisenbahnen[8], Telegraphen-Anstalten zc., welche so viele unsrer Strafgesetzbücher bei der Vermögensbeschädigung erwähnen, würde man deshalb, — eben weil der beschädigte Gegenstand eine Eisenbahn ist, — vielmehr von der Vermögensbeschädigung auszuschließen und immer zu den gemeingefährlichen Verbrechen zu stellen geneigt sein. Eine solche rein äußerliche Unterscheidung würde jedoch das Richtige nicht treffen.

Es würde zunächst unerläßlich sein, zwischen den einzelnen unter den Collectiv-Begriff „Eisenbahn" zc. fallenden Gegenständen zu unterscheiden. Das Beschädigen z. B. von irgend welchen zum Eisenbahn-Betriebe gehörigen Neben-Gebäuden, von Fenstern, Sitzen, Tapeten in Eisenbahn-Wagen oder Gebäuden, von Verzierungen an Eisenbahn-Brücken zc. zu den gemeingefährlichen Verbrechen zu stellen, würde höchst grundlos und ungerechtfertigt sein; es würde ganz unrichtig sein, in solchen Beschädigungen etwas Anderes als lediglich eine individual-gefährliche Vermögensbeschädigung zu sehen.

Aber auch diese fernere, immer noch rein äußerlich nach dem ver-

[8] Hierüber s. das bereits angeführte Werk von C. O. Müller, über das Verbrechen gegen die materielle Integrität der Eisenbahnen.

letzten Gegenstande abgränzende Unterscheidung würde durchaus nicht hinreichen, den inneren und wahren Unterschied zwischen der individualgefährlichen Vermögensbeschädigung und den gemeingefährlichen Verbrechen richtig zu bezeichnen. Es würde nämlich selbst dann, wenn z. B. eine Eisenbahnbrücke od. dergl. selbst beschädigt ist, wenn Schienen aufgerissen sind 2c., noch immer nicht richtig sein, ohne Weiteres eine gemeingefährliche Vermögensbeschädigung anzunehmen. Die letztere würde allerdings ohne alle Frage dann vorliegen, wenn z. B. die Schienen heimlicher Weise, kurz vor dem Herankommen des erwarteten Eisenbahnzuges aufgerissen wären. Sie würde aber eben so gewiß nicht vorliegen, wenn dieselbe Handlung zu einer Zeit, wo das Passiren eines Zuges lange nicht zu erwarten ist, öffentlich, z. B. vor den Augen der Bahnbeamten, etwa um diese zu ärgern od. dgl., vorgenommen wäre. Deshalb macht selbst die Thatsache, daß die schädigende Handlung an Eisenbahnschienen, an diesem unmittelbarsten und in gewisser Beziehung wichtigsten Gegenstande des Eisenbahnwesens begangen ist, an einem Gegenstande, dessen Schädigung unter Umständen ganz besonders und eminent gemeingefährlich ist, eben diese Handlung doch noch nicht ohne Weiteres zu einem gemeingefährlichen Verbrechen. Ebenso wie das angewandte Mittel (Gift, Feuer, Entfesselung des Elementes des Wassers) unter diesen Umständen die alleräußerste Gemeingefahr herbeiführen kann, unter jenen nicht die allermindeste, kann auch in dem einen Falle in der Beschädigung gerade dieses Gegenstandes eine Gemeingefahr liegen, in dem andern nicht. Es läßt sich deshalb die Frage, ob eine Gemeingefahr entstanden, also ob eine gemein- oder nur eine individualgefährliche Vermögensbeschädigung anzunehmen ist, immer nur nach der Lage des einzelnen Falles entscheiden.

Deshalb kann weder kurzab das gebrauchte Mittel noch der verletzte Gegenstand und seine Beschaffenheit, sondern es können nur die Umstände, unter welchen, und die Art und Weise, in der die Schädigung erfolgt ist, als das Kriterium für die Entscheidung der Frage bezeichnet werden, ob die Statt gehabte Beschädigung unter die individualgefährliche Beschädigung oder unter die gemeingefährlichen Verbrechen zu stellen ist.

Derjenige, ja schon vielfach positiv eingeschlagene legislatorische Weg, welcher hier als der allein richtige zu bezeichnen wäre, würde also dahin führen, daß dem Richter die Möglichkeit gegeben wird, je nach den Umständen der einzelnen Handlung das Delict vom Standpunkte der gemeingefährlichen Verbrechen aburtheilen, dann aber, wenn eben diese Umstände eine Gemeingefahr in der That ausschließen und wenn deshalb gar kein Grund vorliegt, wegen herbeigeführter Gemeingefährlichkeit zu strafen, die subsidiäre individualgefährliche Vermögensbeschädigung heranziehen zu können[9], ohne von vornherein durch die Art des gebrauchten Mittels oder des angegriffenen Gegenstandes gebunden und beschränkt zu sein. Wird dieser Weg in der richtigen Weise zum Ziele verfolgt, so können besondre Gesetze zum Schutze der Eisenbahnen und Telegraphen ꝛc. wenigstens in den hierher gehörigen Beziehungen füglich ganz entbehrt werden.

Wenn es sich um die Abgränzung der Vermögensbeschädigung und der sogen. Religionsverbrechen gegen einander handelt, also um die Frage, ob in der Beschädigung von Kirchen, Gräbern ꝛc. nur eine (wenn auch besonders strafbare) Vermögensbeschädigung oder immer eine „Beschimpfung", ein „beschimpfender Unfug" ꝛc. an Gegenständen religiöser Verehrung zu erblicken sei, so wird auch in Bezug auf diese Frage die aus den Umständen des einzelnen Falles zu erkennende Absicht des Handelnden den Ausschlag geben müssen.

Man könnte allerdings meinen, jede Beschädigung von Gegenständen religiöser Verehrung enthalte nothwendig immer eine Beschimpfung derselben und eine Verletzung der Gemeinde und der gesammten öffentlichen, und zwar besonders heiligen und schützenswerthen Interessen, wie sie in der einfachen individualgefährlichen Vermögensbeschädigung nie enthalten sei. Ebenso wie die objectiv injuriirende Handlung immer den Thatbestand der Injurie darstelle, auch wenn die Absicht des Thäters nicht auf die eigentliche Injuriirung gerichtet gewesen, sondern vielmehr vorgenommen sei, um z. B. dem Geschlagenen durch den Schlag Schmerz zu bereiten, nicht ihn zu beleidigen, — ebenso sei ein jeder gegen Kirchen, Gräber, Gegenstände religiöser Verehrung gerichtete beschädigende Angriff objectiv beleidigend für diese Gegenstände und für die ganze Gemeinde. Alle und jede Beschädigung solcher Gegenstände sei deshalb von der Vermögensbeschädigung auszuschließen und lediglich zu den Re-

[9] Vgl. Müller, a. a. O., S. 47 ff., insbesondere 55

ligionsverbrechen zu stellen, von der Gesetzgebung also gerade der dem bisher von den meisten unsrer Strafgesetzbücher gewählten entgegengesetzte Weg einzuschlagen.

Es wird nun allerdings Niemand verkennen, daß das einer solchen Auffassung zum Grunde liegende Gefühl ein sehr begreifliches und anerkennungswerthes sein würde. Auch läßt sich nicht läugnen, daß es bei der von unsren Strafgesetzgebungen geschehenden und nicht aufzugebenden Anerkennung besonderer Religionsverbrechen immerhin auffällig bleibt, trotz- und außerdem der Beschädigung von Kirchen, Gräbern, Gegenständen religiöser Verehrung auch bei der gewöhnlichen Vermögensbeschädigung zu begegnen, namentlich wenn man die durchaus nicht immer klare Art und Weise bedenkt, in welcher noch vielfach von unsern Strafgesetzbüchern der Angriffe auf solche Gegenstände gedacht wird. Indessen, wenn die letztere auch noch zu wünschen übrig läßt und der Correctur bedarf, so kann doch ein wenn auch noch so inniges und löbliches Gefühl den Ausschlag in der hier angeregten Frage nicht geben. Ein solches Gefühl darf den Juristen nie den Unterschied übersehen lassen, der zwischen Dem besteht, welcher aus bloßem Muthwillen oder dergl., ohne an die Heiligkeit des Gegenstandes, an dem er sich vergreift, zu denken, diesen beschädigt (z. B. die Kirchenfenster einschlägt, um sich an dem Klirren zu ergötzen oder um den Küster zu ärgern), und demjenigen, welcher eine solche Handlung vornimmt um der Beschimpfung des Gegenstandes religiöser Verehrung und der Verletzung der Gemeinde in ihren religiösen Gefühlen selbst willen. Mag derjenige, welcher jenes Erstere thut und thun kann, welcher den heiligen Gegenstand zum Object seiner muthwilligen Beschädigung macht und machen kann, ohne der Heiligkeit des Gegenstandes auch nur zu gedenken, auch auf einer sehr niedrigen sittlichen Stufe stehen und sehr strafbar sein und namentlich auf einer niedrigeren und strafbareren Stufe als derjenige, welcher sich an irgend welchen andren Gegenständen des Delicts der Vermögensbeschädigung schuldig macht; — so steht er doch nicht auf einer Stufe mit demjenigen, welcher den Gegenstand religiöser Verehrung als solchen beschimpfen will, und darf nicht nach denselben Grundsätzen wie dieser beurtheilt werden. Und worin besteht überhaupt die ganze Grundlage und Voraussetzung des Daseins besondrer Religionsverbrechen und ihrer besondren Strafbarkeit? Nach der heutzutage ganz feststehenden und unbestreitbar richtigen

Auffassung in der Erschütterung der religiösen Fundamente des Staates, welche durch den Angriff auf den Gegenstand erfolgte oder erfolgen sollte oder konnte, speciell bei der Beschimpfung von Gräbern oder Grabstätten in der Störung des Friedens der Todten und damit der Empfindungen ihrer Angehörigen und der ganzen Gemeinde. Durch das Einwerfen der Fenster einer Kirche werden aber gewiß nicht immer ohne Weiteres die religiösen Fundamente des Staates erschüttert, durch das Abreißen einiger Blumen von einem Grabhügel oder auch durch die Beschädigung des Grabmonumentes gewiß nicht immer ohne Weiteres der Friede des Todten, seiner Angehörigen und der Gemeinde gestört. Es liegt in solchen, meist auch nicht öffentlichen Handlungen nicht immer ohne Weiteres etwas objectiv Beschimpfendes für die Gegenstände, gegen welche die Handlung sich richtete.[10]

Deshalb ist auch hier an dem Grundsatze festzuhalten, daß nicht kurzab nach dem beschädigten Gegenstande, sondern nach den Umständen und der Art und Weise der Schädigung im einzelnen Falle die Frage zu entscheiden ist, ob die Statt gehabte Schädigung nach den über die Vermögensbeschädigung oder den über die Religionsverbrechen geltenden Grundsätzen zu beurtheilen sei; und es können die Strafgesetzgebungen nur gutgeheißen werden, welche den Richter in den Stand setzen, in der That eben darnach im einzelnen Falle entscheiden zu können, und ihn nicht durch, nach der einen oder der andern Richtung einseitige, Bestimmungen zwingen, in allen Fällen gleichmäßig entweder das Eine oder das Andere zu thun.

Für die Berücksichtigung des natürlich stets aufrecht zu erhaltenden Unterschiedes, welcher zwischen der Strafbarkeit der gewöhnlichen Vermögensbeschädigung und derjenigen besteht, welche, (ohne den Thatbestand eines Religionsverbrechens darzustellen), an Gegenständen religiöser Verehrung begangen wird, sorgt hinlänglich die strengere und strenger zuzumessende Bestrafung, welche die Beschädigung solcher Gegenstände im Gegensatz zu den gewöhnlichen (einfachen) Vermögensbeschädigungen trifft; — ganz ebenso wie auch des größeren Schutzes, dessen die Eisenbahnen, Telegraphen-Anstalten, öffentlichen Sammlungen für Kunst und Wissenschaft bedürfen, in der Weise gewartet wird, daß die Schädigung

[10] Vgl. Hufnagel, Comm., II, 693, Strfgb., S 412.

dieser Gegenstände zwar nach den Bestimmungen über die Vermögensbeschädigung, aber dann besonders strenge bestraft wird.

Auch gegen noch andre Delicte fehlt es nach dem gegenwärtigen Stande unseres positiven Strafrechts vielfach an einer scharfen und genügenden Abgränzung, woran nicht nur das über die Vermögensbeschädigung selbst Bestimmte, sondern vielfach auch der Umstand Schuld ist, daß eben diese andren Delicte nicht völlig abgeschlossen und festgestellt sind. Es gilt dies namentlich vom Landfriedensbruch, (der öffentlichen Gewalt) und dem Hausfriedensbruch.

In Bezug auf das letztgenannte Delict ist es trotz des unzweifelhaft anzuerkennenden kräftigen Schutzes, welcher dem Hausfrieden und dem Hausrechte jedes Einzelnen vom Staate zu gewähren ist, gewiß kein richtiger und wenigstens theilweis auch willkürlicher und an die geschichtliche Entwicklung des deutschen Strafrechts nicht anknüpfbarer Grundsatz, der sich aber doch, wenn auch nur vereinzelt findet, unter Ausschließung der Vermögensbeschädigung immer dann Hausfriedensbruch anzunehmen, wenn die Beschädigung an einem bewohnten Hause (z. B. durch Fenstereinwerfen) begangen ist, auch wenn der Bewohner des Hauses in solchen Fällen in seinem Frieden und seiner Rechtssphäre besonders unmittelbar „gestört" sein sollte. Mit denjenigen Strafgesetzbüchern, welche Häuser und dergl. ausdrücklich als Objecte der Vermögensbeschädigung nennen, würde das schon jetzt nicht in Einklang zu bringen sein.

Eigentliche Gewalt gegen Personen muß das Delict der Vermögensbeschädigung allerdings ausschließen.[11] Es wird dabei aber berücksichtigt werden müssen, daß nicht jede die Schädigung der Sache zum Zwecke habende Berührung der Person eigentliche Gewalt gegen Personen ist: es wird z. B. dem zu Lädirenden die Sache aus der Hand gerissen und dann beschädigt. In solchen Fällen wird eben so gewiß nur eine Vermögensbeschädigung angenommen werden dürfen, als, falls es sich um eine widerrechtliche Aneignung der aus der Hand gerissenen Sache handelte, nur ein Diebstahl und kein Raub vorliegen würde. Andrerseits wird die Größe, die Publicität, die Gemeingefahr der angedrohten oder ausgeführten Gewaltthätigkeit, wie sie sich z. B. in Zusammenrottungen

---

[11] Vgl. oben S. 43.

Mehrerer kund giebt, die Vermögensbeschädigung ausschließen und die Handlung zu einem andern, schwereren Delicte machen müssen.[12]

Das Verhältniß der Vermögensbeschädigung zur Injurie wird, wenn es sich um die Schädigung von Sachen handelt, kaum zu Schwierigkeiten führen können. Es kommen, wenn das Mittel der Injuriirung eine Vermögensbeschädigung gewesen ist, einfach die oben bei Gelegenheit der Beurtheilung des Dolus aufgestellten Grundsätze zur Anwendung[13], nach denen für solche Fälle eine Concurrenz von Vermögensbeschädigung und Injurie eintritt. Nur die letztere annehmen zu wollen, würde die Bedeutung des ja allerdings anzuerkennenden und anerkannten subsidiären Characters der Vermögensbeschädigung mißverstehen und überschätzen heißen. Ganz dasselbe muß der Fall sein, wenn die Vermögensbeschädigung mittelst Verbreitung nachtheiliger Gerüchte oder dergl. begangen und trotzdem als Vermögensbeschädigung vom Gesetze anerkannt ist. Es haben dann lediglich die Umstände des einzelnen Falles zu entscheiden, ob auch eine Injurie vorliegt, oder nicht. Wenn aber, wie fast ganz ausnahmslos, die Verbreitung nachtheiliger Gerüchte ꝛc. vom Gesetze nicht als zulässiges Mittel der Vermögensbeschädigung anerkannt wird, so können solche Fälle allerdings zu erheblichen Schwierigkeiten und unlogischen Inconsequenzen führen. Worauf es also in dieser Beziehung hauptsächlich ankommt, ist, eben jenen Fall der Verbreitung nachtheiliger Gerüchte und dergl. unter die Vermögensbeschädigung aufzunehmen.[14]

Daß in Bezug auf die Vernichtung von solchen Urkunden, welche sich zur Führung einer Untersuchung ꝛc. in gerichtlichem Gewahrsam befinden, von ganz andren Gesichtspunkten ausgegangen werden muß als bei der gewöhnlichen Vermögensbeschädigung und daß deshalb für gehörige Trennung jenes Delicts von diesem zu sorgen ist, versteht sich von selbst. Zwischen diesen beiden Delicten besteht namentlich auch wieder ein Unterschied in Bezug auf die Beantwortung der Frage nach den möglichen Subjecten des Delicts: jenes ersteren Subject kann ohne alles

---

[12] Daß gleichwohl die in complottmäßiger Verbindung und die mit Gewaltthätigkeit gegen eine Person verübte Zerstörung oder Beschädigung von einzelnen unsrer Strafgesetzbücher ausdrücklich zu der (qualificirten) Vermögensbeschädigung gestellt wird, ist im vorvorigen § gesagt worden.

[13] Vgl. S. 134.

[14] Vgl. oben S. 57 ff.

Bedenken stets der Eigenthümer der Urkunde selbst sein.[15] Andrerseits scheint es nicht erforderlich und auch nicht einmal ganz richtig zu sein, über die Vernichtung von Urkunden überhaupt, wie manche neueren, die Urkundenbeschädigung dann meist zum Betruge stellenden Gesetze thun, besondre und eigenthümliche Bestimmungen aufzustellen.

In Bezug auf die Beantwortung der Frage, wo der Bestrafung der Vermögensbeschädigung überhaupt eine Gränze zu ziehen und der Geschädigte lediglich auf die Civilentschädigung zu verweisen sei, hat sich aus oben Vorgekommenem bereits ergeben, daß einmal daran festgehalten werden muß, daß dem Lädirten für den widerrechtlichen Eingriff in seine Rechtssphäre eine kräftigere und sühnendere Genugthuung nicht wohl versagt werden kann, als sie in dem bloßen Zwange zur Civilentschädigung liegt; daß sodann aber auch die letztere als vollständig genügend zu betrachten ist, wenn sie dem Geschädigten und seinem beleidigten Gefühl selbst genügt und — ein Strafantrag nicht gestellt wird.[16]

Der Thatsache, daß die Gränzen des hier besprochenen Delicts nach dem gegenwärtigen Stande unseres positiven Strafrechts noch so überaus schwankend sind und eben deshalb hier nur andeutungsweise berührt werden konnten, — dieser Thatsache läßt sich nur mit dem die ganze Darstellung am besten schließenden Wunsche begegnen, daß die Zeit nicht mehr fern sein möge, welche uns eine gemeinsame und starke Entwicklung des gesammten deutschen Strafrechts und damit auch feststehende und sichere Anhaltspunkte in der hier hervorgetretenen Beziehung bringt.

---

[15] S. oben S. 101 ff.

[16] Vgl. oben S. 61 ff., 85, 108—114.

Leipzig,
Druck von Giesecke & Devrient.

Baiersches Strafgesetzbuch. 1813. Art. 383 ff. **Oldenburgsches** Strafgesetzbuch. 1814. Art. 392 ff.	**Sächsisches** Strafgesetzbuch. 1838. **Sachsen-Altenburgsches** Strafgesetzbuch. 1841. Art. 282 ff.	**Würtembergsches** Strafgesetzb 1839. Art. 385 ff.
Das Delict wird, wenn der Schaden 50 fl., bzw. 30 Thlr. und darüber beträgt, als Vergehen bestraft, und zwar 1. in den einfachen Fällen: a. wenn die Beschädigung aus bloßem Muthwillen verübt war, mit Gefängniß auf 8 Tage bis 2 Monate (oder nach Beschaffenheit der Person und Umstände mit körperlicher Züchtigung); b. wenn sie aus Rachsucht, boshaftem Eigennutze oder andererdergleichen Bewegursache geschehen, mit Gefängniß von 1—6 Monaten; 2. in den qualificirten Fällen: a. wenn bloßer Muthwillen das Motiv gewesen, mit Gefängniß von 14 Tagen bis 3 Monaten (event. körperlicher Züchtigung); b. wenn Rachsucht 2c. das Motiv, mit Gefängniß von 3—9 Monaten.	Die Vermögensbeschädigung wird bestraft: 1. in den einfachen Fällen mit Gefängniß bis zu 1 Jahre oder Arbeitshaus bis zu 6 Jahren oder verhältnißmäßiger Geldbuße, insofern die Gefängnißstrafe die Dauer von 2 Monaten nicht übersteigt; 2. in den qualificirten Fällen: a. wenn die That aus bloßem Muthwillen begangen wurde, mit Gefängniß bis 2 Jahre oder Arbeitshaus bis 6 Jahre; b. wenn sie aus Bosheit verübt wurde, mit Arbeitshaus oder Zuchthaus bis 6 Jahre; — 3. im besondren Falle des Baumfrevels mit Gefängniß bis Arbeitshaus von 2 Jahren.	Das Delict wird mit polizei Strafe belegt, wenn der verur Schaden nicht mehr als 10 fl. bet sonst 1. in den einfachen Fällen: a. wenn sich der Schaden über 100 fl. beläuft, mit Gefän von 8 Tagen bis 3 Mon b. wenn der Schaden über 1 200 fl. beträgt, mit Krei fängniß bis 6 Monate; c. wenn sich der Schaden noch beläuft, mit Kreisgefän von 4 Monaten bis 6 Ja und wenn der Thäter bei Schadensstiftung mit über Bosheit gehandelt hat, mit beitshaus. (Der Beschäd öffentlich aufgestellter Denk wird, ohne Rücksicht auf die des angerichteten Schadens mer Gefängnißstrafe bis 6 gedroht, falls nicht die Höh Schadens eine strengere (1, b, c) zur Folge hat). 2. in den qualificirten Fällen mit beitshaus bis 2 Jahre; kann in leichteren Fällen Gef niß von 8 Tagen bis 4 J eintreten, und es ist nur auf fängniß von 8 Tagen bis 3 nate zu erkennen, wenn es si Beschädigungen von Obstbä Wein- und Hopfenstöcken handel der Betrag des Schadens nicht übersteigt. Wenn dagegen in der qualificirten Fälle der ange Schaden 200 fl. übersteigt, so die Arbeitshausstrafe bis 6 Jahre erstreckt werden. (Außerdem finden sich im selbe pitel des würtemb. Strafgesetzbuchs Art. 389, 391) noch besondre B mungen über die Vergiftung von den, Teichen 2c. und über die Bes gung von Gegenständen religiöser ehrung, Gräbern und Grabstätten die unbefugte Oeffnung von Gr auch aus gewinnsüchtiger Absicht).

Uebersicht über die die Vermögensbeschädigung betreffenden

…ches Strafgesetz- § 211, 212.	**Hannoversches** Strafgesetzbuch. 1840. Art. 336 ff.	**Hessisches** Strafgesetzbuch. 1841. Art. 424 ff. **Nassauisches** Strafgesetzbuch. 1849. Art. 420 ff.	**Badensches** … 1845. …
…ose Beschädigungen …d darunter, quali- …on 2 Thlr. und …nfache culpose von …runter werden poli- …gniß oder Geld ge- … die Strafe … Vermögensbeschä- …angerichtete Schaden … . übersteigt, Ge- … nicht unter 1 J.; … Schadensbetrag 30 …rsteigt oder an einem …qualificirt hervorge- …Gegenstände das De- …gen ist und der Scha- …hlr. übersteigt, Ge- …ß von 6 Monaten …ahr; …r Schaden 5 Thlr. … oder an einem der …ficirt hervorgehobe- …enstände das Delict … ist und der Schaden …bersteigt, Gefäng- … 6 Monate. …n Vermögensbeschä- … der Handlung zu- … Uebertretung eines …trafgesetzes liegt und …Personen in Lebens- …ebracht sind, Ge- …ß nicht unter 1 J. …rsonen in Gefahr ge- …d oder der angerichtete … 500 Thlr. übersteigt, …niß von 6 Mo- …is 1 Jahr. … angerichtete Schaden … übersteigt, Gefäng- …Monate.	Die Vermögensbeschädigung, durch welche ein Schaden von nur 10 Thlr. und darunter angerichtet wird, fällt nicht unter das Criminalgesetzbuch. Dieses straft 1. die einfache Beschädigung mit Gefängniß oder Geld. Wenn jedoch der Schaden sich auf mehr als 100 Thlr. beläuft und von dem Thäter nicht ersetzt werden kann, so ist der Richter ermächtigt auf Arbeitshausstrafe zu erkennen; 2. die ausgezeichnete Beschädigung: a. wenn der angerichtete Schaden sich über 2—20 Thlr. erstreckt, mit Gefängniß von 8 Tagen bis 2 Monate; b. bei einem Betrage über 20 Thlr. mit 2monatlichem Gefängniß bis zu 3jährigem Arbeitshaus. Jedoch kann der Richter in beiden Fällen, wenn die That nur aus Muthwillen begangen ist, auf eine angemessene Geldstrafe erkennen; während der schon einmal, wenn auch nur polizeilich, wegen solcher ausgezeichneter Beschädigung Bestrafte die unter 2a. erwähnte Strafe erleidet, auch wenn der Schadensbetrag unter 2 Thlr. bleibt. Auf die unter 2a. genannte Strafe ist sowohl bei der einfachen als ausgezeichneten Beschädigung zu erkennen, wenn dadurch ein bedeutender Nachtheil für das gemeine Wesen oder das Leben und die Gesundheit der Menschen, sowie für das Eigenthum herbeigeführt werden konnte, (und der Thäter wegen der Gemeingefährlichkeit seiner Handlung oder wegen des wirklich eingetretenen Nachtheils nicht schon einer härtern Bestrafung unterliegt).	Die Vermögensbeschädigung wird gestraft: 1. in den einfachen Fällen: a. wenn der Betrag des angerichteten Schadens 50 fl. nicht übersteigt, mit Gefängniß oder Geld, b. wenn er 50 fl. übersteigt, mit Correctionshausstrafe bis 4 Jahre; 2. in den qualificirten Fällen mit Correctionshaus bis 4 Jahre. Doch können die Gerichte, wenn der Schadensbetrag 10 fl. nicht übersteigt, statt auf Correctionshaus auf Gefängniß oder Geld erkennen, andrerseits auf Zuchthaus bis 4 Jahre, wenn es sich um Fälle ausgezeichneter Bosheit handelt.	Wo die Grä… muthwilligen Besc… criminell bestraft … 1. Vermögensbes… heit, Rachsucht… bestraft a. wenn der G… beträgt, m… b. bei dem … 25—300 fl… 4 W. ode… c. bei dem … 300 fl. n… unter 6… haus. Bei Erschweru… ficirten Fällen… wird die Stra… erhöht, der 1… darf; war mit… dem Thäter b… ben oder Gesu… den, so kann i… auf die für b… bestimmten S… Dagegen kann… Falle statt de… sie 2 J. Arbeit… statt eines … Geldstrafe erk… 2. Vermögensbes… willen werden… zwei Mal pol… ist, oder der r… Betrag von … Gef. — 6 M… straft, und i… Beschädigung… kannte Gefahr… heit Anderer… Gef. (Derselbe Titel… hält noch Strafbr… öffnung eines Gr… aus demselben, … Verstümmlung ei… giftung von We… Verbreitung eine…

Strafdrohungen der einzelnen deutschen Strafgesetzbücher.

Strafgesetzbuch. § 570 ff.	**Thüringisches** Strafgesetzbuch. 1850. Art. 281 ff.	**Preußisches** Strafgesetzbuch. 1851. Art. 281 ff.	**Lübecksches** S 1863.
nze für die leichtesten hädigungen, welche nicht werden, s. unten. chädigungen aus Bos= oder Eigennutz werden Schaden nicht über 25 fl. it Amtsgefängniß. Betrage von mehr als . mit Gef. nicht unter r Arbeitsh. — 2 J. Betrage von mehr als nit Kreisgef. nicht M. oder Arbeits= ngsgründen (den quali- der andern G.bücher) afe durch einen Zusatz 2 M. nicht übersteigen der Beschädigung eine ekannte Gefahr für Le= ndheit Anderer verbun= n den Fällen 1. a und b ie nächste höhere Classe strafen erkannt werden. außer in diesem letzten Freiheitsstrafe, wenn sh. nicht übersteigt, oder Theiles derselben auch annt werden. schädigungen aus Muth= , wenn der Thäter schon izeilich bestraft worden erursachte Schaden den 10 fl. übersteigt, mit . oder mit Geld be= n Fällen, wo mit der eine dem Thäter be= für Leben oder Gesund= verbunden war, mit des bad. Strfgb. ent= ohungen gegen die Er= abes und Entwendung die Entwendung oder nes Leichnams, die Ver= iben, Wiesen 2c., die Viehseuche.)	Die Vermögensbeschädigung wird bestraft a. wenn der verursachte Nachtheil den Betrag von 2 Thlr. nicht übersteigt, mit Gef. — 6 W. b. wenn er 2 Thlr. übersteigt mit Gef. — 1 J. oder Arbeitsh. — 3 J. c. bei einem Betrage über 50 Thlr. mit Gef. — 2 J. oder Arbeitshaus — 6 J. Jedoch ist der Richter befugt, auf Geldstr. zu erkennen, wenn die Gef.=Strafe die Dauer von 2 M. nicht übersteigt. Andererseits kann bei gewissen Erschwerungsgründen eine sonst zu erkennende Arbeitshausstrafe in Zuchthaus von gleicher Dauer übertragen werden, wenn das Verbrechen aus Rache oder Bosheit verübt wurde.	Die Strafe der Vermögensbeschädigung ist 1. in den einfachen Fällen Gef. — 2 J., bei mildernden Umständen Geldb. — 50 Thlr. 2. in einem Theile der qualificirten Fälle Gef. nicht unter 14 T. (Auch kann auf zeitige Untersagung der Ausübung der bürgerl. Ehrenrechte erkannt werden.) 3. in einem andern Theile derselben Gef. nicht unter 2 M. (Im Fall des im selben Titel erwähnten Landfriedensbruches tritt Zuchthaus — 15 J. ein, auch kann auf Stellung unter polizeiliche Aufsicht erkannt werden.)	Nur polizeilich wenn der Schade 30 Mk. beträgt o Viehhütung entst wird bestraft 1. die einfache gung, a. wenn der a mehr als 3 als 200 Gefängn b. wenn der übersteigt, strafe — (Dabei komm ständen gegenü digung als e gehoben wird, richteten Scha tracht, es trit gerichtliche Bes 2. die qualificirte digung (in eine Fällen) mit G (Der im selben Landfriedensbruch heitsstrafe — 10 J

Oestreichisches Strafgesetzbuch. 1852. § 85 ff., 468.

Es wird bestraft

die boshafte Vermögensbeschädigung

a. in den einfachsten und leichtesten (nicht zu den folgenden gehörigen) Fällen mit Arrest von 1 T.— 1 M. und wenn es sich um eine zur öffentlichen Beleuchtung aufgestellte Laterne handelt, mit Arrest von 3 T. — 1 M.; und um Warnungszeichen mit Arrest von 3 T. — 3 M.

b. mit schwerem Kerker von 6 M. — 1 J., wenn der Schaden, welcher entstanden oder in dem Vorsatze des Thäters gelegen ist, 25 fl. übersteigt, oder wenn es sich um die Beschädigung von Staatstelegraphen handelt;

c. mit schwerem Kerker von 1 — 5 J., wenn im letztgenannten Falle besonders wichtiger Schaden oder besondere Bosheit vorliegt; oder wenn eine Gefahr für das Leben, die Gesundheit oder körperliche Sicherheit von Menschen oder in größerer Ausdehnung für fremdes Eigenthum entstehen konnte; oder Eisenbahnen und einige andere hervorgehobene Gegenstände Object des Delicts waren.

d. mit schwerem Kerker von 1— 10 J., wenn in den beiden letztgenannten Fallesclassen besonders große Bosheit oder Gefahr vorlag. (Und wenn aus der Beschädigung wirklich ein Unfall für die Gesundheit, körperliche Sicherheit oder in größerer Ausdehnung für das Eigenthum Anderer entstanden ist, so soll schwerer Kerker von 10 — 20 J., bei besonders erschwerenden Umständen lebenslänglicher schwerer K. eintreten; Todesstrafe wenn die Beschädigung den Tod eines Menschen zur Folge hatte und dieses von dem Thäter vorhergesehen werden konnte).

. die muthwillige, bzw. fahrlässige Beschädigung

a. mit Arrest von 3 T. — 3 M., wenn Warnungszeichen das Object des Delictes sind.

b. mit Arrest von 1—3 M. die muthwillige Beschädigung von Brücken und dergl. und die aus Muthwillen, Leichtsinn, oder schuldbarer Nachlässigkeit geschehene Beschädigung von Staatstelegraphen.

(Dazu vgl. auch § 306, Beschädigung n Grabstätten, Eröffnung von Grä- :n ꝛc., § 398, Verunreinigung von unnen ꝛc.)

Sächsisches Strafgesetzbuch. 1855. Art. 335 ff.

Die Vermögensbeschädigung wird bestraft

1. in den einfachen Fällen mit Gef. — 1 J. oder Arbeitsh. — 6 J. In Fällen, wo die Strafe nicht 6 W. Gef. übersteigt, kann auf Geldstr. — 150 Thlr. erkannt werden.
2. in den qualificirten Fällen kann dieselbe Strafe geschärft werden (mittelst harten Lagers, Entziehung warmer Kost und körperl. Züchtigung).
3. im Fall der Verbreitung nachtheiliger Gerüchte mit Gef. — 4 M., jedoch kann auf Geldstr. — 200 Thlr. erkannt werden, wenn die zu erkennende Strafe nicht die Dauer von 2 M. übersteigt.

Baiersches Strafgesetzbuch. 1861. § 342 ff.

Es wird bestraft

A. die dolose Vermögensbeschädigung

1. in den einfachen Fällen mit Arrest oder Geld bis 150 fl. In schwereren Fällen kann die Arreststr. geschärft und mit der Geldstrafe verbunden werden.
2. in den qualificirten Fällen (wozu alle gehören, in denen der Schaden den Betrag von 50 fl. übersteigt), mit Gef., womit Geldstr. — 1000 fl. verbunden werden kann.

B. Die culpose Vermögensbeschädigung mit Geld — 25 fl.

Die letztgenannte Strafe trifft auch den besonders hervorgehobenen Feldfrevel (das Betreten bestellter Aecker u. s. w.).

Kolibri 360 GmbH
Ferdinand-Jühlke-Straße 7
99095 Erfurt, Deutschland
produktsicherheit@kolibri360.de